A Name Index to the Baltimore City Tax Records, 1798-1808, of the Baltimore City Archives

Edited by
Richard J. Cox
City Archivist and
Records Management Officer

Baltimore City Archives and Records Management Office
Department of Legislative Reference
1981

Introduction

Historical Background

Real and personal property taxation has had a complex development since its beginning in the mid-eighteenth century when Baltimore was a small town of only several hundred inhabitants. The earliest political body given authority for taxation was that of the Baltimore Town Commissioners established by the legislative act creating the town in 1729; the Maryland legislature first allowed the Commissioners to levy a tax in 1750 in order to defray the wages of their clerk. Other forms of taxation evolved as the town grew and its government developed leading to incorporation in 1796. The creation of the Special Commissioners in 1782 and the Board of Port Wardens in 1783 introduced some special taxes and fees attesting to the growth and changing needs of the city. Several years later, in 1785, standard and regular assessment policies came with the appointment of the Commissioners of the Tax for Baltimore City responsible first to the Baltimore County Court and later the Baltimore County Levy Court; these assessment responsibilities were absorbed by municipal agencies - the Appeal Tax Court in 1841 and the Department of Assessments in 1934 (part of the state government since 1975). Since the city's first charter in 1796 the collection of taxes has been the responsibility of the municipal government. The City Register and City Collector functioned respectively as treasurer and tax collector from that year giving way eventually to the new Department of Finance under the municipal charter of 1898.[1]

The Records

This is an index to the earliest extant general property tax records maintained by the municipal government with the exception of several earlier special tax lists.[2] These records provide the names of individuals and organizations, amount of assessment and tax, payments, race, notation of some out-of-town residents, and ocassionally occupations and property improvements. The records indexed in this volume include the four general property tax books for 1798, 1799-1800, 1801-1803, and 1804-1808 and the field assessment book for the year 1800.[3]

1 The best secondary sources available on taxation are J.H. Hollander, The Financial History of Baltimore (Baltimore: Johns Hopkins Press, 1899) and Leonard Owens Rea, The Financial History of Baltimore 1900-1926, Johns Hopkins University Studies in Historical and Political Science, series 48, no. 3 (Baltimore: Johns Hopkins Press, 1929).

2 These have been published in Richard J. Cox, "Baltimore City 1797 Special Tax List," National Genealogical Society Quarterly 66 (September 1978): 188-91 and "Some Early Residents of Baltimore, Maryland, 1785-1795," National Genealogical Society Quarterly 67 (September 1979): 202-09; (December 1979): 283-86.

3 The 1798 tax book is available only in a transcript made by Wilbur H. Hunter in 1944.

The Baltimore City Archives maintains a large number of tax records including the general property tax books, 1798-1915, RG4, Series 1, 263 volumes, and assessors's records and workbooks, 1800-1975, RG4, Series 2 and RG5, Series 2-2B, 7604 volumes. There is a complete inventory at the Baltimore City Archives for these records although only the records covered by this volume have been indexed. Many of these records are arranged by the political subdivisions of wards and districts starting with the tax books in 1818 and assessors' records in 1813; knowledge of the approximate location of the property and property owners will greatly facilitate the research use of these records.[4]

The value of these records is primarily as a complement to the other standard sources - the published city directories starting in 1796, the federal census records starting in 1790, and the earlier state assessment of 1783 and federal direct tax of 1798.[5] The tax records are often limited in the amount of information provided, and it is difficult to determine if the person listed was actually a resident or absentee owner. These tax records do provide information on the relative economic worth of an individual and examined with other sources can assist in rounding out complete portraits of early Baltimoreans.

Using the Index

Over five thousand men, women, businesses and religious and civic organizations are listed in these tax records.[6] The arrangement of the index is alphabetical with some variations. Names of companies are cross-referenced; Albright & Warner, for example, is also listed as Warner & Albright to better assist researchers curious about businesses and their ownership. The original spellings of the tax book compilers have been maintained although obvious variants have been noted in parentheses in the index; researchers should carefully peruse variant spellings when searching for specific individuals. Each entry includes the citation to the tax books and assessment book and the page number in that volume; the use of these originals is restricted to microfilm although photocopies off of the film can be made for a charge. References to estates, occupations, race, and residence in the original records have been placed within parentheses after the name entury. Other questions about the use of these records and the index should be addressed to the Baltimore City Archivist and Records Management Officer.

4 One of the best ways to determine these locations is to find the addresses in the published city directories and then locate the address on ward maps of the proper time period. For a list of the available ward maps refer to William G. LeFurgy, "Baltimore's Wards, 1797-1978: A Guide," Maryland Historical Magazine 75 (June 1980): 145-53.

5 For these and other records related to the city see Richard J. Cox and Patricia Vanorny, "The Records of a City: Baltimore and Its Historical Sources," Maryland Historical Magazine 70 (Fall 1975): 286-310 and Mary Keysor Meyer, Genealogical Research in Maryland: A Guide, 2nd ed. (Baltimore: Maryland Historical Society, 1976).

6 About forty-seven hundred, the vast majority, are for individual males.

The Tax List Index

Abbott, John
Assessment Book 1800, p. 34; 1804-1808, p. 2
Abernethy, James
1799-1800, p. 6
Abraham, Daniel
1799-1800, p. 9; Assessment Book 1800, p. 341; 1804-1808, p. 10
Ackerman, George
Assessment Book 1800, p. 272; 1801-1803, p. 9; 1804-1808, p. 1
Ackerman, Philip
Assessment Book 1800, p. 32; 1801-1803, p. 3; 1804-1808, p. 1
Adair, Abraham
1798, p. 123; 1799-1800, p. 5; 1801-1803, p. 4
Adair, Mary
Assessment Book 1800; p. 188; 1804-1808, p. 6
Adams, Alexander
1798, p. 15; 1799-1800, p. 2; 1801-1803, p. 1; 1804-1808, pp. 1, 9
Adams, Alexander, Capt.
Assessment Book 1800, pp. 14, 324
Adams, Capt. (estate of)
Assessment Book 1800, p. 342; 1804-1808, p. 10
Adams, Esther
1801-1803, p. 10
Adams, Isaac
1799-1800, p. 10
Adams, Jacob
1804-1808, p. 11
Adams, James
1799-1800, p. 9; Assessment Book 1800, p. 155; 1804-1808, p. 5
Adams, John
1799-1800, p. 10; Assessment Book 1800, pp. 34, 290; 1801-1803, p. 7;
1804-1808, pp. 2, 8
Adderns, John
1798, p. 191; 1799-1800, p. 7
Adlington (Addington), Daniel
1798, p. 228; 1799-1800, p. 11; 1801-1803, p. 8
Adrian, Christian
Assessment Book 1800, p. 224; 1801-1803, p. 10; 1804-1808, p. 7
Aitken (Aitkin), Andrew
1798, p. 68; 1799-1800, p. 6; Assessment Book 1800, p. 163; 1801-1803,
p. 5; 1804-1808, p. 5
Aitken, George
1798, p. 67; 1799-1800, p. 1; Assessment Book 1800, p. 207; 1801-1803,
p. 1; 1804-1808, p. 6
Albers, Leuder (Lueder)
1798, p. 86; 1799-1800, p. 4; 1801-1803, p. 4
Albers, Solomon G.
Assessment Book 1800, p. 203; 1804-1808, p. 6
Albright & Warner
1799-1800, p. 3
Albright (estate of)
1798, p. 112; 1799-1800, p. 3; 1801-1803, p. 2
Albright, John
1798, pp. 241, 58; 1799-1800, p. 4; Assessment Book 1800, p. 98;
1801-1803, p. 4; 1804-1808, p. 3

Alcock, James
1798, p. 96; 1799-1800, p. 2
Alcock, Widow
1799-1800, p. 8
Alcock, William
1799-1800, p. 1; Assessment Book 1800, p. 136; 1801-1803, p. 8; 1804-1808, pp. 1, 4
Alcock, William I.
1798, p. 23; Assessment Book 1800, p. 23
Alderson, George
1798, p. 214; 1799-1800, p. 9; Assessment Book 1800, p. 313; 1801-1803, p. 7; 1804-1808, p. 9
Alexander, Archibald
Assessment Book 1800, p. 351; 1804-1808, p. 10
Alexander, Ashton
Assessment Book 1800, p. 162; 1801-1803, p. 8; 1804-1808, pp. 5, 499
Alexander, Henry
1804-1808, p. 12
Alexander, John
1799-1800, p. 10
Alexander, Lawson
1798, p. 61; 1799-1800, p. 3; Assessment Book 1800, p. 98; 1801-1803, p. 2
Alexander, Mrs.
1798, p. 247; 1799-1800, p. 1; Assessment Book 1800, p. 131; 1801-1803, p. 1; 1804-1808, p. 4
Alfred, John
1798, p. 193; 1799-1800, p. 8; 1801-1803, p. 6
Allen, Catherine (widow of James)
1798, p. 22
Allen, James (estate of)
1799-1800, p. 2; Assessment Book 1800, p. 22; 1801-1803, p. 2; 1804-1808, p. 1
Allen, Michael
1799-1800, p. 9
Allen, Mrs.
1798, p. 11; 1799-1800, p. 1; 1801-1803, p. 1
Allen, Robert
1798, p. 237; 1799-1800, p. 11; 1801-1803, p. 8
Allender, Joseph, Dr.
1798, p. 205; 1799-1800, p. 9; Assessment Book 1800, p. 255; 1801-1803, p. 7; 1804-1808, p. 7
Allerton, Daniel
1799-1800, p. 10
Allfather, Henry
Assessment Book 1800, p. 281; 1804-1808, p. 8
Allison, Mrs.
Assessment Book 1800, p. 135; 1804-1808, p. 4
Allison, Patrick, Rev.
1798, p. 84; 1799-1800, p. 6; 1801-1803, p. 6
Allston, James
Assessment Book 1800, p. 192; 1804-1808, p. 6
Alricks (Alrick), Harmanus
1798, p. 142; 1799-1800, p. 7; Assessment Book 1800, p. 176; 1801-1803, p. 6

Altar (Alter), Adam
1798, p. 18; 1799-1800, p. 3; Assessment Book 1800, p. 37; 1801-1803, p. 2; 1804-1808, p. 2
Altar (Alter), Christian
1798, p. 56; 1799-1800, p. 2; Assessment Book 1800, p. 85; 1801-1803, p. 2; 1804-1808, p. 3
Altar (Alter), Frederick
1798, p. 15; 1799-1800, p. 2; Assessment Book 1800, p. 22; 1801-1803, p. 1; 1804-1808, p. 1
Alter, John
1798, p. 18; 1799-1800, p. 6, 1801-1803, p. 5
Ambrose, John
1798, p. 245; 1799-1800, p. 11; 1801-1803, p. 8
Amelung, Frederick
Assessment Book 1800, p. 158; 1804-1808, p. 5
Amic, Mrs.
1798, p. 154
Amice, Mr.
1799-1800, p. 7; 1801-1803, p. 6
Amig, Jacob
1798, p. 49; 1799-1800, p. 4; Assessment Book 1800, p. 93; 1804-1808, p. 3
Amigh, Jacob
1801-1803, p. 3
Amigh, Philip
1801-1803, p. 3
Amos, Mrs. (at Mrs. Cornthwaites)
Assessment Book 1800, p. 296; 1801-1803, p. 9; 1804-1808, p. 9
Anan, Robert
Assessment Book 1800, p. 258; 1804-1808, p. 8
Anderson
Assessment Book 1800, p. 358; 1804-1808, p. 11
Anderson, Henry and John
1799-1800, p. 4; 1801-1803, p. 10
Anderson, John
1804-1808, p. 12
Anderson, John and Henry
1798, p. 79; 1799-1800, p. 4; 1801-1803, p. 10
Anderson, Mary
1799-1800, p. 8
Anderson, Samuel
Assessment Book 1800, p. 40; 1804-1808, p. 2
Anderson, William
1798, pp. 71, 246
Anderson, William (at the Point)
1799-1800, pp. 5, 11; 1801-1803, pp. 4, 8
Andrew, Maddux (Maddox)
1798, p. 145; 1799-1800, p. 6; 1801-180;, p. 5
Andrews, Nathan & Co
1798, p. 183; 1799-1800, pp. 7, 10; 1801-1803, p. 7
Andrews, Richard A.
1801-1803, p. 3
Andrews, Rudolph
Assessment Book 1800, p. 31; 1804-1808, p. 11
Angel, James
1799-1800, p. 6

Anshitz, Jacob
1798, p. 54; 1799-1800, p. 4; 1801-1803, p. 3
Anspaugh (Anspack, Anspach), Frederick
1798, p. 170; 1799-1800, p. 7; Assessment Book 1800, p. 283; 1801-1803, p.6; 1804-1808, p. 8
Anteshong, Monseiur
1799-1800, p. 10
Antony, John
Assessment Book 1800, p. 236; 1804-1808, p. 7
Appleton, Charles H.
1804-1808, p. 499
Appleton, Nathaniel
1804-1808, p. 499
Appold, Alexander
1804-1808, p. 12
Appold, Andrew
1798, p. 220; 1799-1800, p. 1; 1801-1803, p. 1
Archer, Robert, Dr.
Assessment Book 1800, p. 221; 1804-1808, p. 7
Arenburg, Philip
1801-1803, p. 10
Arieu, Charles
Assessment Book 1800, p. 105; 1804-1808, p. 4
Aringer & Lister
1799-1800, p. 187
Armitage, Armour Jenkins (Poor House)
1804-1808, p. 12
Armitage, William
Assessment Book 1800, p. 91; 1804-1808, p. 3
Armond (Armon), John
1798, p. 40; 1799-1800, p. 2; Assessment Book 1800, p. 149; 1801-1803, p. 2; 1804-1808, p. 5
Armour, David
1798, p. 74; 1799-1800, p. 5; Assessment Book 1800, p. 172; 1801-1803, p. 4; 1804-1808, p. 5
Armstrong, James
1798, p. 138; 1799-1800, p. 5; Assessment Book 1800, p. 201; 1801-1803, p. 5; 1804-1808, p. 6
Armstrong, Sarah
Assessment Book 1800, p. 41; 1804-1808, p. 2
Arnest, Catharine
Assessment Book 1800, p. 37; 1804-1808, p. 2
Arno, Madame
1798, p. 26
Arnold, Benjamin
Assessment Book 1800, p. 92; 1804-1808, p. 3
Arnold, Joshua
Assessment Book 1800, p. 320; 1804-1808, p. 9
Arnold, Samuel
1798, p. 80; 1799-1800, p. 4
Ashban, Henry
1799-1800, p. 9
Ashbaw, Francis
Assessment Book 1800, p. 236; 1804-1808, p. 7

Ashbaw, Henry
1798, p. 233; 1801-1803, p. 7
Ashbaw (Ashbaugh), John
Assessment Book 1800, p. 365; 1801-1803, p. 9; 1804-1808, p. 11
Ashman, William
Assessment Book 1800, p. 4; 1804-1808, p. 1
Ashwell, William
1798, p. 26; 1799-1800, p. 3; Assessment Book 1800, p. 353; 1801-1803, p. 3; 1804-1808, p. 11
Askerr, Joseph
Assessment Book 1800, p. 346
Askew, Jonathan
1798, p. 141; 1799-1800, p. 5; 1801-1803, p. 4
Askew, Joseph
1804-1808, p. 10
Askew, William
1799-1800, p. 8
Askey, Joseph
1801-1803, p. 9
Asquith, John
1798, p. 181; Assessment Book 1800, p. 129; 1804-1808, p. 4
Asquith, William
1799-1800, p. 8; Assessment Book 1800, p. 269; 1801-1803, p. 6; 1804-1808, p. 8
Atkinson, George
1804-1808, p. 12
Atkinson, Isaac
1798, p. 166; 1799-1800, p. 8; Assessment Book 1800, pp. 246, 321; 1801-1803, pp. 7, 9; 1804-1808, pp. 7, 9, 499
Atkinson, Joshua
Assessment Book 1800, p. 345; 1801-1803, p. 9; 1804-1808, p. 10
Atkinson, Mary
1798, p. 141; 1799-1800, p. 5; Assessment Book 1800, p. 198; 1801-1803, p. 5; 1804-1808, p. 11
Atricks, Harmanus
1804-1808, p. 6
Atterbury, Lewis
Assessment Book 1800, p. 104; 1804-1808, p. 4
Auld, Capt.
Assessment Book 1880, p. 319; 1801-1803, p. 10; 1804-1808, p. 9
Austin, Ann (Widow)
Assessment Book 1800, p. 324; 1804-1808, p. 10
Ayres, John
1798, p. 157; 1799-1800, p. 7; 1801-1803, p. 5

Babcock, Clake
1801-1803, p. 43
Babtist, John
Assessment Book 1800, p. 348; 1804-1808, p. 55
Bacon, James
1804-1808, p. 59
Baconais, Louis (Lewis)
Assessment Book 1800, p. 59; 1804-1808, p. 16
Badger & Towers
1799-1800, p. 433

Badger, Bala
1799-1800, p. 26
Badwell, Thomas
1799-1800, p. 39
Bagwell, Thomas
Assessment Book 1800, p. 366; 1804-1808, p. 56
Bahon, Stephen
1798, p. 157; 1799-1800, p. 30; 1801-1803, p. 25
Bailer, Andrew
1798, p. 55; 1799-1800, p. 19
Bailey, Enoch
1798, p. 55; 1799-1800, p. 26; Assessment Book 1800, p. 197; 1801-1803, p. 21; 1804-1808, p. 39
Bailey, Evan
Assessment Book 1800, p. 144; 1801-1803, p. 45; 1804-1808, p. 29
Bailey, John
Assessment Book 1800, p. 169; 1804-1808, p. 3
Bailey, Mrs.
Assessment Book 1800, p. 21; 1804-1808, p. 15
Bailey, Thomas
1798, p. 161; 1799-1800, p. 15; 1801-1803, p. 14; 1804-1808, p. 26
Bailey, Thomas ("Horsler," livery stable)
1799-1800, p. 358; 1801-1803, p. 38
Bailey, Thomas (Sheriff)
Assessment Book 1800, p. 130
Bailey, William
1799-1800, p. 19
Bailey, William (estate of)
1798, p. 51; 1801-1803, p. 17
Bailor, Andrew
Assessment Book 1800, p. 83; 1804-1808, p. 18
Bair, Richard
1799-1800, p. 351; Assessmmnt Book 1800, p. 90; 1801-1803, p. 33; 1804-1808, p. 21
Baker, Benjamin
1798, p. 203; 1799-1800, p. 33; Assessment Book 1800, p. 370; 1801-1803, p. 26; 1804-1808, p. 58
Baker, James
1798, p. 193; 1799-1800, p. 41; Assessment Book 1800, p. 245; 1801-1803, p. 32; 1804-1808, p. 35
Baker, John
1798, p. 202; 1799-1800, p. 34; Assessment Book 1800, pp. 285, 311; 1801-1803, p. 28; 1804-1808, pp. 46, 51
Baker, Joseph
Assessment Book 1800, p. 41; 1804-1808, p. 17
Baker, Mrs.
Assessment Book 1800, p. 32; 1801-1803, p. 41; 1804-1808, p. 14
Baker, Murry William
Assessment Book 1800, p. 73
Baker, Wesley
1798, p. 192; 1799-1800, p. 359
Baker, William
1798, p. 46; 1799-1800, p. 18; Assessment Book 1800, p. 75; 1801-1803, p. 16; 1804-1808, p. 18

Balderston (Balderson), Ely (Eli)
Assessment Book 1800, p. 265; 1801-1803, p. 45; 1804-1808, p. 45
Balderston, Hugh
Assessment Book 1800, p. 265; 1804-1808, p. 44
Balderston, Isaiah
1798, p. 99; Assessment Book 1800, p. 111; 1804-1808, p. 22
Balderston (Balderson), Josiah
1799-1800, pp. 42, 356; 1801-1803, p. 32
Balding, Abraham
Assessment Book 1800, p. 334; 1804-1808, p. 52
Ball, William
1798, pp. 115, 138
Ball, William (silversmith)
1799-1800, pp. 22, 28; Assessment Book 1800, pp. 184, 208; 1801-1803, pp. 19, 23; 1804-1808, p. 41
Ball, William (County)
1884-1888, p. 36
Ballebrager, Julia
1804-1808, p. 501
Baltimore Assembly, Managers of the
1798, p. 146; 1799-1808, p. 214; Assessment Book 1800, p. 210; 1801-1803, p. 46; 1804-1808, p. 41
Baltimore, Bank of (See Bank of Baltimore)
Baltimore Insurance Co.
Assessment Book 1800, p. 187; 1804-1808, pp. 39, 230
Balton (J. Smith, Agent)
1801-1803, p. 44
Baltzell (Baltsell) & Hoffman
Assessment Book 1800, p. 62; 1804-1808, p. 19
Baltzell, Thomas
1804-1808, p. 61
Banard, John
1799-1800, p. 35; 1801-1803, p. 28
Banard, Lewis
1801-1803, p. 16
Bandal, Martin
1799-1800, p. 33
Bankard (Bankhard), Peter
1798, p. 49; 1799-1800, p. 18; Assessment Book 1800, p. 88; 1801-1803, p. 17; 1804-1808, p. 21
Bank of Baltimore
1798, p. 91; 1799-1800, p. 12; Assessment Book 1800, p. 126; 1801-1803, p. 11; 1804-1808, p. 24
Bank of Maryland
1798, p. 112; 1799-1800, p. 443; Assessment Book 1800, p. 178; 1801-1803, p. 262; 1804-1808, p. 37
Bank of United States
1798, p. 130
Bankron, John
1798, p. 101
Bankson, John
1799-1800, p. 16; Assessment Book 1800, p. 115; 1801-1803, p. 15; 1804-1808, p. 25
Bankson, Joseph
1799-1800, p. 31

Banneman & Waddle
1801-1803, p. 389
Bantalow, Paul
1799-1800, p. 24
Bantz, John
1799-1800, p. 24
Baptist Congregation
1804-1808, p. 501
Barber & Hand
1799-1800, p. 132; 1801-1803, p. 152
Barbine, Capt.
Assessment Book 1800, p. 159; 1804-1808, p. 31
Barbine (Barbin), Charles
1798, p. 61; 1799-1800, p. 18; 1801-1803, p. 17
Barbine, Lewis
Assessment Book 1800, p. 272; 1804-1808, p. 47
Barclay & McKean
Assessment Book 1800, p. 184; 1804-1808, p. 36
Barclay, Betsy
Assessment Book 1800, p. 49; 1801-1803, p. 41
Barclay, William
1798, p. 118
Barge, Andrew
1799-1800, p. 17; Assessment Book 1800, p. 58; 1801-1803, p. 16;
1804-1808, p. 16
Bargeman, Peter
1798, p. 42
Bargo, Andrew
1798, p. 38
Barhart, John
Assessment Book 1800, p. 246; 1804-1808, p. 35
Barker, James
Assessment Book 1800, p. 251
Barker, Joseph
1798, p. 168; 1799-1800, p. 44; 1801-1803, p. 34; 1804-1808, p. 34
Barker, William
1798, p. 233; 1799-1800, p. 39; Assessment Book 1800, p. 319; 1801-1803,
p. 30; 1804-1808, p. 50
Barkley, William
1799-1800, p. 23; 1801-1803, p. 19
Barling, Aaron
1798, p. 147
Barling, Aaron (estate of)
1799-1800, p. 31; 1801-1803, p. 25
Barling, Sarah
Assessment Book 1800, p. 212; 1804-1808, p. 40
Barnard, John
1798, p. 214
Barnard, Lewis
1799-1800, p. 17
Barneby (Barnaby), Elias
1798, p. 8; 1799-1800, p. 19; 1801-1803, p. 18; 1804-1808, p. 500
Barnes, Ford
Assessment Book 1800, p. 159; 1801-1803, p. 41; 1804-1808, p. 31

Barnes, Levin
Assessment Book 1800, p. 177; 1801-1803, p. 42; 1804-1808, p. 37
Barnes, Whiteley (Wheatley)
Assessment Book 1800, p. 287; 1804-1808, p. 46
Barnes, William, Capt.
Assessment Book 1800, p. 352; 1804-1808, p. 54
Barnett, Catharine
1799-1800, p. 19
Barney, John
1798, p. 64
Barney, John (County)
1799-1800, p. 354; 1801-1803, p. 36
Barney, Joshua
1798, p. 106; 1799-1800, p. 25; Assessment Book 1800, p. 123; 1801-1803, p. 21; 1804-1808, p. 24
Barque, Mrs.
1799-1800, p. 31
Barrackman, Daniel
1804-1808, p. 20
Barrackman, David
Assessment Book 1800, p. 94
Barrackman, Peter (estate of)
Assessment Book 1800, p. 66; 1804-1808, p. 19
Barrett, Thomas
1798, p. 158; 1799-1800, p. 31; 1801-1803, p. 25
Barrett, Thomas (estate of)
1804-1808, p. 33
Barrickman, Peter
1799-1800, p. 17; 1801-1803, p. 16
Barrol & Riccard
Assessment Book 1800, pp. 174, 273; 1804-1808, p. 30
Barron, John
Assessment Book 1800, p. 78; 1804-1808, p. 18
Barry & Messersmith
1798, p. 148; 1799-1800, p. 357; 1801-1803, p. 38
Barry & Thompson
1799-1800, p. 312; 1801-1803, p. 350
Barry, Benjamin
Assessment Book 1800, p. 90; 1801-1803, p. 400; 1804-1808, p. 21
Barry (Berry), Benjamin & Dorsey, Elisabeth
Assessment Book 1800, p. 96; 1804-1808, p. 23
Barry, James
1798, p. 143; 1799-1800, p. 27; 1801-1803, p. 23
Barry, John
1798, p. 148; 1799-1800, p. 29; Assessment Book 1800, p. 215; 1801-1803, p. 24; 1804-1808, p. 40
Barry, Laurence (Lawrence)
1798, p. 18; 1799-1800, p. 14; Assessment Book 1800, p. 36; 1801-1803, p. 13; 1804-1808, p. 17
Barry, Lavallin
Assessment Book 1800, p. 295; 1804-1808, p. 49
Barry, Lavallin, Jr.
1798, p. 165; 1799-1800, p. 41; 1801-1803, p. 31

Barry, Lavallin, Sr
1798, p. 176; 1799-1800, p. 358
Barry, Philip
1799-1800, p. 44
Barry, Redmond
1798, p. 80; 1799-1800, p. 22; Assessment Book 1800, p. 334; 1801-1803, p. 46; 1804-1808, p. 52
Barry, Richard
1798, p. 176; 1799-1800, pp. 29, 42; 1801-1803, p. 24
Barry, Robert (pilot)
1798, p. 233; 1799-1800, p. 38; Assessment Book 1800, pp. 229, 319; 1801-1803, pp. 30, 401; 1804-1808, pp. 33, 50
Barry, Standish
1798, p. 149; 1799-1800, p. 27; Assessment Book 1800, p. 218; 1801-1803, p. 23; 1804-1808, p. 40
Bartholomew, Habliston
1799-1800, p. 20
Barton, Seth
1798, p. 110; 1799-1800, p. 21; Assessment Book 1800, p. 239; 1801-1803, p. 19; 1804-1808, pp. 32, 60
Barton, Thomas
1804-1808, p. 502
Bartoulin, Joseph
1799-1800, p. 17; 1801-1803, p. 16
Basse, Claudius
1798, p. 202
Bassett (Basset), Isaac
1798, p. 129; 1799-1800, p. 25; Assessment Book 1800, p. 168; 1801-1803, p. 21; 1804-1808, p. 30
Batar
1799-1800, p. 16
Bateman, Benjamin
1798, p. 239; 1799-1800, p. 360; Assessment Book 1800, p. 368; 1801-1803, p. 40; 1804-1808, p. 58
Bates, Ann
1798, p. 18
Bates, Mrs.
1799-1800, p. 14; 1801-1803, p. 13
Battiss (Battifs), John
Assessment Book 1800, p. 349; 1804-1808, p. 54
Bauder, John
1798, p. 136; 1799-1800, p. 29; Assessment Book 1800, p. 220; 1801-1803, p. 24; 1804-1808, p. 33
Bauetun, Etieuice
1798, p. 228; 1799-1800, p. 360; 1801-1803, p. 40
Bausman, Benjamin
1804-1808, p. 61
Bausman, John
1799-1800, p. 18; Assessment Book 1800, p. 80; 1801-1803, p. 17; 1804-1808, p. 18
Bausman, Laurence (his widow)
1799-1800, p. 13
Bausman, Lawrence (Lawrance) (estate of)
1798, p. 450; 1799-1800, p. 357; 1801-1803, p. 13

Baxley & Evans
1799-1800, p. 22
Baxley, George
1798, p. 64; 1799-1800, p. 354; 1801-1803, p. 36
Baxter, James
1798, p. 99; 1799-1800, p. 14; Assessment Book 1800, p. 112; 1801-1803, p. 13; 1804-1808, p. 22
Bayfield, James
1804-1808, p. 60
Bayley, Jane
1799-1800, p. 31
Beach, Ignatius
Assessment Book 1800, p. 89; 1804-1808, p. 21
Beach, William
Assessment Book 1800, p. 96; 1804-1808, p. 23
Beal, Joseph
1801-1803, p. 401
Beal, Thomas
1798, p. 240; 1799-1800, p. 360; 1801-1803, p. 40
Beale (Beall), Samuel
1798, p. 98; 1799-1800, p. 14; 1801-1803, p. 14
Beaman, Elizabeth
1799-1800, p. 27; 1801-1803, p. 22
Beaman (Beeman), James
1798, p. 228; 1799-1800, p. 31; 1801-1803, p. 26
Beamer, Elizabeth
1798, p. 139; Assessment Book 1800, p. 200; 1804-1808, p. 38
Beard, Alexander, Capt.
1798, p. 206; Assessment Book 1800, p. 323; 1801-1803, p. 26; 1804-1808, p. 50
Beard, Joseph
Assessment Book 1800, p. 220; 1801-1803, p. 401; 1804-1808, p. 30
Beard, William
1799-1800, p. 31; Assessment Book 1800, p. 303; 1801-1803, p. 42; 1804-1808, p. 48
Beath, John
1804-1808, p. 500
Beatty, James
Assessment Book 1800, p. 116; 1804-1808, p. 25
Beatty, John
Assessment Book 1800, p. 158; 1801-1803, p. 42; 1804-1808, p. 31
Beatty, Thomas J.
1798, p. 146
Beaty
1799-1800, p. 28
Beaudu (Beauder), William
1798, p. 116; 1799-1800, p. 356; 1801-1803, p. 37
Beavens (Beavans), Elizabeth (Elisabeth)
1798, p. 206; 1799-1800, p. 31; Assessment Book 1800, p. 342; 1801-1803, p. 26; 1804-1808, p. 52
Beckley & Spicer
1799-1800, p. 430; 1801-1803, p. 337
Beckley, Henry
1798, p. 56; 1799-1800, p. 19; Assessment Book 1800, p. 85; 1801-1803, p. 18; 1804-1808, p. 18

Bedford & Morton (Mortan)
1798, p. 72; 1799-1800, p. 22; 1801-1803, p. 46
Bedford, Gunning S.
1804-1808, p. 59
Bedford, William
1798, p. 72; 1799-1800, p. 355; Assessment Book 1800, p. 190; 1801-1803, p. 37; 1804-1808, p. 39
Bees (Pease), Capt.
1799-1800, p; 18
Behn, John H.
1801-1803, p. 41
Beho, Moses
Assessment Book 1800, p. 93; 1804-1808, p. 20
Bell, Richard
Assessment Book 1800, p. 356; 1801-1803, p. 43; 1804-1808, p. 57
Bellestte, Margaret
1798, p. 29
Belt, Ann, Mrs.
1798, p. 229; Assessment Book 1800, p. 318; 1804-1808, p. 51
Belt, James
1804-1808, p. 501
Belt, William
1799-1800, p. 39
Belt, William (estate of)
1801-1803, p. 30
Belton, William
1798, p. 119; 1799-1800, p. 24; Assessment Book 1800, p. 183; 1801-1803, p. 20; 1804-1808, p. 37
Benneman, John
1804-1808, p. 27
Benner, Lewis
1798, p. 75; 1799-1800, p. 355; 1801-1803, p. 37
Bennet & Brown
1804-1808, p. 54
Bennet, Pat & Brown, Dr.
Assessment Book 1800, p. 354
Bennett, Patrick
1799-1800, p. 35; Assessment Book 1800, p. 313; 1801-1803, p. 28; 1804-1808, pp. 51, 502
Benson, James, Capt.
Assessment Book 1800, p. 202; 1804-1808, p. 38
Benson, Peter
Assessment Book 1800, p. 43; 1804-1808, p. 17
Benson, Richard
1798, p. 43; 1799-1800, p. 18; Assessment Book 1800, p. 168; 1801-1803, p. 17; 1804-1808, p. 30
Benson, Robert
1804-1808, p. 500
Bentalow (Bentalou), Paul
1798, p. 123; 1801-1803, p. 20
Bentum, William
1799-1800, p. 38
Bentzell (Benzell), Baltzer
1798, p. 130; 1799-1800, p. 31; Assessment Book 1800, p. 233; 1801-1803, p. 25; 1804-1808, p. 33

Bentzell, John
1798, p. 115; 1799-1800, p. 24; Assessment Book 1800, p. 187; 1801-1803, p. 20; 1804-1808, p. 36
Beohme, Charles L.
1804-1808, p. 26
Beranger (Berenger), Monsieur Honorie
1799-1800, p. 29; Assessment Book 1800, p. 195; 1801-1803, p. 24; 1804-1808,p. 39
Beranger, Mrs.
1798, p. 153
Bernard, Lewis
1798, p. 31; Assessment Book 1800, p. 188; 1804-1808, p. 39
Bernard, Priscilla
Assessment Book 1800, p. 312; 1804-1808, p. 51
Berough & Puryrere
1799-1800, p. 23
Berry(Barry), Benjamin & Dorsey, Elisabeth
Assessment Book 1800, p. 96; 1804-1808, p. 23
Bertalin, Joseph
1798, p. 108
Besho, Paul
1798, p. 29
Besse, Claudius, Capt.
1799-1800, p. 33; 1801-1803, p. 27
Betlinger, Lewis
1799-1800, p. 29
Betong (Beton), Jane
Assessment Book 1800, p. 329; 1801-1803, p. 47; 1804-1808, p. 53
Betts, Enoch
Assessment Book 1800, p. 180; 1801-1803, p. 47; 1804-1808, p. 37
Betts, Solomon
1798, p. 112; 1799-1800, p. 356; Assessment Book 1800, p. 349; 1801-1803, p. 37; 1804-1808, pp. 55, 500
Bevan, Richard
Assessment Book 1800, p. 364; 1804-1808, p. 56
Bewley, Robert
Assessment Book 1800, p. 49; 1801-1803, p. 41
Bewley, Robert W.
1804-1808, p. 16
Beyzand, William
1798, p. 241; 1799-1800, p. 360; Assessment Book 1800, p. 349; 1801-1803, p. 40; 1804-1808, p. 55
Biays, Ephraim
Assessment Book 1800, p. 43; 1804-1808, p. 17
Biays, James
1798, p. 203; 1799-1800, p. 34; Assessment Book 1800, p. 114; 1801-1803, p. 27; 1804-1808, p. 25
Biays, James & Joseph
1799-1800, p. 45; Assessment Book 1800, p. 312; 1801-1803, p. 33; 1804-1808, p. 51
Biays, John
1799-1800, p. 38

Biays, Joseph
1798, p. 50; 1799-1800, p. 34; Assessment Book 1800, p. 88; 1801-1803, p. 27; 1804-1808, p. 18
Biays, Joseph & James
1798, p. 203; 1799-1800, p. 45; Assessment Book 1800, p. 312, 1801-1803, p. 33; 1804-1808, p. 51
Biays, Joseph & May, Benjamin (estate of)
Assessment Book 1800, p. 88; 1804-1808, p. 21
Bickham, Elisabeth
1804-1808, p. 27
Bickham, Mrs.
Assessment Book 1800, p. 129; 1801-1803, p. 398
Bier, Philip
1798, p. 39; 1799-1800, p. 12; Assessment Book 1800, p. 106; 1801-1803, p. 11; 1804-1808, p. 22
Bies, John
1798, p. 238; 1799-1800, p. 360; 1801-1803, p. 40
Bigard, Samuel
Assessment Book 1800, p. 278; 1804-1808, p. 47
Bigger, Gilbert
1798, p. 67; 1799-1800, p. 354; Assessment Book 1800, p. 161; 1801-1803, p. 36; 1804-1808, p. 31
Bignell, Mary
Assessment Book 1800, p. 250; 1804-1808, p. 34
Bijoux, Paul
Assessment Book 1800, p. 150; 1804-1808, p. 28
Billmire, Jacob
Assessment Book 1800, p. 257; 1804-1808, p. 43
Bingham, Diana
1799-1800, p. 37
Birckhead & McCulloch
1799-1800, p. 210
Birckhead (Berkhead, Birkhead), Solomon
1798, p. 124; 1799-1800, p. 357; Assessment Book 1800, p. 137; 1801-1803, p. 46; 1804-1808, pp. 26, 502
Bird, Sarah
1801-1803, p. 42
Birk, David
1799-1800, p. 34
Bisho, Paul
1799-1800, p. 16; 1801-1803, p. 15
Bishop, Capt
1799-1800, p. 35
Bishop, Jacob
1804-1808, p. 43
Bishop, Jacob (mullattoe)
Assessment Book 1800, p. 253
Bishop, John
1801-1803, p. 42
Bishop, Richard, Capt
1798, p. 219; Assessment Book 1800, p. 324; 1801-1803, p. 28; 1804-1808, p. 50
Bittinger, John
1804-1808, p. 60

Bizanna, William
1799-1800, p. 39
Black, James
1798, p. 141; 1799-1800, p. 26; Assessment Book 1800, p. 239; 1801-1803, p. 22; 1804-1808, p. 32
Black, Owen
Assessment Book 1800, p. 155; 1804-1808, p. 28
Blackbill & Croft
1804-1808, p. 42
Blackburn
1804-1808, p. 60
Blackburn, Alice
Assessment Book 1800, p. 252; 1804-1808, p. 43
Blackburn, James
1798, p. 194; 1799-1800, p. 359
Blackburn, James H.
1801-1803, p. 39
Blackiston & Richardson
1798, p. 78; 1799-1800, p. 355; Assessment Book p. 174; 1801-1803, p. 314; 1804-1808, p. 30
Blackroth
1799-1800, p. 37
Blake, Ebenezer
Assessment Book 1800, p. 260; 1804-1808, p. 42
Bland, Theodorick
Assessment Book 1800, p. 240; 1801-1803, p. 400; 1804-1808, p. 32
Blaney, Mary
1798, p. 175; 1799-1800, p. 358; Assessment Book 1800, p. 256; 1801-1803, p. 38; 1804-1808, p. 43
Blewer, John
1799-1800, p. 35; 1801-1803, p. 28
Block, Andrew
1798, p. 179; Assessment Book 1800, p. 262; 1801-1803, p. 45; 1804-1808, p. 45
Block, Jacob
1801-1803, p. 45
Bloides, Monsieur
1799-1800, p. 37
Blossam (Blossom), Mary
1798, p. 35; 1799-1800, p. 353; 1801-1803, p. 35
Blossum, Peter
1799-1800, p. 40
Boale, James
1799-1800, p. 37
Boale, Jane
1801-1803, p. 29
Boardley, John
Assessment Book 1800, p. 8; 1801-1803, p. 402; 1804-1808, p. 13
Boardley, John B.
1798, p. 192; 1799-1800, p. 358; 1801-1803, p. 39
Boardley, Mathias
1804-1808, p. 61
Bobst, George
Assessment Book 1800, p. 28; 1804-1808, p. 14

Bodley, Thomas
1798, p. 24; 1799-1800, p. 12; Assessment Book 1800, p. 127; 1801-1803, p. 11; 1804-1808, p. 24
Boehme, Charles L.
Assessment Book 1800, p. 138
Bohn, Augustus
1804-1808, p. 16
Bohn, Charles
Assessment Book 1800, p. 12; 1801-1803, p. 41; 1804-1808, p. 15
Boid, William
1799-1800, p. 44
Boile, Capt.
1799-1800, p. 41; 1801-1803, p. 31
Boislandry, Charles Robert
1798, p. 120; 1799-1800, p. 23
Boislandry, Robert C.
1801-1803, p. 45
Boissou, John
1799-1800, p. 20
Boiveau, Monsieur
1799-1800, p. 45
Boldin (Bolden, Bouldin), Jehu
1798, p. 143; 1799-1800, p. 28; Assessment Book 1800, p. 295; 1801-1803, p. 24; 1804-1808, p. 49
Boldin (Bolden), Richard
1798, p. 143; 1799-1800, p. 28; 1801-1803, p. 23
Bole, Jane
1798, p. 224
Bolgiano, Francis
1798, p. 21; 1799-1800, p. 352; 1801-1803, p. 34; 1804-1808, pp. 51, 58
Bolgiano, Mr.
Assessment Book 1800, p. 311
Bolton, Andrew
Assessment Book 1800, p. 161; 1804-1808, p. 58
Bolton, Henry
Assessment Book 1800, p. 351; 1804-1808, p. 54
Bolton, Mr. (Job Smith, Agent)
Assessment Book 1800, p. 325
Bolton, W.
1804-1808, p. 53
Bombery, M.S., Capt.
1804-1808, p. 501
Bond, Barnet
Assessment Book 1800, p. 367; 1801-1803, p. 47; 1804-1808, p. 56
Bond, James
Assessment Book 1800, p. 303; 1804-1808, p. 48
Bond, John
1799-1800, p. 44
Bond, John (of Joshua)
Assessment Book 1800, p. 248; 1804-1808, p. 34
Bond, Mordecia
1799-1800, p. 43
Bond, Peter
1798, p. 163; 1799-1800, p. 42; Assessment Book 1800, p. 247; 1801-1803, p. 32; 1804-1808, p. 34

Bond, Richard
1798, p. 10; 1799-1800, p. 13; 1801-1803, p. 12
Bond, Richard (estate of)
1801-1803, p. 46
Bondfield (Bonfield), John
1798, p. 221; 1804-1808, p. 53
Bondfield, Richard
1799-1800, p. 44
Bondfield (Bonfield), John
1799-1800, p. 36; Assessment Book 1800, p. 330; 1801-1803, p. 29
Bonn, Joseph
Assessment Book 1800, p. 147; 1804-1808, p. 28
Bonnefil (Bonnefied), Peter
Assessment Book 1800, p. 329; 1804-1808, p. 53
Bonnefin & LeDuc
Assessment Book 1800, p. 128; 1804-1808, p. 27
Bonsaille (Bonsell), Robert
1798, p. 116; 1799-1800, p. 23; 1801-1803, p. 20
Bonsale, Isaac
1804-1808, p. 61
Bonsall & Hoofman
1801-1803, p. 182
Bonsall, Vincent
Assessment Book 1800, p. 72; 1804-1808, p. 19
Boon (Boone), James
Assessment Book 1800, p. 197; 1801-1803, p. 400; 1804-1808, p. 38
Boon, Richard (Anne Arundel County)
1798, p. 137; 1799-1800, p. 357
Boos (Boss), Adam
1799-1800, p. 40; 1804-1808, p. 57
Boos (Boose), Jacob
1798, p. 21; 1799-1800, p. 19; 1804-1808, p. 15
Boos (Boss), Jacob (estate of)
Assessment Book 1800, p. 18; 1801-1803, p. 18
Boos (Boss), Peter
1798, p. 217; 1799-1800, p. 36; Assessment Book 1800, p. 327; 1801-1803, p. 29; 1804-1808, p. 53
Borland, John
Assessment Book 1800, p. 243; 1804-1808, p. 32
Bosley, Daniel
1804-1808, p. 502
Bosley, James
Assessment Book 1800, p. 243; 1801-1803, p. 400; 1804-1808, p. 35
Bosley, William
Assessment Book 1800, p. 241; 1804-1808, p. 32
Boss, Haas (pilot)
Assessment Book 1800, p. 334; 1804-1808, p. 52
Botner, Elias
1798, p. 166; 1799-1800, p. 30; 1801-1803, p. 25
Bouchu (Boucher), Lambert
Assessment Book 1800, p. 35; 1801-1803, p. 400; 1804-1888, p. 14
Bough, George
1799-1800, p. 31

Boughan, Augustin
Assessment Book 1800, p. 57
Boulton, John
1801-1803, p. 401
Bourget
1799-1800, p. 30
Bourman, John
1798, p. 52
Bousard (Bourard), Isaac
1798, p. 58; 1799-1800, p. 354; 1801-1803, p. 36
Bousman, Widow
1798, p. 14
Bowen, James
1798, p. 25; 1799-1800, p. 352; 1804-1808, p. 59
Bowen, James (estate of)
1801-1803, p. 34
Bowen, Josiah
Assessment Book 1800, p. 357; 1804-1808, p. 57
Bowen, Labrit (Sabrit)
1798, p. 170; 1799-1800, p. 41; Assessment Book 1800, p. 271; 1801-1803, p. 31; 1804-1808, p. 47
Bowers, George
1798, p. 167; 1799-1800, p. 43; Assessment Book 1800, p. 263; 1801-1803, p. 33; 1804-1808, p. 45
Bowers, Henry
Assessment Book 1800, p. 258; 1801-1803, p. 402; 1804-1808, p. 42
Bowers, Martin
1798, p. 167; 1799-1800, p. 43; Assessment Book 1800, p. 262; 1801-1803, p. 32; 1804-1808, p. 45
Bowle, Jane
1804-1808, p. 55
Bowle, Mary
Assessment Book 1800, p. 344
Bowley & Yates
1799-1800, p. 350; 1801-1803, p. 393
Bowley, Daniel
1798, p. 64; 1799-1800, p. 23; Assessment Book 1800, p. 214; 1801-1803, p. 19; 1804-1808, p. 40
Boyce, Roger (blackman)
Assessment Book 1800, p. 369; 1804-1808, p. 58
Boyd & McMechen
1799-1800, p. 409; 1801-1803, p. 396
Boyd, Andrew
1798, p. 7
Boyd, Andrew (brickmaker)
1799-1800, p. 352; Assessment Book 1800, p. 127
Boyd, Andrew, Sr.
1798, p. 88
Boyd (Boid), Ann, Mrs.
1798, p. 143; 1799-1800, p. 27; Assessment Book 1800, p. 209; 1801-1803, p. 23; 1804-1808, p. 41
Boyd, Elizabeth & Mary
Assessment Book 1800, p. 130; 1804-1808, p. 26
Boyd, James N.
1804-1808, p. 27

Boyd (Boid), James P.
1798, p. 87; 1799-1800, p. 12; Assessment Book 1800, p. 127; 1801-1803, p. 12
Boyd, Mary & Elizabeth
Assessment Book 1800, p. 130; 1804-1808, p. 26
Boyer, John
1798, pp. 23, 218; 1799-1800, pp. 36, 352; Assessment Book 1800, p. 25; 1801-1803, p. 29; 1804-1808, p. 14
Boyer, John (blind man)
1801-1803, p. 34
Boyle, John & Co.
1798, p. 67; 1799-1800, p. 354
Boyles, Thomas, Capt.
1798, p. 189; Assessment Book 1800, p. 288; 1804-1808, p. 46
Brackbill & Drove
1799-1800, p. 43
Brackbill & Gross
1801-1803, p. 33
Brackbill, John & Groft
Assessment Book 1800, p. 258
Bradenbaugh, John
1804-1808, p. 40
Bradenbaugh, Susanna (Susannah)
Assessment Book 1800, p. 255; 1804-1808, p. 43
Bradish, John, Capt.
1798, p. 108
Bradish, Mrs.
Assessment Book 1800, p. 138; 1804-1808, p. 29
Bradley, Thomas
1798, p. 73; 1799-1800, p. 355
Brady, Christian M.
Assessment Book 1800, p. 255; 1801-1803, p. 402; 1804-1808, p. 43
Brady, Sylvester (Silvester)
Assessment Book 1800, p. 362; 1801-1803, p. 47; 1804-1808, p. 56
Braidish, John, Capt
1799-1800, p. 17; 1801-1803, p. 16
Brannon, Thomas
Assessment Book 1800, p. 357; 1804-1808, p. 57
Branon, Thomas (carpenter)
1801-1803, p. 44
Branon, Thomas (pilot)
1801-1803, p. 44
Branson, Bates
1798, p. 35
Branson, Batlis (Baltis)
1799-1800, p. 343; Assessment Book 1800, p. 64; 1801-1803, p. 35; 1804-1808, p. 19
Branson, Michael
1801-1803, p. 42, 1804-1808, p. 23
Branson, William
1798, p. 92; 1799-1800, p. 15; Assessment Book 1800, p. 104; 1801-1803, p. 14
Brantinshan, George
1804-1808, p. 59

Bravitt, John
1799-1800, p. 13; 1801-1803, p. 12
Brayton, Isaac
Assessment Book 1800, p. 187; 1804-1808, p. 36
Breeton, John
1799-1800, p. 36; 1801-1803, p. 29
Bremer (Brimer) & Foltz
1799-1800, p. 380; 1801-1803, p. 124
Bremont
1799-1800, p. 25
Bretet
1799-1800, p. 30
Brevard, James
1798, p. 189; 1799-1800, p. 11; 1801-1803, p. 11
Brevitt, John
1798, p. 86; Assessment Book 1800, p. 160; 1804-1808, p. 31
Brevitt, Joseph
Assessment Book 1800, p. 6; 1804-1808, p. 13
Brewer, John
1798, p. 213
Brewer, Joseph
1798, p. 151; 1799-1800, p. 357; 1801-1803, p. 46
Brian, John
1799-1800, p. 28
Brice, Henry
Assessment Book 1800, p. 174; 1804-1808, p. 37
Brice, James
1799-1800, p. 24
Brice, John
1798, p. 158; 1799-1800, p. 24; 1801-1803, p. 20
Brice, Nicholas
1799-1800, p. 11; Assessment Book 1800, p. 137; 1801-1803, p. 11;
1804-1808, p. 26
Bride, Mary
1798, p. 201; 1799-1800, p. 33; 1801-1803, p. 26
Briden (Bryden), James
1799-1800, p. 14; Assessment Book 1800, p. 105; 1801-1803, p. 14
Briden (Bryden), William, Capt.
1799-1800, p. 38; Assessment Book 1800, p. 344
Briedenbaugh (Breidenbaugh), John
1798, p. 149; 1799-1800, p. 29; Assessment Book 1800, p. 216; 1801-1803,
p. 24
Briedenbaugh (Breidenbaugh), Valentine
1798, p. 175; 1799-1800, p. 44; 1801-1803, p. 33
Brier, Abraham
Assessment Book 1800, p. 41; 1804-1808, p. 17
Brier, Emanuel
1798, p. 42; 1799-1800, p. 353; 1801-1803, p. 35
Briggs, Ann
1804-1808, p. 501
Briggs, Capt.
1801-1803, p. 44
Brightnorder (Brightnodder), Adam
Assessment Book 1800, p. 303; 1804-1808, p. 48

Brindle, Frederick
1798, p. 16; 1799-1800, p. 13; Assessment Book 1800, p. 24; 1801-1803, p. 13; 1804-1808, p. 14
Briscoe, James
Assessment Book 1800, p. 156; 1804-1808, pp. 28, 500
Brison, James
1799-1800, p. 42
Brisset, Adam
1799-1800, p. 42
Britton, John
1798, p. 180; Assessment Book 1800, p. 275
Britton, Josiah
1804-1808, p. 47
Brook, Clement (Clemment)
Assessment Book 1800, p. 16; 1801-1803, p. 398; 1804-1808, p. 15
Brookman, Jane
1799-1800, p. 39; Assessment Book 1800, p. 352; 1801-1803, p. 30; 1804-1808, p. 54
Brookman, Mrs.
1799-1800, p. 39
Brooks, Isaac
Assessment Book 1800, p. 247; 1804-1808, p. 35
Brooks, William
Assessment Book 1800, pp. 158, 246; 1804-1808, pp. 28, 35
Broom, Henry
Assessment Book 1800, p. 355; 1804-1808, p. 57
Broom, James M.
1804-1808, p. 60
Brothers, Henry
1799-1800, p. 15
Brothers, Jacob
1804-1808, p. 58
Brothers, Mrs.
Assessment Book 1800, p. 27; 1801-1803, p. 34; 1804-1808, p. 14
Brothers, Widow
1798, p. 25; 1799-1800, p. 352
Brotherson, Charles
1799-1800, p. 37
Brotherton, Thomas
Assessment Book 1800, p. 121; 1804-1808, p. 25
Brown & Bennet
1804-1808, p. 54
Brown & Falls
1804-1808, p. 157
Brown & Maries
1799-1800, p. 21
Brown & Stansberry (Stansburry)
1799-1800, p. 26; 1801-1803, p. 22
Brown & Yundt
1799-1800, p. 345
Brown, Alexander
1799-1800, p. 21; Assessment Book 1800, p. 145; 1804-1808, p. 29
Brown, Alexander & Co.
1798, p. 78; 1799-1800, p. 22

Brown, Amos
Assessment Book 1800, p. 206; 1804-1808, p. 41
Brown, Aquila
1798, p. 53; 1799-1800, p. 15; 1801-1803, p. 14; 1804-1808, p. 39
Brown, Aquila (estate of)
Assessment Book 1800, p. 188
Brown, David
1798, p. 192; 1799-1800, p. 33; Assessment Book 1800, p. 293; 1804-1808, p. 49
Brown, David, Capt.
1798, p. 203; 1799-1800, p. 16; Assessment Book 1800, p. 303; 1801-1803, p. 15; 1804-1808, p. 48
Brown, David (potter)
1799-1800, p. 40; 1801-1803, p. 31
Brown, DeButts & Co.
1799-1800, p. 371
Brown, Dixon
1798, p. 199; 1799-1800, p. 34; Assessment Book 1800, p. 310; 1801-1803, p. 310; 1804-1808, p. 48
Brown, Dr. & Bennet, Pat
Assessment Book 1800, p. 354
Brown, Fanny
Assessment Book 1800, p. 267; 1804-1808, p. 44
Brown, George, Dr.
1798, p. 153; 1799-1800, p. 30; Assessment Book 1800, p. 208; 1801-1803, p. 25; 1804-1808, p. 41
Brown, Hannah
1804-1808, p. 59
Brown, Hannah (mulattoe)
Assessment Book 1800, p. 224
Brown (Browne), Henry
1798, p. 83; 1799-1800, p. 12; Assessment Book 1800, p. 128; 1804-1808, p. 27
Brown, Henry (broom)
1801-1803, p. 43
Brown, Henry (tobaconist)
1801-1803, p. 11
Brown, Jacob
1798, p. 94; 1799-1800, p. 14; Assessment Book 1800, p. 114; 1801-1803, p. 13; 1804-1808, p. 22
Brown, James
1798, pp. 161, 195; 1799-1800, pp. 26, 40; Assessment Book 1800, p. 267; 1801-1803, p. 21; 1804-1808, pp. 32, 47, 503
Brown, James (estate of)
Assessment Book 1800, p. 239
Brown, James (of John)
1801-1803, p. 30
Brown, James ("scow-man")
1799-1800, p. 358
Brown, James ("scow-man") (estate of)
1801-1803, p. 38
Brown, Jesse
1798, p. 189; 1799-1800, p. 41; 1801-1803, p. 31

Brown, John
1798, pp. 138, 141; 1799-1800, pp. 38, 41; Assessment Book 1800, p. 366; 1804-1808, pp. 24, 56, 500
Brown, John, Capt.
Assessment Book 1800, p. 342; 1801-1803, p. 43; 1804-1808, p. 52
Brown, John (carpenter)
Assessment Book 1800, p. 122
Brown, John (estate of)
1799-1800, p. 21; Assessment Book 1800, p. 203; 1804-1808, p. 38
Brown, John (potter)
1799-1800, p. 27; 1801-1803, p. 22
Brown, John (rigger)
Assessment Book 1800, p. 334; 1804-1808, p. 52
Brown, Joseph
Assessment Book 1800, p. 267; 1804-1808, p. 44
Brown, Joshua
1798, p. 103; 1799-1800, p. 356; Assessment Book 1800, p. 118; 1801-1803, p. 37; 1804-1808, p. 25
Brown, Josiah
1798, p. 226; 1799-1800, p. 35; 1801-1803, p. 29
Brown, Josias
Assessment Book 1800, p. 92; 1804-1808, p. 20
Brown, Mary
Assessment Book 1800, p. 267; 1804-1808, p. 44
Brown, Mathew (Matthew)
1798, p. 116; 1799-1800, p. 356; Assessment Book 1800, p. 186; 1801-1803, p. 37; 1804-1808, p. 36
Brown, Mrs. (widow of Jesse)
Assessment Book 1800, p. 291; 1804-1808, p. 49
Brown, Robert
1804-1808, p. 501
Brown, Samuel
1798, p. 9; 1799-1800, p. 352; Assessment Book 1800, p. 131; 1801-1803, p. 34; 1804-1808, p. 26
Brown, Sarah
1798, p. 70; 1799-1800, p. 355; Assessment Book 1800, p. 167; 1801-1803, p. 36; 1804-1808, p. 31
Brown, Solomon
1798, p. 167; 1799-1800, p. 43; Assessment Book 1800, p. 262; 1801-1803, p. 32; 1804-1808, p. 42
Brown, Stewart (Stuart)
1798, p. 143; 1799-1800, p. 28; Assessment Book 1800, p. 222; 1801-1803, p. 23; 1804-1808, p. 33
Brown, Thomas
Assessment Book 1800, p. 262; 1801-1803, p. 44; 1804-1808, pp. 42, 56
Brown, Thomas or Cyrus, Coulters, Dr.
Assessment Book 1800, p. 362
Brown, William
1798, p. 170; 1799-1800, p. 20; Assessment Book 1800, pp. 62, 266; 1801-1803, p. 18; 1804-1808, pp. 19, 44
Brown, William (tailor)
1801-1803, p. 43
Browning, Perry (Peregrine, Perregrine)
1798, p. 140; 1799-1800, p. 357; Assessment Book 1800, p. 83; 1801-1803, p. 38; 1804-1808, p. 21

Browning, Ritson
1804-1808, p. 61
Bruce, Nicholas
1798, p. 186
Bruff (Bruffs), William
1798, p. 77; 1799-1800, p. 22; Assessment Book 1800, p. 178; 1801-1803, p. 19
Bruff, William (estate of)
1804-1808, p. 37
Brune & Vankappf (Vonkappf)
Assessment Book 1800, p. 110; 1804-1808, p. 22
Brunelot, F. A. (A. F.)
Assessment Book 1880, p. 120; 1804-1808, p. 25
Brunelott
1799-1800, p. 25; 1801-1803, p. 21
Bruner, Adam
1801-1803, p. 400
Bruner & Foltz (Folts)
Assessment Book 1800, p. 95; 1804-1808, p. 20
Bruner, Jacob
Assessment Book 1800, p. 95; 1804-1808, p. 20
Bryan, John
1799-1800, p. 20; 1801-1803, p. 401
Bryan, Susanna
1799-1800, p. 23
Bryden, James
1798, p. 93; 1804-1808, p. 22
Bryden, William
1798, p. 234
Bryden, William, Capt.
1801-1803, p. 45; 1804-1808, p. 55
Bryer, Emanuel
Assessment Book 1800, p. 144; 1804-1808, p. 29
Bryson, Nathan G.
Assessment Book 1800, p. 259; 1801-1803, p. 398; 1804-1808, p. 42
Buchanan & Hollins
1799-1800, p. 391
Buchanan & Young
1799-1800, p. 16; 1801-1803, p. 15
Buchanan (Buchannan), Andrew
1798, p. 55; 1799-1800, p. 13; Assessment Book 1800, p. 99; 1801-1803, p. 12; 1804-1808, pp. 23, 502
Buchanan Courtenay & Co.
1799-1800, p. 20
Buchanan (Buchannan), George, Capt.
1798, p. 223; 1799-1800, p. 27; Assessment Book 1800, pp. 2, 205; 1801-1803, p. 22; 1804-1808, p. 41
Buchanan, George, Dr.
1798, p. 1; 1799-1800, p. 13; 1801-1803, p. 12
Buchanan (Buchannan), James
1798, p. 105; 1799-1800, p. 15; Assessment Book 1800, p. 61; 1801-1803, p. 14; 1804-1808, p. 19
Buchanan (Buchannan), James A.
1798, pp. 28, 243; 1799-1800, p. 17; Assessment Book 1800, p. 99; 1801-1803, p. 17; 1804-1808, p. 23

Buchanan (Buchannan), James A. & Co.
1799-1800, p. 31; Assessment Book 1800, p. 192; 1801-1803, p. 26; 1804-1808, p. 38
Buchanan (Buchannan), Lloyd
Assessment Book 1800, p. 248; 1804-1808, p. 34
Buchanan, Lloyd, Courtenay & Co.
1798, p. 1
Buchanan (Buchannan), Robert
Assessment Book 1800, p. 212; 1804-1808, p. 40
Buchanan, Thomas
1804-1808, p. 61
Buchanan (Buchannan), William
1798, p. 127; 1799-1800, p 25; Assessment Book 1800, pp. 48, 181; 1801-1803, p. 20; 1804-1808, pp. 16, 36
Buchannan & Stewart
Assessment Book 1800, p. 5; 1804-1808, p. 13
Buchannan, George
1804-1808, p. 13
Buck, Christian
1798, p. 104
Buck, Christopher
1799-1800, p. 15; Assessment Book 1800, p. 121; 1801-1803, p. 15; 1804-1808, p. 24
Buck, John
1798, p. 237; 1799-1800, p. 40; Assessment Book 1800, pp. 291, 353, 364; 1801-1803, p. 31; 1804-1808, pp. 49, 54, 59
Buck, John (carpenter)
1801-1803, p. 44
Buckey, Laurence
1799-1800, p. 45
Buckler, Humphrey
1804-1808, p. 44
Buckler (Bucklar), William
1798, p. 91; 1799-1800, p. 16; Assessment Book 1800, p. 103; 1801-1803, p. 15; 1804-1808, p. 23
Buckless, Henry
1798, p. 223; 1799-1800, p. 359; 1801-1803, p. 39
Buckley, Lawrence (estate of)
1798, p. 209; 1801-1803, p. 33
Buckman, James
1798, p. 209
Budd, Elizabeth
1799-1800, p. 25; 1801-1803, p. 21
Budd, Mrs.
1798, p. 126
Buelnoder, Adam
1799-1800. p. 33
Bugan, Eagle (Engle)
1798, p. 39; 1799-1800, p. 353; 1801-1803, p. 35
Bull, Jarrett
Assessment Book 1800, p. 18; 1804-1808, p. 15
Bull, Josias
Assessment Book 1800, p. 262; 1804-1808, p. 45
Bull, William
Assessment Book 1800, p. 20; 1801-1803, p. 398; 1804-1808, p. 15

Bullen, Simon
1799-1800, p. 30
Bunker, Capt.
Assessment Book 1800, p. 360; 1804-1808, p. 57
Bunker, George, Capt.
Assessment Book 1800, p. 325; 1801-1803, p. 47; 1804-1808, p. 53
Bunker, Job
1798, p. 226; 1799-1800, p. 359; 1801-1803, p. 39
Bunting, Billy Drew
Assessment Book 1800, p. 269; 1804-1808, p. 47
Burck, Richard
1798, p. 212; 1799-1800, p. 359; 1801-1803, p. 39
Bureaux, Nicholas
Assessment Book 1800, p. 226; 1804-1808, p. 33
Burk, (Burke) John
1799-1800, p. 40; Assessment Book 1800, p. 6; 1801-1803, pp. 13, 47
Burk, Madam
1799-1800, p. 37
Burke & Mitchell
1798, p. 95; 1799-1800, p. 356
Burke (Burk, Burck), David
1798, p. 198; Assessment Book 1800, p. 303; 1801-1803, p. 27; 1804-1808, p. 48
Burke, Mary
Assessment Book 1800, p. 289; 1804-1808, p. 46
Burket (Burkett), William
1798, p. 6; 1799-1800, p. 20; Assmssment Book 1800, p. 95; 1801-1803, p. 18; 1804-1808, p. 20
Burland, Richard (estate of)
1799-1800, p. 21
Burlin, John
Assessment Book 1800, p. 286; 1804-1808, p. 46
Burn, James
Assessment Book 1800, p. 321; 1804-1808, p. 50
Burneston, Isaac
1798, p. 84; 1799-1800, p. 21; Assessment Book 1800, p. 1; 1801-1803, p. 19; 1804-1808, p. 13
Burneston, Joseph
1798, p. 228; 1799-1800, p. 360; 1801-1803, p. 40
Burney, Mary, Mrs.
1798, p. 201; 1799-1800, p. 34; 1801-1803, p. 27
Burns, Columbus
1798, p. 31; 1799-1800, p. 353; 1801-1803, p. 35
Burns, Daniel
1804-1808, p. 60
Burns, James
1799-1800, p. 36
Burns, John
1798, p. 58; 1799-1800, p. 354; 1801-1803, p. 36
Burns, Samuel
1798, p. 32; 1799-1800, p. 343; Assessment Book 1800, pp. 148, 290; 1804-1808, pp. 28, 46
Burrall (Burrell), Charles
Assessment Book 1800, p. 127; 1801-1803, p. 398; 1804-1808, pp. 27, 502

Burress, Thomas
1798, p. 213
Burrow, Thomas
1799-1800, p. 35
Burrow, Thomas (estate of)
1801-1803, p. 28
Burt, Andrew
Assessment Book 1800, p. 245; 1804-1808, p. 35
Bush, John
1799-1800, p. 36
Busk, Nelly (Nelley)
1798, p. 219; 1799-1800, p. 359; 1801-1803, p. 39
Bussey, Edward
1799-1800, p. 42
Bussey, Thomas D.
1798, p. 141; 1799-1800, p. 26; 1801-1803, p. 22
Butler, Anthony
Assessment Book 1800, p. 44; 1804-1808, p. 16
Butler, Deborah
1798, p. 166; 1799-1800, p. 358; 1801-1803, p. 38
Butler, Jos., Capt.
Assessment Book 1800, p. 344; 1801-1803, p. 43; 1804-1808, p. 55
Butler, Nace
Assessment Book 1800, p. 44; 1804-1808, p. 29
Butler, Samuel
Assessment Book 1800, p. 141; 1804-1808, p. 29
Butler, Sarah
Assessment Book 1800, p. 248; 1804-1808, p. 34
Butler, Susannah
Assessment Book 1800, p. 202; 1804-1808, p. 38
Butten, Jane
1798, p. 219
Button (Butten), Elias
1798, p. 232; 1799-1800, p. 38; Assessment Book 1800, p. 321; 1801-1803, p. 30; 1804-1808, p. 50
Button, Robert
1799-1800, p. 43
Button, William
1798, p. 178; Assessment Book 1800, p. 263; 1801-1803, p. 32; 1804-1808, p. 45
Byas, James & Smith, John
1799-1800, p. 31
Byrne, Columbus I.
Assessment Book 1800, p. 145
Byrne, Columbus J.
1804-1808, p. 29
Byrner, Samuel & D.
1798, p. 79
Byrnes, Samuel
1801-1803, pp. 35, 401
Byrnes, Samuel and D.
1799-1800, p. 355
Byrnes, William
Assessment Book 1800, p. 298; 1804-1808, p. 49

Caesar (blackman)
Assessment Book 1800, p. 154; 1804-1808, p. 73
Caldcleugh (Calddleugh) & Thomas
1801-1803, p. 77
Caldwell, Lucretia
1798, p. 178
Caldwell, Thomas
1798, p. 171; 1799-1800, p. 70; 1801-1803, p. 64
Calf
1801-1803, p. 75
Calhoun & Henderson
1804-1808, p. 493
Calhoun & Lamott (Lammot)
Assessment Book 1800, p. 243; 1804-1808, p. 96
Calhoun, Benjamin C.
Assessment Book 1800, p. 71; 1804-1808, p. 66
Calhoun, James
1798, p. 81; 1799-1800, p. 50; Assessment Book 1800, p. 145; 1801-1803, p. 51; 1804-1808, pp. 62, 73
Calhoun, James & Co.
1798, p. 81; 1799-1800, p. 72; Assessment Book 1800, p. 339; 1801-1803, p. 65; 1804-1808, p. 93
Calhoun, James, Jr.
Assessment Book 1800, p. 14
Calk, John (estate of)
1799-1800, p. 317
Calke, Joseph, Capt. (estate of)
1798, p. 6
Calph, John
Assessment Book 1800, p. 359; 1804-1808, p. 95
Calwell, James
Assessment Book 1800, p. 84; 1804-1808, p. 68
Calwell, John
Assessment Book 1800, p. 239; 1801-1803, p. 403; 1804-1808, p. 81
Calwell (Callwell), Thomas
Assessment Book 1800, p. 274; 1804-1808, p. 84
Camp, William
Assessment Book 1800, p. 198; 1804-1808, p. 77
Campario, John
1798, p. 30
Campbell & Ritchie
1804-1808, p. 97
Campbell & Yates
1799-1800, p. 441; 1801-1803, p. 394
Campbell, Archibald
1798, p. 116; 1799-1800, p. 55; Assessment Book 1800, p. 186; 1801-1803, p. 54; 1804-1808, p. 76
Campbell, John
1798, p. 73; 1799-1800, p. 54; Assessment Book 1800, p. 251; 1804-1808, p. 82
Campbell, William
Assessment Book 1800, p. 167; 1801-1803, p. 73; 1804-1808, p. 74
Cane, Thomas
1798, p. 125; 1799-1800, p. 364; 1801-1803, p. 68

Cannon (Canan), Ann
1798, p. 175; 1799-1800, p. 71; 1801-1803, p. 65
Cantenax
1801-1803, p. 76
Cantwell, Thomas
1798, p. 22; 1799-1800, p. 361; 1801-1803, p. 66; 1804-1808, p. 96
Capito, Christian
Assessment Book 1800, p. 84; 1804-1808, p. 68
Capito, George
Assessment Book 1800, p. 91; 1801-1803, p. 72; 1804-1808, p. 69
Capoot & Thompson
1799-1800, p. 433
Capoot, Jeremiah
1799-1800, p. 60; Assessment Book 1800, p. 289; 1801-1803, p. 78; 1804-1808, p. 87
Cappau (a Frenchman)
1799-1800, p. 61
Cappeac (Cappeao), Joseph
1798, p. 207; 1799-1800, p. 367
Carey, Dennis
1798, p. 141; 1799-1800, p. 56; Assessment Book 1800, p. 198; 1801-1803, p. 55
Carey, James
1798, p. 38; 1799-1800, p. 52; Assessment Book 1800, p. 3; 1801-1803, p. 52; 1804-1808, p. 62
Carlisle, Mrs.
1799-1800, p. 67
Carman, William
1798, p. 174; 1799-1800, p. 70; Assessment Book 1800, p. 274; 1801-1803, p. 64; 1804-1808, p. 84
Carnaghan, James
Assessment Book 1800, p. 222
Carnahan, George
1798, p. 186; 1799-1800, p. 72; 1801-1803, p. 79
Carnahan, James
1804-1808, p. 80
Carnan, Christopher
Assessment Book 1800, p. 215; 1804-1808, p. 79
Carnap, Jasper D.
1799-1800, p. 50
Carney, Thomas
1798, p. 190; 1799-1800, p. 68; 1801-1803, p. 63
Carnoles, John
Assessment Book 1800, p. 265; 1804-1808, p. 83
Carnover, William
Assessment Book 1800, p. 81
Carr, Archibald, Capt.
Assessment Book 1800, p. 308; 1801-1803, p. 404; 1804-1808, p. 89
Carr, Joseph
1798, p. 150; 1799-1800, p. 364; 1801-1803, p. 68
Carr, Peter (of Virginia)
1798, p. 205; 1799-1800, p. 367; Assessment Book 1800, p. 302; 1801-1803, pp. 70, 78; 1804-1808, p. 88
Carr, William
1798, p. 157; 1799-1800, p. 365; 1801-1803, p. 69

Carrere, John
1798, p. 103; 1799-1800, p. 57; Assessment Book 1800, p. 232; 1801-1803, p. 56; 1804-1808, p. 80
Carrick, Arthur
1799-1800, p. 52
Carrick, Daniel
Assessment Book 1800, p. 239; 1804-1808, p. 81
Carrol, Ann
1798, p. 197; 1799-1800, p. 367; 1801-1803, p. 70
Carroll, Charles
1798, p. 186; 1804-1808, p. 86
Carroll, Charles, Jr.
1804-1808, p. 98
Carroll, Charles, of Carrollton
1799-1800, p. 68; Assessment Book 1800, p. 284; 1801-1803, p. 62
Carroll (Carrol), Margaret
1798, p. 57; 1799-1800, p. 362; Assessment Book 1800, p. 76; 1801-1803, p. 52; 1804-1808, p. 67
Carroll, Mrs.
1799-1800, p. 51
Carruthers (Caruthers), David & John
1799-1800, p. 363; 1801-1803, p. 67
Carruthers, James & John & Co.
Assessment Book 1800, p. 104
Carruthers, John & Co.
1804-1808, p. 69
Carruthers (Caruthers), John & David
1798, p. 91; 1799-1800, p 363; 1801-1803, p. 67
Carruthers, John & James & Co.
Assessment Book 1800, p. 104
Carson & Smith
1799-1800, p. 365
Carson, Andrew
1798, p. 160; 1799-1800, p. 60; Assessment Book 1800, p. 227; 1801-1803, p. 57; 1804-1808, p. 80
Carson, Nathaniel
1798, p. 231; 1799-1800, p. 61; Assessment Book 1800, p. 319; 1801-1803, p. 58; 1804-1808, p. 91
Carter
1801-1803, p. 76
Carter, George
1804-1808, p. 97
Carter, Joseph
Assessment Book 1800, p. 252; 1804-1808, p. 82
Carter, Peter
Assessment Book 1800, p. 54; 1804-1808, p. 65
Carter, Robert, Col.
1798, p. 172; 1799-1800, p. 70; 1801-1803, p. 64; 1804-1808, p. 73
Carter, Robert (estate of)
Assessment Book 1800, p. 156
Carter, Solomon
1798, p. 23; 1799-1800, p. 361; 1801-1803, p. 66
Carthouse
Assessment Book 1800, p. 71

Cartwright, Abraham
1798, p. 242; 1799-1800, p. 368; Assessment Book 1800, p. 356; 1801-1803, p. 71; 1804-1808, p. 95
Carty, John
Assessment Book 1800, p. 193; 1804-1808, p. 77
Carty, John & Lines, John
1799-1800, p. 66
Carvin, Capt.
1801-1803, p. 403
Casce, Isaac
Assessment Book 1800, p. 147
Casey, Mrs.
1799-1800, p. 60
Casey, William
Assessment Book 1800, p. 280; 1804-1808, p. 85
Casnave & Walker
1799-1800, p. 58
Cason, Andrew
1799-1800, p. 69
Cassady, Hannah
1798, p. 155; 1799-1800, p. 59; Assessment Book 1800, p. 223; 1801-1803, p. 57; 1804-1808, p. 80
Cassell, John
1804-1808, p. 97
Casset (Cassett, Cassatt), Peter
1798, p. 204; 1799-1800, p. 367; Assessment Book 1800, p. 77; 1801-1803, p. 70; 1804-1808, p. 67
Casting, Bennett
1798, p. 151; 1799-1800, p. 364; 1801-1803, p. 68
Cater, Moses E.
1799-1800, p. 52
Cathouse
1804-1808, p. 67
Caton, Mathew
1798, p. 102; 1799-1800, p. 363
Caton, Richard
1798, p. 184; 1799-1800, p 68; 1801-1803, p. 62
Caufmann (Caufman), Christian
Assessment Book 1800, p. 77; 1804-1808, p. 67
Caustin (Caustian), Isaac
1798, p. 119; 1799-1800, p. 53; 1801-1803, p. 53
Chaffentine (Chaffentaine), Ambros
1798, p. 128; 1799-1800, p. 55; 1801-1803, p. 54
Chalmers, John
1804-1808, p. 75
Chalmers, John, Jr.
1798, p. 55; 1799-1800, p. 57; Assessment Book 1800, p. 82; 1801-1803, p. 56
Chalmers, John, Sr.
1798, p. 76; 1799-1800, p. 53; Assessment Book 1800, p. 169; 1801-1803, p. 53
Chambers, Campbell
Assessment Book 1800, p. 173; 1804-1808, pp. 75, 505
Chambers, Francis
1798, p. 188; 1799-1800, p. 55

Chambers, John O.
1801-1803, p. 79
Chambers, William
1799-1800, p. 62
Chamers, John, Jr.
1804-1808, p. 68
Chamillon (Chamillion), Joseph
1798, p. 103; Assessment Book 1800, p. 120; 1804-1808, p. 70
Champayne, John Roger
1798, p. 75; 1799-1800, p. 54; 1801-1803, p. 54
Channel & Kyser
1799-1800, p. 444
Channel (Channell), Edmond
1799-1800, p. 444; Assessment Book 1800, p. 33; 1801-1803, p. 76;
1804-1808, p. 64
Chapman
Assessment Book 1800, p. 351
Chapman, Christ
1804-1808, p. 94
Chapman, Christopher
1801-1803, p. 75
Chapman, Robert
Assessment Book 1800, p. 236; 1804-1808, p. 81
Chase & Stiles
1801-1803, p. 76; 1804-1808, p. 89
Chase Biays Tennant & Thompson
Assessment Book 1800, p. 311
Chase, Samuel
1798, p. 139; 1799-1800, p. 56; 1801-1803, p. 55
Chase, Samuel, Jr.
Assessment Book 1800, p. 240; 1801-1803, p. 73; 1804-1808, p. 81
Chase, Samuel, Sr.
Assessment Book 1800, p. 65; 1804-1808, p. 66
Chase, T., Capt. & Stiles, George
Assessment Book 1800, p. 311; 1801-1803, p. 76
Chase, Thorndick
Assessment Book 1800, p. 311; 1804-1808, p. 90
Chatard (Chetard), Peter, Dr.
Assessment Book 1800, p. 221; 1804-1808, p. 80
Chatfield, Thomas, Capt.
Assessment Book 1800, p. 346; 1804-1808, p. 94
Chatterton, Ezubeth
1798, p. 228; 1801-1803, p. 62
Chatterton, Mrs.
1799-1800, p. 65
Chattle, Mary
1798, p. 179; Assessment Book 1800, p. 275; 1804-1888, p. 85
Chattle, Mrs.
1799-1800, p. 70; 1801-1803, p. 64
Chavalier, John Abram
1799-1800, p. 46; 1801-1803, p. 79
Chedal, Francis
1798, p. 152; 1799-1800, p. 57
Cherac, John Baptist
1798, p. 44; Assessment Book 1800, p. 69; 1801-1803, p. 76; 1804-1808,
p. 66

Chesnut, James
1798, p. 212; 1799-1800, p. 66
Chesnut, James (estate of)
1801-1803, p. 61
Cheston, Daniel
1798, p. 190; 1799-1800, p. 67; 1801-1803, p. 62
Cheston, James
Assessment Book 1800, p. 240; 1804-1808, p. 81
Cheston, Maria
Assessment Book 1800, p. 271; 1804-1808, p. 83
Chestrand, David
1798, p. 246; 1799-1800, p. 369; 1801-1803, p. 71
Chevalier, John R.
Assessment Book 1800, p. 138; 1804-1808, p. 72
Chevaudin, Mrs.
Assessment Book 1800, p. 124; 1804-1808, p. 70
Chilcote, Capt.
1798, p. 56; 1799-1800, p. 362
Child, Henry
1799-1800, p. 57; 1801-1803, p. 56
Childs, Eliza
Assessment Book 1800, p. 186
Childs, Elizabeth (Elisabeth)
1801-1803, p. 73; 1804-1808, p. 76
Childs, Nathaniel
1804-1808, p. 505
Childs, Thomas
Assessment Book 1800, p. 303; 1801-1803, p. 74; 1804-1808, p. 89
Chimelong, Joseph
1799-1800, p. 49, 1801-1803, p. 50
Chinowith (Chinoweth), Arthur
1798, p. 166; 1799-1800, p. 365; 1801-1803, p. 69
Chrisoe, John
1799-1800, p. 66
Christee, Gabriel
1804-1808, p. 506
Chronomiller, Jacob
Assessment Book 1800, p. 330
Chronomiller, Philip
1799-1800, p. 64; 1801-1803, p. 60
Chronomiller, Thomas
1799-1800, p. 51; Assessment Book 1800, p. 66; 1801-1803, p. 52
Chubb, William (tailor)
Assessment Book 1800, p. 302; 1804-1808, p. 88
Church, Capt.
1798, p. 222; 1799-1800, p. 367; 1801-1803, p. 70
Churchman, Enoch
1798, p. 77; 1799-1800, p. 58; Assessment Book 1800, p. 215; 1804-1808, p. 79
Ciscen, Capt.
1799-1800, p. 52
Clackner, Adam
Assessment Book 1800, p. 285; 1801-1803, p. 63; 1804-1808, pp. 86, 87
Clackner, Adam, Jr.
Assessment Book 1800, p. 297

Clackner, John
Assessment Book 1800, p. 203; 1804-1808, p. 78
Clades, Peter
1799-1800, p. 46
Clagett (Claggatt, Claggett, Claggart), Hezekiah (Hesekiah)
1798, p. 51; 1799-1800, p. 50; Assessment Book 1800, p. 9; 1801-1803, p. 51; 1804-1808, p. 62
Clapham, Jonas
1798, p. 191; 1799-1800, p. 68; 1801-1803, p. 62
Clarey
1801-1803, p. 72
Claridge, Levin
Assessment Book 1800, p. 351; 1804-1808, p. 94
Clark (Clarke), Henry
1798, p. 231; 1799-1800, p. 65; Assessment Book 1800, p. 311; 1801-1803, p. 60; 1804-1808, p. 90
Clark (Clarke), Jacob
1798, p. 175; 1799-1800, p. 71; 1801-1803, p. 79
Clark (Clarke), James
1798, p. 124; 1799-1800, p. 55; Assessment Book 1800, p. 188; 1801-1803, pp. 54, 404; 1804-1808, p. 76
Clark, John
1801-1803, p. 75; 1804-1808, p. 504
Clark (Clarke), Joseph
1798, p. 171; 1799-1800, p. 70; Assessment Book 1800, p. 324; 1801-1803, p. 64; 1804-1808, p. 91
Clark (Clarke), Matthew, Capt.
1798, p. 222; 1799-1800, p. 63; Assessment Book 1800, p. 339; 1801-1803, p. 59; 1804-1808, p. 93
Clarke, Ambrose (Ambros)
1798, p. 91; 1799-1800, p. 49; 1801-1803, p. 51
Clarke, James H.
Assessment Book 1800, p. 330; 1801-1803, p. 403; 1804-1808, p. 92
Clarke, Jesse
1798, p. 188; 1799-1800, p. 366; 1801-1803, p. 69
Clarke, John, Capt.
Assessment Book 1800, p. 302; 1804-1808, p. 88
Clarke, Mrs.
1801-1803, p. 74
Claudis, Peter
Assessment Book 1800, p. 37; 1804-1808, p. 64
Clayland, Thomas
1799-1800, p. 59
Clayton, Richard
1798, p. 102; 1799-1800, p. 49; Assessment Book 1800, p. 117; 1801-1803, p. 50; 1804-1808, p. 71
Cleekner (Cleckner), Adam
1798, p. 186; 1799-1800, p. 68
Clemm (Clem), William
1798, p. 16; 1799-1800, p. 45; Assessment Book 1800, p. 39; 1801-1803, p. 48; 1804-1808, pp. 64, 505
Clemments, Josias
1799-1800, p. 47
Climer, Catharine
1798, p. 179; 1799-1800, p. 71, 1801-1803, p. 65

Cline & McCollum (McColem)
Assessment Book 1800, p. 316; 1801-1803, p. 411; 1804-1808, p. 321
Cline, Anthony & McCulum, Duncan
1799-1800, p. 221
Cline, David
1798, p. 234; 1799-1800, p. 368; Assessment Book 1800, p. 315; 1801-1803, p. 71; 1804-1808, p. 90
Clingman, John
1798, p. 104; 1799-1800, p. 363; 1801-1803, p. 67
Clinton
1799-1800, p. 54
Cloherty, Patrick
Assessment Book 1800, p. 31; 1804-1808, p. 63
Cloney, James
1798, p. 214; 1799-1800, p. 62; 1801-1803, p. 59
Clopper & Wales
1799-1800, p. 438; Assessment Book 1800, p. 174; 1801-1803, p. 384; 1804-1808, p. 76
Clopper, Abraham
Assessment Book 1800, p. 144; 1804-1808, p. 72
Clopper, Andrew
1799-1800, p. 54; 1804-1808, p. 98
Clopper, Cornelius
1798, p. 41; 1799-1800, p. 50; 1801-1803, p. 51
Clopper, Edward N.
1804-1808, p. 98
Clopper, John
1798, p. 93; 1799-1800, p. 48; Assessment Book 1800, p. 107; 1801-1803, p. 50; 1804-1808, p. 69
Clopper, Peter
1799-1800, p. 67; Assessment Book 1800, p. 202; 1804-1808, p. 78
Close & Latshaw
1798, p. 64; 1799-1800, p. 363
Close (Closs), Christian
1798, p. 21; 1799-1800, p. 47; Assessment Book 1800, p. 20; 1801-1803, p. 49; 1804-1808, p. 62
Clotties, Joseph
Assessment Book 1800, p. 250; 1804-1808, p. 82
Cloudsley, Thomas
1801-1803, p. 77; 1804-1808, p. 97
Coats (Coates), Francis
1798, p. 96; 1799-1800, p. 48; Assessment Book 1800, p. 110; 1801-1803, p. 49; 1804-1808, p. 71
Coats, Jonathan
1799-1800, p. 58; Assessment Book 1800, p. 213; 1804-1808, p. 78
Cochran, Hiram
1798, p. 31; 1799-1800, p. 50; Assessment Book 1800, p. 161; 1801-1803, p. 51; 1804-1808, p. 74
Cockran Meeker & Co.
1799-1800, p. 53
Cochran, William
1798, p. 68; Assessment Book 1800, p. 125; 1801-1803, p. 53; 1804-1808, p. 70
Cochran, William G.
1804-1808, p. 97

Cockey, John
1799-1800, p. 46; Assessment Book 1800, pp. 47, 351; 1804-1808, pp. 65, 94
Cockrill, Thomas
1801-1803, p. 74; 1804-1808, pp. 94, 506
Coffee, John
1801-1803, p. 72
Coffin, Charles
Assessment Book 1800, p. 172; 1804-1808, p. 75
Cole, Elizabeth
Assessment Book 1800, p. 273; 1804-1808, p. 84
Cole, Frederick
1798, p. 174; 1799-1800, pp. 69, 365; Assessment Book 1800, p. 272; 1801-1803, p. 63; 1804-1808, p. 84
Cole, George
Assessment Book 1800, p. 272
Cole, Godfrey
1798, p. 174; 1799-1800, p. 69; 1801-1803, p. 63; 1804-1808, p. 84
Cole, Jacob
1798, p. 183; 1799-1800, p. 69; 1801-1803, p. 63
Cole, James
Assessment Book 1800, p. 36; 1804-1808, p. 64
Cole, John
Assessment Book 1800, p. 135; 1801-1803, p. 73; 1804-1808, p. 72
Cole, Mrs.
1799-1800, p. 47; Assessment Book 1800, p. 37; 1801-1803, p. 49; 1804-1808, p. 64
Cole, Samuel
Assessment Book 1800, p. 274; 1804-1808, p. 84
Cole, Sarah
Assessment Book 1800, p. 78; 1801-1803, p. 73; 1804-1808, p. 67
Cole, Thomas
1798, pp. 118, 229; 1799-1800, pp. 54, 66; Assessment Book 1800, p. 316; 1801-1803, p. 61; 1804-1808, p. 90
Cole, Widow
1798, p. 18
Cole, William
1798, p. 68; 1799-1800, p. 53; Assessment Book 1800, p. 163; 1801-1803, p. 53; 1804-1808, p. 74
Coleman, Fanny
Assessment Book 1800, p. 355; 1804-1808, p. 95
Coleman, James
Assessment Book 1800, p. 251; 1804-1808, p. 82
Coleman, John
Assessment Book 1800, p. 189; 1804-1808, pp. 77, 506
Coleman, Joseph
1799-1800, p. 62
Coler & Steer
1799-1800, p. 69
Coler, Anthony
1801-1803, p. 75
Coler, John
1798, p. 99; 1799-1800, p. 48; Assessment Book 1800, p. 115; 1801-1803, p. 49; 1804-1808, p. 71

Collins & Co.
1798, p. 117
Collins, Benjamin
1804-1808, p. 505
Collins, Edward
1799-1800, p. 55
Collins, Henry
1798, p. 246; 1799-1800, p. 369; 1801-1803, p. 72
Collins, James
Assessment Book 1800, p. 46; 1804-1808, p. 65
Collins, Richard (or Mr. Pelch)
Assessment Book 1800, p. 363; 1804-1808, p. 95
Collins, William
1798, p. 32; 1799-1800, p. 51; Assessment Book 1800, p. 67; 1801-1803, p. 52; 1804-1808, p. 66
Colverwell, Richard
1801-1803, p. 56
Colvin, Daniel, Dr.
1798, p. 183; 1799-1800, p. 59; 1801-1803, p. 57
Colvin, John
1798, p. 119; 1799-1800, p. 59; Assessment Book 1800, p. 185; 1801-1803, p. 77; 1804-1808, p. 76
Colvin, Margaret, Miss
1798, p. 158; 1799-1800, p. 59; Assessment Book 1800, p. 299; 1801-1803, p. 57; 1804-1808, p. 87
Colvin, Margaret, Mrs
Assessment Book 1800, p. 299; 1804-1808, p. 88
Colvin, Patrick (estate of)
1799-1800, p. 71; 1801-1803, p. 64
Colvin, Rachel (Rachael)
1798, p. 153; 1799-1800, p. 60; 1801-1803, p. 57
Colvin, Rachael, Miss, Jr.
Assessment Book 1800, p. 299; 1804-1808, p. 88
Colvin, Rachael, Miss, Sr.
Assessment Book 1800, p. 220; 1804-1808, p. 79
Colvin, Richard
1798, p. 152; 1799-1800, p. 58; Assessment Book 1800, p. 163; 1801-1803, p. 56; 1804-1808, p. 74
Colvin, Samuel
Assessment Book 1800, p. 299; 1801-1803, p. 77; 1804-1808, p. 88
Colvin, Walter
1801-1803, p. 78
Combs, Lewis & Samuel
Assessment Book 1800, p. 164; 1804-1808, p. 74
Combs, Samuel
1801-1803, p. 403
Combs, Samuel & Lewis
Assessment Book 1800, p. 164; 1804-1808, p. 74
Combs, Thomas
Assessment Book 1800, p. 225; 1801-1803, p. 403; 1804-1808, p. 80
Comegys (Comegeys), Benjamin
1798, p. 114; 1799-1800, p. 54; Assessment Book 1800, p. 127; 1801-1803, p. 54; 1804-1808, p. 72
Comegys, Cornelius
1804-1808, p. 98

Compario, John
1799-1800, p. 49; 1801-1803, p. 50
Comte (Compte), Stephen Julian
1798, p. 159; 1799-1800, p. 60; 1801-1803, p. 57
Conaway, John
1798, p. 244; 1799-1800, p. 368
Concklin, John
1799-1800, p. 64
Condle, James
1798, p. 19; 1799-1800, p. 361
Condle, Mrs.
Assessment Book 1800, p. 173; 1801-1803, p. 73; 1804-1808, p. 75
Condole, Edward
Assessment Book 1800, p. 324; 1804-1808, p. 92
Condon, John
1798, p. 140; 1799-1800, p. 364; 1801-1803, p. 68
Coneway, Robert
1798, p. 224
Conn, Daniel
1798, pp. 17, 138; 1799-1800, p. 47; Assessment Book 1800, p. 36; 1801-1803, p. 49; 1804-1808, p. 64
Connell, Bartholomew
Assessment Book 1800, p. 271; 1804-1808, p. 83
Connelly, Thomas
1801-1803, p. 74
Conner, Ann, Mrs.
1798, p. 177; 1799-1800, p. 71; 1801-1803, p. 65
Conner, Catharine
1798, p. 215; 1799-1800, p. 367; 1801-1803, p. 70
Conner, Daniel
Assessment Book 1800, p. 295; 1804-1808, p. 87
Conner, James
1798, p. 232; 1799-1800, p. 65; Assessment Book 1800, p. 319; 1801-1803, p. 60; 1804-1808, p. 91
Conner, Nancy
Assessment Book 1800, p. 260; 1804-1808, p. 83
Connigan
1801-1803, p. 404
Conrad (Conrod), John
Assessment Book 1800, p. 213; 1804-1808, p. 79
Conrad (Conrod), Michael
Assessment Book 1800, p. 139; 1801-1803, p. 72; 1804-1808, p. 72
Constable, Charles
1798, p. 162; 1799-1800, p. 72; Assessment Book 1800, p. 245; 1801-1803, p. 65; 1804-1808, p. 82
Constable, John
1804-1808, p. 504
Constable, Thomas
1799-1800, p. 72
Constell, Henry
1799-1800, p. 63
Conway & Ensor
1799-1800, p. 97
Conway, John
1801-1803, p. 71

Conway, Robert
1799-1800, p. 64; 1801-1803, p. 60
Conway, Thomas
Assessment Book 1800, p. 340; 1804-1808, p. 93
Conway, William
1804-1808, p. 506
Cook, Bernard H.
Assessment Book 1800, p. 281; 1804-1808, p. 85
Cook, Henry
Assessment Book 1800, p. 280; 1801-1803, p. 75; 1804-1808, p. 85
Cook, William
1798, pp. 194, 232, 245; 1799-1800, pp. 61, 68, 72; Assessment Book 1800, p. 16; 1801-1803, pp. 58, 62; 1804-1808, p. 62
Cook, William (J. Diehl)
1801-1803, p. 66
Cook, William (merchant)
1799-1800, p. 368
Cook, William, Jr.
1804-1808, p. 504
Cooms & Jenkins
1801-1803, p. 195
Cooms, John
1798, p. 243; p. 1801-1803, p. 71; 1804-1808, p. 95
Cooms, John (painter)
1799-1800, p. 368; Assessment Book 1800, p. 361
Coopany, Mr.
1798, p. 161; 1799-1800, p. 365
Cooper, Agnes, Mrs.
1798, p. 209; 1801-1803, p. 61
Cooper, Calvin (Colvin)
Assessment Book 1800, p. 369; 1804-1808, p. 96
Cooper, John
1798, p. 223; 1799-1800, p. 65; 1801-1803, p. 61
Cooper, John, Capt.
1799-1800, p. 64
Cooper, John (estate of)
Assessment Book 1800, p. 344; 1804-1808, p. 92
Cooper, Mrs.
1799-1800, p. 66; 1804-1808, p. 93
Cooper, Robert
1801-1803, p. 404
Cooper, Samuel
1798, p. 171; 1799-1800, p. 365
Cooper, Thomas
1798, pp. 104, 223; 1799-1800, pp. 49, 368; Assessment Book 1800, p. 110; 1801-1803, pp. 50, 71; 1804-1808, p. 71
Cope, Jasper
Assessment Book 1800, p. 2; 1804-1808, p. 62
Copes & Davis
1799-1800, p. 369; 1801-1803, p. 94
Corbet, Henry
1799-1800, p. 67
Cornelius, Nicholas
Assessment Book 1800, p. 293; 1804-1808, p. 87

Cornet, Monsr.
1798, p. 194; 1799-1800, p. 366; 1801-1803, p. 70
Cornover, William
1804-1808, p. 68
Cornthwait (Cornthwaite), John (estate of)
1798, p. 186; 1799-1800, p. 366; 1801-1803, p. 69
Cornthwait (Corthwaite), Robert
1798, p. 222; 1799-1800, p. 63; 1801-1803, p.59
Cornthwaite, John
Assessment Book 1800, p. 265; 1804-1808, p. 83
Cornthwaite, Mrs.
Assessment Book 1800, p. 339; 1804-1808, p. 93
Corrice, Sabel
1799-1800, p. 48
Corrie (Corree), Capt
1798, p. 58; 1799-1800, p. 363; Assessment Book 1800, p. 94; 1801-1803, p. 67; 1804-1808, p. 69
Corrie (Corree), James
1798, p. 80; 1799-1800, p. 53; Assessment Book 1800, p. 33; 1801-1803, p. 53; 1804-1808, pp. 63, 506
Cosey, John
1799-1800, p. 65
Cosey, Robert
1799-1800, p. 66
Cosgrave, Barnard (Bernard)
1799-1800, p. 446; Assessment Book 1800, p. 30; 1801-1803, p. 78; 1804-1808, p. 63
Coskery, Francis
1799-1800, p. 60
Cost, Jacob
1798, p. 57; 1799-1800, p. 362
Cotarell, James
1801-1803, p. 79
Cotarell, Thomas
Assessment Book 1800, p. 331
Cotton, William M.
1804-1808, p. 505
Coulson & Hutton
1799-1800, p. 143
Coulson, Martha
1798, p. 185; 1799-1800, p. 366
Coulson, Thomas (estate of)
1799-1800, p. 61; Assessment Book 1800, p. 288; 1801-1803, p. 58; 1804-1808, p. 86
Coulter, Alexander
1798, p. 82; 1799-1800, p. 56; Assessment Book 1800, p. 204; 1801-1803, p. 55; 1804-1808, p. 78
Coulter, John
1799-1800, p. 55
Coulter, John, Dr.
1798, p. 221; 1799-1800, p. 63; Assessment Book 1800, p. 204; 1801-1803, p. 59; 1804-1808, p. 78
Coumhoven, William
1798, p. 54

Courtenay (Courtnay), Henry
Assessment Book 1800, p. 32; 1804-1808, p. 63
Courtenay (Courtney), James
1798, p. 184; Assessment Book 1800, p. 171; 1801-1803, p. 63; 1804-1808, p. 75
Courtenay (Courtnay), Hercules (Harcules)
1798, p. 111; 1799-1800, p. 53; Assessment Book 1800, p. 169; 1801-1803, p. 53; 1804-1808, p. 74
Courtenay (Courteney, Courtnay), Robert
1798, p. 66; 1799-1800, p. 52; Assessment Book 1800, p. 282; 1804-1808, p. 86
Courtray, James
1799-1800, p. 69
Cowan (Cowen), Margaret
Assessment Book 1800, p. 330; 1801-1803, p. 74; 1804-1808, p. 92
Coward, Richard
1799-1800, p. 62
Cowper, Mrs.
Assessment Book 1800, p. 341
Cox, Isaac
1804-1808, p. 73
Cox, Jacob
1799-1800, p. 48
Cox (Coxe), James
1798, p. 90; 1799-1800, p. 45; Assessment Book 1800, p. 126; 1801-1803, p. 48; 1804-1808, p. 70
Cox (Coxe), Peter
Assessment Book 1800, p. 109; 1801-1803, p. 398; 1804-1808, p. 71
Cox (Coxe), Tench
1799-1800, p. 49; Assessment Book 1800, p. 119; 1801-1803, p. 50; 1804-1808, p. 71
Coxe, Joseph
Assessment Book 1800, p. 108; 1804-1808, p. 70
Craig & Yeizer
Assessment Book 1800, p. 192; 1804-1808, p. 77
Craig, Capt.
1799-1800, p. 59
Craig, Henry
Assessment Book 1800, p. 287; 1804-1808, p. 86
Craig, James
Assessment Book 1800, p. 293; 1804-1808, p. 87
Craig John
Assessment Book 1800, p. 320; 1804-1808, p. 91
Craisborg (Crairborg), John
1798, p. 58; 1801-1803, p. 78
Cramberry, John
1799-1800, p. 51
Cramford, Samuel
1804-1808, p. 504
Crangle, James
1799-1800, p. 361; 1801-1803, p. 66
Crangle, Mrs.
Assessment Book 1800, p. 90; 1804-1808, p. 69
Crate, Jacob
1798, p. 12; 1799-1800, p. 361; 1801-1803, p. 66

Crawford, Alexander
1799-1800, p. 62
Crawford, John, Dr.
1798, p. 45; 1799-1800, p. 362; Assessment Book 1800, p. 62; 1801-1883, p. 66; 1804-1808, p. 66
Crawford, Mrs.
1798, p. 45; 1799-1800, p.362; Assessment Book 1800, p. 60; 1801-1803, p. 67; 1804-1808, p. 65
Crawford, Richard
1798, p. 238; 1799-1800, p. 67; Assessment Book 1800, p. 367; 1801-1803, p. 61; 1804-1808, p. 96
Cray, John
1798, p. 208; 1799-1800, p. 63; 1801-1803, p. 59
Crayton, Capt.
1801-1803, p. 75
Crayton, Linney (Linny), Mrs.
Assessment Book 1800, p. 326; 1804-1808, p. 92
Creamer, Edward
1798, p. 222; 1799-1800, p. 63; 1801-1803, p. 59
Creek, James
Assessment Book 1800, p. 255; 1801-1803, p. 78; 1804-1808, p. 82
Crimps, Joseph
1799-1800, p. 51; 1801-1803, p. 52
Crips, John
Assessment Book 1800, p. 368; 1804-1808, p. 96
Crismond, John
Assessment Book 1800, p. 28
Crismond, John M.
1804-1808, p. 63
Crocket (Crockett), Jane
Assessment Book 1800, p. 103; 1804-1808, p. 69
Croft & Blackbill
1804-1808, p. 42
Croft, William
Assessment Book 1800, p. 30; 1804-1808, p. 63
Cromwell, Betsy, Miss
Assessment Book 1800, p. 214; 1804-1808, p. 79
Cromwell, Jacob
1798, p. 45; 1799-1800, p. 50; Assessment Book 1800, p. 61; 1801-1803, p. 51; 1804-1808, p. 65
Cromwell, John, Dr.
1804-1808, p. 504
Cromwell, Mrs.
1798, p. 11; 1799-1800, p. 361
Cromwell, Richard
1799-1800, p. 47
Cromwell, William
1798, p. 143; 1799-1800, p. 57; 1801-1803, p. 55
Cronomiller
1804-1808, p. 73
Cronomiller, Jacob
1804-1808, p. 92
Cronomiller (Cronemiller), Philip
Assessment Book 1800, p. 315; 1804-1808, p. 90

Cronomiller (Cronemiller), Thomas
1798, p. 44; 1804-1808, p. 66
Crook, Alexander
1801-1803, p. 79
Crook, Charles & Co.
Assessment Book 1800, p. 170; 1804-1808, p. 75
Crook, George
1798, p. 136; 1799-1800, p. 56; 1801-1803, p. 54
Crook, Walter
1798, p. 137; 1799-1800, p. 364; Assessment Book 1800, p. 201; 1801-1803, p. 68; 1804-1808, p. 78
Crosby, George
Assessment Book 1800, p. 286; 1804-1808, p. 86
Crosby, Mrs.
1798, p. 91; 1799-1800, p. 46; Assessment Book 1800, p. 137; 1801-1803, p. 48; 1804-1808, p. 72
Crosdale, George
1804-1808, p. 98
Crosgey
1799-1800, p. 67
Cross, Andrew
1801-1803, p. 74; 1804-1808, p. 505
Cross, John
1798, p. 171; 1799-1800, p. 71; Assessment Book 1800, p. 281; 1801-1803, p. 65; 1804-1808, p. 85
Cross, Robert
1798, p. 140; 1799-1800, p. 56; Assessment Book 1800, p. 198; 1801-1803, p. 55; 1804-1808, p. 77
Cross, William S.
1804-1808, p. 504
Crouch, William
1799-1800, p. 70
Crow, William
1798, p. 204; 1799-1800, p. 61; Assessment Book 1800, p. 303; 1801-1803, p. 58; 1804-1808, p. 89
Crowl, Henry
Assessment Book 1800, p. 189; 1804-1808, p. 77
Crowmiller, Philip
1798, p. 231
Croxall, Eleanor
1798, p. 3
Croxall, James
1798, p. 3; 1799-1800, p. 46; Assessment Book 1800, p. 116; 1801-1803, p. 48; 1804-1808, p. 70
Croxall, Mrs.
1799-1800, p. 46; 1801-1803, p. 48
Croxall, Rebecca
Assessment Book 1800, p. 79; 1804-1808, p. 67
Cruise (Cruse), Christian
1799-1800, p. 52; Assessment Book 1800, p. 86; 1801-1803, p. 52; 1804-1808, p. 68
Cruise (Cruse), Jacob
1798, p. 51; 1799-1800, p. 51
Cruse, Christopher
1798, p. 57

Cullen, John
1798, p. 92; 1799-1800, p. 48
Cullidon (Culledon), George
1798, p. 8; 1799-1800, p. 45; Assessment Book 1800, p. 50; 1801-1803, p. 48; 1804-1808, p. 65
Culver, Stephen
Assessment Book 1800, p. 238; 1804-1808, p. 81
Culverwell, Richard
1798, p. 149; 1799-1800, p. 58; Assessment Book 1800, p. 216; 1804-1808, p. 79
Cumhoven (Cumheven), William
1799-1800, p. 362; 1801-1803, p. 67
Cummings, William
1799-1800, p. 58
Cunning, John
1804-1808, p. 98
Cunningham, Daniel
Assessment Book 1800, p. 279; 1801-1803, p. 76; 1804-1808, p. 85
Cunningham, James
1798, p. 193; 1799-1800, p. 366; 1801-1803, p. 69
Cunningham, John
1798, p. 199; 1799-1800, p. 61; Assessment Book 1800, pp. 174, 306; 1801-1803, pp. 58, 77; 1804-1808, pp. 76, 89, 506
Cunningham, Nicholas
1801-1803, p. 403
Curley, H.
1804-1808, p. 94
Curley, Patrick
Assessment Book 1800, p. 348
Curley, William
1798, p. 125; 1799-1800, p. 56; Assessment Book 1800, p. 355; 1801-1803, p. 55; 1804-1808, p. 95
Curran, John
Assessment Book 1800, p. 265; 1804-1808, p. 83
Curson & Russell
1799-1800, p. 442; 1801-1803, p. 315; 1804-1808, p. 97
Curson, Richard
1799-1800, p. 47; 1801-1803, p. 49; 1804-1808, p. 68
Curson, Richard, Jr.
1798, p. 54; Assessment Book 1800, p. 87
Curstied, Luke
1798, p. 187; 1799-1800, p. 366; 1801-1803, p. 69
Curtin (Curtain, Curten), James
1798, p. 227; 1799-1800, p. 64; Assessment Book 1800, p. 365; 1801-1803, p. 60; 1804-1808, p. 96
Curtain, Mary
Assessment Book 1800, p. 324; 1804-1808, p. 91
Curtis
1804-1808, p. 93
Curtis (Curtes), Benjamin
1798, p. 235; 1799-1800, p. 65; 1801-1803, p. 61
Curtis (Curtiss), Eleazar (Eleazer)
1798, p. 199; 1799-1800, p. 62; Assessment Book 1800, p. 308; 1801-1803, p. 58; 1804-1808, p. 89

Curtis, John
1798, p. 105; 1799-1800, p. 364; 1801-1803, p. 68
Curtiss (pilot)
Assessment Book 1800, p. 337
Curts, John
1798, p. 39
Curtz, Daniel, Rev.
1798, p. 143; 1799-1800, p. 57; 1801-1803, p. 56
Cushman, Thomas, Capt.
1798, p. 225; 1799-1800, p. 64; Assessment Book 1800, p. 321; 1801-1803, p. 60; 1804-1808, p. 91
Cusick, Rodger (Roger)
1798, p. 246; 1799-1800, p. 369; 1801-1803, p. 72
Custis, Edmond
1798, p. 65; 1799-1800, p. 363; Assessment Book 1800, p. 146; 1801-1803, p. 67; 1804-1808, p. 73
Cyrus, Coulters, Dr. or Brown, Thomas
Assessment Book 1800, p. 362

Dagan, George
1799-1800, p. 79
Dailey, Jacob
1804-1808, p. 127
Dall, James
1798, p. 144; 1799-1800, p. 81; Assessment Book 1800, p. 207; 1801-1803, p. 86; 1804-1808, p. 111
Dalrymple, Jesse
1798, p. 236; 1799-1800, p. 86; Assessment Book 1800, p. 331; 1801-1803, p. 90; 1804-1808, p. 122
Dalrymple, John
1798, p. 194; 1799-1800, p. 77; Assessment Book 1800, p. 165; 1801-1803, p. 83; 1804-1808, p. 109
Danenburg, Frederick W.
1798, p. 11; 1799-1800, p. 369; 1801-1803, p. 94
Daniels, Anthony, Capt.
1798, p. 197; 1801-1803, p. 89
Daniels, Mrs.
Assessment Book 1800, p. 309; 1804-1808, p. 120
Dannson, Mrs.
1804-1808, p. 99
Dansker, William
Assessment Book 1800, p. 288; 1804-1808, p. 118
Darrington, William
1804-1808, p. 127
Dashieds, Charles
1804-1808, p. 123
Dashield, George, Rev.
Assessment Book 1800, p. 70; 1804-1808, p. 103
Dashields (Dashield, Dasheild), Henry
Assessment Book 1800, p. 321; 1801-1803, p. 102; 1804-1808, p. 121
Dasheill, Levin, Capt.
1804-1808, p. 126
Dastard, Catharine
Assessment Book 1800, p. 332; 1804-1808, p. 123

Dates, Cutlip
1799-1800, p. 82; 1801-1803, p. 86
Datmar, Christain
1799-1800, p. 81
Daugherty, Abraham
1798, p. 178; Assessment Book 1800, p. 263; 1804-1808, p. 116
Daugherty, Catharine
Assessment Book 1800, p. 262; 1804-1808, p. 115
Daugherty, John
1798, pp. 86, 165; 1799-1800, pp. 73, 92; Assessment Book 1800, pp. 136, 247; 1801-1803, pp. 80, 93; 1804-1808, pp. 107, 115
Daut
1804-1808, p. 113
Davenport
Assessment Book 1800, p. 203; 1804-1808, p. 111
Davenport, Margaret
Assessment Book 1800, p. 266; 1801-1803, p. 101; 1804-1808, p. 125
Davey & Gardner
1799-1800, p. 129
Davey, Alexander
1804-1808, p. 494
Davey, Alexander W.
1798, p. 2; 1799-1800, p. 76; 1801-1803, p. 81
Davey, Alexander W. (estate of)
Assessment Book 1800, p. 8; 1804-1808, p. 99
Davey, Henry
Assessment Book 1800, p. 345; 1804-1808, p. 124
Davey (Davis), Peter, Capt.
1799-1800, p. 89; Assessment Book 1800, p. 347; 1801-1803, p. 99; 1804-1808, p. 124
Davey, William
1798, p. 191; 1799-1800, p. 374; Assessment Book, 1800, p. 296; 1801-1803, p. 97; 1804-1808, p. 119
David, Dupy
1804-1808, p. 104
David, Jean, Mrs.
1798, p. 158
David, John
1799-1800, p. 83; 1801-1803, p. 87
David, John & Stupy, Peter
1799-1800, p. 305
Davidge, John, Dr.
1798, p. 36; 1799-1800, p. 370; Assessment Book 1800, p. 231; 1801-1803, p. 95; 1804-1808, p. 113
Davidge, Rezin
1798, p. 77; 1799-1800, p. 371
Davidson, James
1798, p. 142; 1799-1800, p. 80; Assessment Book 1800, p. 238; 1801-1803, p. 85; 1804-1808, p. 114
Davidson, Job
1799-1800, p. 74
Davidson, John
1799-1800, p. 88
Davidson, Mary
1798, p. 51; 1799-1800, p. 370; 1801-1803, p. 95

Davidson, Robert
1799-1800, p. 90; Assessment Book 1800, p. 273; 1801-1803, p. 92; 1804-1808, p. 117
Davidson, Samuel
1798, p. 71
Davidson, William (Samuel)
1799-1800, p. 371
Davies, John
1798, p. 88; 1799-1800, p. 73
Davis (Davies) & Copes
1798, p. 1; 1799-1800, p. 369; 1801-1803, p. 94
Davis & King
Assessment Book 1800, p. 335; 1804-1808, p. 123
Davis, Ann
1798, p. 219; 1799-1800, p. 86; Assessment Book 1800, p. 329; 1801-1803, p. 89; 1804-1808, p. 118
Davis, Amos
1798, p. 159; 1799-1800, p. 373
Davis, Benjamin
1801-1803, p. 406
Davis, Christian
1799-1800, p. 84; 1801-1803, p. 88; 1804-1808, p. 123
Davis, Christian (estate of)
1798, p. 200; Assessment Book 1800, p. 341
Davis, Edward
1798, p. 246; 1799-1800, p. 87; Assessment Book 1800, p. 324; 1801-1803, p. 90; 1804-1808, p. 121
Davis, Francis
1801-1803, p. 92
Davis, Job
1799-1800, p. 93
Davis, Joseph
1798, p. 200; 1799-1800, p. 84; Assessment Book 1800, p. 306; 1801-1803, p. 88; 1804-1808, p. 120
Davis, Luke
Assessment Book 1800, p. 94; 1804-1808, p. 105
Davis, Mary
1798, p. 164; 1799-1800, p. 91; Assessment Book 1800, p. 267; 1801-1803, p. 93; 1804-1808, p. 116
Davis, Nathan
1798, p. 235; 1799-1800, p. 87; 1801-1803, p. 90
Davis, Peter (Bazil waller)
1798, p. 242; 1801-1803, p. 91
Davis, Robert
1804-1808, p. 110
Davis, Robert, Capt.
Assessment Book 1800, p. 201
Davis, Samuel
1798, p. 162; 1799-1800, p. 91; Assessment Book 1800, p. 44; 1801-180; p. 93; 1804-1808, p. 101
Davis, Sarah
1798, p. 144; 1799-1800, p. 81; 1801-1803, p. 86
Davis, Thomas
1799-1800, p. 92

Davis, William
1799-1800, p. 88
Davis, William S.
1798, p. 228; Assessment Book 1800, p. 315; 1801-1803, p. 90; 1804-1808, p. 121
Davison, Robert
1798, p. 180
Dawees & Miles
Assessment Book 1800, p. 133
Dawes, Mrs.
Assessment Book 1800, p. 160; 1804-1808, p. 125
Daws, Francis
1798, p. 165; 1799-1800, p. 90
Dawson
1801-1803, p. 404
Dawson, Amasa
1799-1800, p. 84
Dawson, Mrs.
1799-1800, p. 81; 1801-1803, p. 86
Dawson, Philemon
1798, p. 206; 1799-1800, p. 85; Assessment Book 1800, p. 32; 1801-1803, p. 89; 1804-1808, p. 100
Dawson, William
1798, p. 200; 1799-1800, p. 84; Assessment Book 1800, p. 301; 1801-1803, p. 88; 1804-1808, p. 120
Deady, Daniel
1798, p. 17; 1801-1803, p. 82; 1804-1808, p. 100
Deady, Daniel (estate of)
Assessment Book 1800, p. 24
Deagan, George
1798, p. 43; 1801-1803, p. 85
Deagan (Dugan), Patrick
1798, p. 94; 1799-1800, p. 76; Assessment Book 1800, p. 66; 1801-1803, p. 82
Deagle, Simon
1798, p. 101; Assessment Book 1800, p. 115; 1804-1808, p. 106
Deahl (Deal), Charles
Assessment Book 1800, p. 21; 1804-1808, p. 100
Deal, Michael
Assessment Book 1800, p. 244; 1801-1803, p. 404; 1804-1808, p. 114
Dealy, Daniel
Assessment Book 1800, p. 70; 1804-1808, p. 104
Dean, Hannah
1799-1800, p. 78; 1801-1803, p. 83; 1804-1808, p. 109
Dean, Joseph
Assessment Book 1800, p. 299
Dean, Mrs. (estate of)
Assessment Book 1800, p. 183
Deaver, John
1799-1800, p. 91; Assessment Book 1800, p. 3; 1804-1808, p. 99
DeBantz
1804-1808, p. 104
DeBlock, Francis
1798, p. 75; 1799-1800, p. 77; 1801-1803, p. 82

DeButts & McCormick
1799-1800, p. 407
DeButts Brown & Co.
1798, p. 77; 1799-1800, p. 371
DeCarnap, Jasper
1798, p. 30; Assessment Book 1800, p. 96; 1801-1803, p. 100; 1804-1808, p. 105
Decaus (Decaur), Joseph
1798, p. 98; 1799-1800, p. 372
Decker, Frederick
1798, p. 15; 1799-1800, p. 74; Assessment Book 1800, p. 38; 1801-1803, p. 80; 1804-1808, p. 101
Decker, George
1798, p. 15; 1799-1800, p. 73; Assessment Book 1800, p. 38; 1801-1803, p. 80; 1804-1808, p. 101
Decker, Jacob
Assessment Book 1800, p. 38; 1804-1808, p. 101
Decoursey (Decaursey), Henry
Assessment Book 1800, p. 299; 1804-1808, p. 120
Deddy, Daniel
1799-1800, p. 76
Dedeir, Henry
1799-1800, p. 73
Deen, Joseph
1804-1808, p. 119
Deffenderffer, Michael
1799-1800, p. 75
Deifaback, Jacob
1799-1800, p. 74
Deigle, Simon, Capt.
1799-1800, p. 75; 1801-1803, p. 81
Deil, Charles
1799-1800, p. 74
DeKantz, Mr.
Assessment Book 1800, p. 89
Delanote, Mr.
Assessment Book 1800, p. 34; 1804-1808, p. 101
Delany, John
1804-1808, p. 122
Delany, John (tailor)
Assessment Book 1800, p. 324
Delaport (Delaporte), Widow
1798, p. 199; 1799-1800, p. 374
Delaporte, Francis
Assessment Book 1800, p. 219; 1804-1808, p. 112
Delare
1799-1800, p. 74
Delcher, Valentine
1798, p. 169; 1801-1803, p. 93
DeLeclere (DeLeclene), Mr.
Assessment Book 1800, p. 34; 1884-1808, p. 125
DeLeyritz, Alexis
1798, p. 189; 1799-1800, p. 374; 1801-1803, p. 97
Delisle, Daniel
1799-1800, p. 75

Delivit, Peter, Capt.
1799-1800, p. 90
Delliport (Delleport), Margaret
1799-1800, p. 84; 1801-1803, p. 88
Delly, Earhart
Assessment Book 1800, p. 159; 1804-1808, p. 108
Delohury (Delothrey), John
1799-1800, p. 90; Assessment Book 1800, p. 274; 1801-1803, p. 92;
1804-1808, p. 117
Delougher†, John
1798, p. 180
Delsher, Valentine
1799-1800, p. 93
Delucy (Deluce), Francis
1798, p. 185; 1799-1800, p. 90; 1801-1803, p. 92
DeLuce, Francis (estate of)
1804-1808, p. 118
Demegin, Anthony
1804-1808, p. 507
Demmitt, Burch
1798, p. 145
Dempsey, John
1798, p. 167; 1799-1800, p. 92; 1801-1803, p. 100
Dempsey, Luke
Assessment Book 1800, p. 347; 1804-1808, p. 124
Dempsey, Terrence
Assessment Book 1800, p. 51; 1804-1808, p. 102
Demushel, Francis Charles
1798, p. 237
Deneils, Capt.
1799-1800, p. 85
Dennison
1801-1803, p. 101
Dennison, John Morgan
Assessment Book 1800, p. 115; 1804-1808, p. 106
Denny (Denney), Benjamin
1799-1800, p. 445; 1801-1803, p. 99
Denny, John (Kent County)
1804-1808, p. 126
Dent & Scott
1798, p. 77; 1799-1800, p. 77; 1801-1803, p. 83
Dent, George
1798, p. 96; 1799-1800, p. 75
Dent, George (estate of)
Assessment Book 1800, p. 108; 1801-1803, p. 81
Denton, John (say Murry)
1798, p. 211; 1799-1800, p. 89; 1801-1803, p. 91
Denton, Widow (Mrs.)
1798, p. 211; 1799-1800, p. 88; 1801-1803, p. 91
Dents, George
1804-1808, p. 105
Deroachbroom (Derochbroom), Lewis
1798, p. 230; 1799-1800, p. 87; 1801-1803, p. 90; 1804-1808, p. 121
Deroachbroom, Louis (estate of)
Assessment Book 1800, p. 317

DeRoachbroom, Thomas
1801-1803, p. 404
Derrick, Susanna
1804-1808, p. 507
Dertzbaugh, John
1798, p. 210; 1799-1800, p. 375; 1801-1803, p. 98
Dervees & Miles
1804-1808, p. 107
Desawe, Capt.
1798, p. 222; 1799-1800, p. 375; 1801-1803, p. 98
Deshield, Joseph, Capt.
1801-1803, p. 81
Deshield (Deshields), Lewis (Louis)
1798, p. 40; 1799-1800, p 75
Deshields (Deshield), Charles
Assessment Book 1800, p. 332; 1801-1803, p. 99
Deshields, Mrs.
1798, p. 68; 1799-1800, p. 371
Deshiell (Deshields), Benjamin
1798, p. 199; 1799-1800, p. 85; 1801-1803, p. 89
Deshiell, Richard
1799-1800, p. 85
Desho, Capt.
1804-1808, p. 123
Desho, Capt. (Frenchman)
Assessment Book 1800, p. 340
Desho, Monsieur
1799-1800, p. 86
Deshon, Peter
1798, p. 105; 1799-1800, p. 372; Assessment Book 1800, p. 120; 1801-1803, p. 96; 1804-1808, p. 107
Deshong, Capt.
Assessment Book 1800, p. 242; 1804-1808, p. 114
Desne, Benjamin
1798, p. 12; 1799-1800, p. 370
Desobery, Benjamin
1798, p. 158; 1799-1800, p. 83; 1801-1803, p. 87
Deterly, John
1799-1800, p. 76
Detes, Gottlieb
1798, p. 148
Detes, Mrs.
Assessment Book 1800, p. 216
Deugan, Patrick
1804-1808, p. 103
Devalcourt, Mr.
Assessment Book 1800, p. 118
Devenport, Jonathan
1799-1800, p. 91
Devenport, Margarett
1798, p. 170
Deverux & Greetham
1804-1808, p. 510
Dew, Ann
1798, p. 172; 1799-1800, p. 91; Assessment Book 1800, p. 281; 1801-1803, p. 92; 1804-1808, p. 118

Dew, James C.
Assessment Book 1800, p. 244; 1804-1808, p. 115
Dew, Robert
1799-1800, p. 82; Assessment Book 1800, p. 257; 1804-1808, p. 116
Dew, Robert, Jr.
1798, p. 132; 1801-1803, p. 87
Dew, Robert, Sr.
1799-1800, p. 374; 1801-1803, p. 97
Dewees, Andrew
1804-1808, p. 507
Dewitt, Thomas
1798, p. 134; 1799-1800, p. 80; Assessment Book 1800, p. 239; 1801-1803, p. 85; 1804-1808, p. 114
Diamond, William, Capt.
1804-1808, p. 127
Dick, David
1799-1800, p. 80
Dick, William
1799-1800, p. 73
Dickinson (Dickenson), Brittingham
1798, p. 198; 1799-1800, p. 85; Assessment Book 1800, p. 309; 1801-1803, p. 89; 1804-1808, p. 120
Dickinson (Dickenson), Edward
1798, p. 231; 1799-1800, p. 87; Assessment Book 1800, p. 332; 1801-1803, p. 90; 1804-1808, p. 123
Dickson, John
1799-1800, p. 89; 1801-1803, p. 91
Dickson, William & Thomas, John
1798, p. 142; 1799-1800, p. 81; Assessment Book 1800, p. 206; 1801-1803, p. 85; 1804-1808, p. 111
Didier, Henry
Assessment Book 1800, p. 2; 1804-1808, p. 99
Diehl, Charles
1798, p. 22; 1801-1803, p. 80
Dier, William
1801-1803, p. 404
Diffenderffer, Daniel
1798, p. 150; 1799-1800, p. 82; Assessment Book 1800, p. 217; 1801-1803, p. 87; 1804-1808, p. 112
Diffenderffer, John
1804-1808, p. 127
Diffenderfer (Diffenderffer), Michael
1798, p. 106; Assessment Book 1800, p. 124; 1801-1803, p. 81; 1804-1808, p. 107
Diffenderffer, Peter
1798, p. 117; 1799-1800, p. 79; Assessment Book 1800, p. 185; 1801-1803, p. 84; 1804-1808, p. 110
Diggs, Ignatius
Assessment Book 1800, p. 267; 1804-1808, p. 116
Dillon, Ann
1801-1803, p. 101
Dillon, Archibald
1801-1803, p. 102
Dillon, Bryan
Assessment Book 1800, p. 356; 1804-1808, p. 124

Dillon, John
Assessment Book 1800, p. 17; 1804-1808, p. 99
Dillon, Moses
1799-1800, p. 93
Dilworth, William
1798, p. 99; 1799-1800, p. 78; Assessment Book 1800, p. 112; 1801-1803, p. 83; 1804-1808, p. 105
Dimmitt, Burch
1799-1800, p. 82
Dimmitt, James
Assessment Book 1800, p. 275; 1804-1808, p. 117
Dimmitt, Thomas
1799-1800, p. 89
Discount Offices Deposit
Assessment Book 1800, p. 234; 1804-1808, p. 113
Disney, Benjamin
1804-1808, p. 507
Disney, Solomon
Assessment Book 1800, p. 357; 1801-1803, p. 404; 1804-1808, p. 124
Dispoe, Joseph
1798, p. 202; 1799-1800, p. 375; Assessment Book 1800, p. 307; 1801-1803, p. 98; 1804-1808, p. 120
Ditto, Mr.
Assessment Book 1800, p. 89; 1804-1808, p. 104
Divers, John
1798, p. 185; 1799-1800, p. 90; 1801-1803, p. 101
Divis, John
Assessment Book 1800, p. 292; 1804-1808, p. 119
Dixon, John
1798, pp. 69, 225; 1799-1800, p. 77; 1801-1803, p. 82
Dizback, John
1799-1800, p. 88
Dobbin, George
1804-1808, p. 127
Dobbin, Thomas
Assessment Book 1800, p. 229; 1801-1803, p. 101; 1804-1808, p. 113
Dodds, John
1798, p. 25; 1799-1800, p. 370; 1801-1803, p. 94
Dodds, Mrs.
Assessment Book 1800, p. 28; 1804-1808, p. 100
Dodey, Julien (Julian)
1798, p. 244; 1799-1800, p. 376; 1801-1803, p. 98
Dodge, Ann
Assessment Book 1800, p. 280; 1804-1808, p. 117
Dodge, Samuel
1798, p. 180; 1799-1800, p. 84; 1801-1803, p. 88
Doig, Oliver
1799-1800, p. 83
Doile, George
1799-1800, p. 86
Donager, Charles
1799-1800, p. 86
Donald, Mary (formerly McKinsey)
1798, p. 192; 1799-1800, p. 374; 1801-1803, p. 97

Donaldson, James, Capt.
1798, p. 32; 1799-1800, p. 370
Donaldson, John
1798, p. 6; 1799-1800, p. 369; Assessment Book 1800, p. 50; 1801-1803, p. 94; 1804-1808, p. 102
Donaldson, Joseph
1798, p. 42; 1799-1800, p. 371; 1801-1803, p. 95
Donaldson, Mrs.
Assessmmnt Book 1800, p. 64; 1804-1808, p. 103
Donaldson, Reynold (Rynold)
Assessment Book 1800, p. 155; 1804-1808, p. 108
Donallin, Thomas
1798, p. 125
Donavan, Valentine
Assessment Book 1800, p. 261; 1804-1808, p. 115
Donell (Donnell), John & Mosher, James
Assessment Book 1800, p. 133; 1804-1808, p. 107
Donnally, Mary
1799-1800, p. 85
Donnell & Mosher
1804-1808, p. 107
Donnell, John
1798, p. 127; 1799-1800, p. 79; Assessment Book 1800, p. 181; 1801-1803, p. 84; 1804-1808, p. 109
Donnellin, Thomas
1799-1800, p. 78; 1801-1803, p. 84
Donnelly, Hugh
1798, p. 40; 1799-1800, p. 370; 1801-1803, p. 95
Donnelly, James
Assessment Book 1800, p. 279; 1804-1808, p. 117
Donoho, John
Assessment Book 1800, p. 348; 1804-1808, p. 124
Donohue (Donoho), James
Assessment Book 1800, p. 296; 1804-1808, p. 119
Donovan (Donavan), Bartholomew
1798, p. 126; 1799-1800, p. 79; Assessment Book 1800, p. 289; 1801-1803, p. 84; 1804-1808, p. 118
Donovan, Joseph
Assessment Book 1800, p. 258; 1804-1808, p. 115
Donovan (Donavan), Thomas
1798, p. 112; 1799-1800, p. 81; Assessment Book 1800, p. 281; 1801-1803, p. 86; 1804-1808, p. 118
Dop, George (at soap factory)
Assessment Book 1800, p. 244
Dopp, George
1804-1808, p. 114
Dorney, Henry
Assessment Book 1800, p. 162
Dorsey, Allen
1804-1808, p. 126
Dorsey & Purviance
1804-1808, p. 493
Dorsey & Van Wyck
Assessment Book 1800, p. 190; 1804-1808, p. 110

Dorsey, Dr.
Assessment Book 1800, p. 142; 1804-1808, p. 108
Dorsey, Edward
1804-1808, p. 103
Dorsey, Edward (estate of)
Assessment Book 1800, p. 67
Dorsey, Elisabeth & Barry (Berry), Benjamin
Assessment Book 1800, p. 96; 1804-1808, p. 23
Dorsey, Elizabeth
1798, p. 60; Assessment Book 1800, p. 96; 1801-1803, p. 82; 1804-1808, p. 105
Dorsey, Henry
1799-1800, p. 76; 1801-1803, p. 81
Dorsey, Henry (Harford County)
1798, p. 19
Dorsey, James
1798, p. 208; 1799-1800, p. 375; 1801-1803, p. 98
Dorsey, John E.
Assessment Book 1800, p. 153; 1804-1808, p. 108
Dorsey, Joshua
Assessment Book 1800, p. 242; 1804-1808, p. 114
Dorsey, Miss
1799-1800, p. 75
Dorsey, Mrs. (of Edward deceased)
1801-1803, p. 100
Dorsey, Owen
Assessment Book 1800, p. 137; 1801-1803, p. 99; 1804-1808, p. 106
Dorsey, Richard
1798, p. 129; 1799-1800, p. 80
Dorsey, Robert
Assessment Book 1800, p. 190; 1804-1808, p. 110
Dorsey, Thomas B.
Assessment Book 1800, p. 137; 1804-1808, p. 108
Dorsey, Vachael (Vachel)
Assessment Book 1800, p. 15; 1801-1803, p. 404; 1804-1808, p. 99
Dorsey, Walter
1798, p. 1; 1799-1800, p. 73; Assessment Book 1800, p. 68; 1801-1803, p. 80; 1804-1808, p. 103
Dorsey, Widow
1799-1800, p. 77
Dorsey, William H.
1804-1808, p. 126
Dosh, John Michael
1798, p. 100; 1799-1800, p. 372; Assessment Book 1800, p. 116; 1801-1803, p. 95; 1804-1808, p. 106
Douglass, George
Assessment Book 1800, pp. 30, 91; 1804-1808, pp. 100, 104
Doutt, Mons.
Assessment Book 1800, p. 235
Dowda, Julian
Assessment Book 1800, p. 298; 1804-1808, p. 119
Dowdle, Michael
1801-1803, p. 102
Dowig, George
1798, p. 145; 1799-1800, p. 74; Assessment Book 1800, p. 107; 1801-1803, p. 80; 1804-1808, p. 105

Dowing, Thomas
1798, p. 172; 1799-1800, p. 373
Downey, William
1804-1808, p. 507
Downs
1801-1803, p. 101
Dowson, Mrs.
1798, p. 146; Assessment Book 1800, p. 2
Doyerty, Abraham
1799-1800, p. 92; 1801-1803, p. 93
Doyle, Jacob
1798, p. 247; 1799-1800, p. 376; 1801-1803, p. 99
Doyle, John
1798, p. 146; 1799-1800, p. 91
Doyme (Doyne), John
1799-1800, p. 78; 1801-1803, p. 100
Doyne, Rose
Assessment Book 1800, p. 120; 1804-1808, p. 106
Drake, William
1804-1808, p. 126
Drawbaugh, John
1798, p. 160; 1799-1800, p. 79; 1801-1803, p. 84
Drawbaugh, John & Valentine
Assessment Book 1800, p. 196; 1804-1808, p. 110
Drawbaugh, Valentine & John
Assessment Book 1800, p. 196; 1804-1808, p. 110
Drischall (Driscoll), (Florence), Capt.
1798, p. 242; 1799-1800, p. 89; Assessment Book 1800, p. 322; 1801-1803, p. 92; 1804-1808, pp. 121, 125
Drorney, Henry
1804-1808, p. 109
Drove & Brackbill
1799-1800, p. 43
Druart, Monseiur
1799-1800, p. 89
Drummond (Drummon), William
1798, p.232; 1799-1800, p. 86; Assessment Book 1800, p. 321; 1801-1803, p. 89; 1804-1808, p. 121
Dryden, Milby
Assessment Book 1800, p. 210; 1804-1808, p. 111
Drysdale, Thomas
1801-1803, p. 97; 1804-1808, p. 119
Drysdale, Thomas (estate of)
1798, p. 171; 1799-1800, p. 373; Assessment Book 1800, p. 295
Dublanty (Dublinty), Mr.
1798, p. 161; 1799-1800, p. 373; 1801-1803, p. 96
Dublin, Thomas
1798, p. 103; 1799-1800, p. 372; Assessment Book 1800, p. 119; 1801-1803, p. 95; 1804-1808, p. 106
Dubois, Mons.
Assessment Book 1800, p. 275
Duboise
1804-1808, p. 117
Ducatel, Adme (Edme)
1798, p. 153; 1799-1800, p. 8:; 1801-1803, p. 87

Ducatell (Ducatel), Edmond
Assessment Book 1800, p. 228; 1804-1808, p. 113
Ducheman, Frederick
1804-1808, p. 104
Duchemin
1798, p. 48
Duchamon (Ducheman, Duchemin), Francis
1798, p. 48; 1799-1800, p. 77; Assessment Book 1800, p. 76; 1801-1803, p. 82
Duclarique (Duclareque), Mr
1798, p. 125; 1799-1800, p. 372; 1801-1803, p. 96
Ducley, Mrs.
Assessment Book 1800, p. 44; 1804-1808, p. 101
Ducoing, Peter
1801-1803, p. 100
Dudley, James
1799-1800, p. 87
Dudley, Rebecca
1798, p. 236; 1799-1800, p. 375; 1801-1803, p. 98
Due, Robert, Sr.
1798, p. 195
Duer, James
Assessment Book 1800, p. 326; 1801-1803, p. 102; 1804-1808, p. 122
Duer, Madam
Assessment Book 1800, p. 225
Duer, W.
1804-1808, p. 112
Duffa (Duffey), Owen
1798, p. 169; 1799-1800, p. 92; 1801-1803, p. 93
Duffey, Mary
Assessment Book 1800, p. 249; 1804-1808, p. 115
Duffy, Mr.
Assessment Book 1800, p. 331
Duffy
1804-1808, p. 122
Dugan, Cumberland
1798, p. 122; 1799-1800, p. 79; Assessment Book 1800, p. 179; 1801-1803, p. 84; 1804-1808, p. 109
Dugan, George
Assessment Book 1800, p. 179; 1804-1808, p. 109
Dugan, William
1798, p. 126
Duig, Oliver
1798, p. 113
Duguid, William
1801-1803, p. 99
Duhurst, Greenbury
Assessment Book 1800, p. 213; 1804-1808, p. 112
Duke, James
1799-1800, p. 87
Dukehart (Dukeheart), Henry
1798, p. 133; 1799-1800, p. 80; Assessment Book 1800, p. 238; 1801-1803, p. 85; 1804-1808, p. 112
Dukehart (Dukeheart), John
1799-1800, p. 83; Assessment Book 1800, p. 205; 1804-1808, p. 111

Dukehart (Dukeheart), Margaret
1798, p. 82; 1799-1800, p. 80; Assessment Book 1800, p. 204; 1801-1803, p. 85; 1804-1808, p. 111
Dukes, Marey
1798, p. 244; 1799-1800, p. 375
Dumas (or Demushel), Widow
1799-1800, p. 88
Dumberson, Madam
1798, p. 182; 1799-1800, p. 374; 1801-1803, p. 97
Dumbrowsky, Rinold
1804-1808, p. 103
Dumeshel, Mrs.
1801-1803, p. 91
Dunan, Dr.
Assessment Book 1800, p. 131; 1804-1808, p. 107
Dunbar, George
1804-1808, p. 125
Duncan, Jacob
1799-1800, p. 92
Duncan (Dunkin), James
1798, p. 208; 1799-1800, p. 88; 1801-1803, p. 91
Duncan, Jesse
Assessment Book 1800, p. 266
Duncan, William
1799-1800, p. 373
Dungan, Jesse
1804-1808, p. 116
Dunkel (Dunkell), George, Dr.
1798, p. 17; 1799-1800, p. 370; Assessment Book 1800, p. 53; 1801-1803, p. 94; 1804-1808, p. 102
Dunken, Widow
1798, p. 68
Dunkin, Mrs.
1799-1800, p. 83; 1801-1803, p. 88
Dunkin, William
1801-1803, p. 96
Dunmead, Adam
Assessment Book 1800, p. 45; 1804-1808, p. 102
Dunmead, John
Assessment Book 1800, p. 50; 1804-1808, p. 102
Dunnenberg, Frederick
1799-1800, p. 78
Dunwoody, Robert
1798, p. 124; 1799-1800, p. 78; Assessment Book 1800, p. 189; 1801-1803, p. 83; 1804-1808, p. 110
Dupee, Monsieur
1801-1803, p. 406
Dupey, David
Assessment Book 1800, p. 94
Durham
1804-1808, p. 124
Durham, George
Assessment Book 1800, p. 369; 1804-1808, p. 125
Durham, Jacob
1801-1803, p. 100

Durham, John
Assessment Book 1800, p. 28; 1804-1808, p. 100
Durham, Jr.
Assessment Book 1800, p. 347
Durkee, Capt.
1798, p. 108; 1799-1800, p. 372; Assessment Book 1800, p. 142; 1801-1803, p. 96; 1804-1808, p. 108
Durram, Thomas
Assessment Book 1800, p. 253; 1804-1808, p. 116
Dushman, Francis
1799-1800, p. 76
Dussiut (Dussuit), Jacque
1798, p. 159; 1799-1800, p. 83; 1801-1803, p. 87
Duvall, Marien
Assessment Book 1800, p. 48; 1804-1808, p. 102
Dweil, Jacob
Assessment Book 1800, p. 331; 1804-1808, p. 122
Dwyer, Patrick
1799-1800, p. 93; Assessment Book 1800, p. 228; 1801-1803, p. 94; 1804-1808, p. 113
Dwyer, William
1798, p. 153; 1799-1800, p. 373; 1801-1803, p. 96; 1804-1808, p. 126
Dyer, William
1804-1808, p. 127
Dyne, John
1801-1803, p. 83
Dysart, Ruth (Ruthy), Mrs.
1798, p. 150; 1799-1800, p. 82; Assessment Book 1800, p. 219; 1801-1803, p. 86; 1804-1808, p. 112

Eagleston, Abraham
1798, pp. 213, 241; 1804-1808, pp. 135, 136
Eagleston, Richard
1801-1803, p. 406
Ealer, Peter, Dr.
Assessment Book 1800, p. 195; 1801-1803, p. 110; 1804-1808, p. 132
Ealthorpe
1804-1808, p. 137
Ealthorpe (shoemaker at Fells Point)
Assessment Book 1800, p. 292
Eanniss (Eanis), Joshua
1798, p. 224; Assessment Book 1800, p. 349
Eanniss, Philip
Assessment Book 1800, p. 252
Earengey (Earngey), James
1798, p. 205; 1799-1800, p. 378; 1801-1803, p. 109
Earnnest, Caleb
1799-1800, p. 94; Assessment Book 1800, p. 222; 1801-1803, p. 103
Earnest, George
1798, p. 98; 1799-1800, p. 377; Assessment Book 1800, p. 104; 1801-1803, p. 107; 1804-1808, p. 130
Earnest, Michael
1799-1800, p. 94

Easton, Elizabeth
1798, p. 73; 1799-1800, p. 97
Easton, Nicholas W.
Assessment Book 1800, p. 280; 1804-1808, p. 135
Eaton, Jeremiah
1798, p. 61; 1799-1800, p. 376; 1801-1803, p. 107
Eccle, Philip
1798, p. 61; 1799-1800, p. 377; Assessment Book 1800, p. 90; 1801-1803, p. 107; 1804-1808, p. 130
Edmonson, Issac & Thomas
1804-1808, p. 128
Edmondson, Thomas
1804-1808, p. 138
Edmonson, Thomas & Isaac
Assessment Book 1800, p. 1; 1801-1803, p. 112; 1804-1808, p. 128
Edwards & Stansbury (Stansburry)
1798, p. 168; 1799-1800, p. 100; Assessment Book 1800, p. 247; 1801-1803, p. 106; 1804-1808, p. 408
Edwards, James
1798, p. 152; 1799-1800, p. 98; Assessment Book 1800, p. 220; 1801-1803, p. 110; 1804-1808, p. 132
Edwards, John
Assessment Book 1800, p. 24; 1804-1808, p. 128
Edwards, Jonathan
1798, p. 156; 1799-1800, p. 98; Assessment Book 1800, p. 201; 1801-1803, p. 110; 1804-1808, p. 132
Edwards, Thomas
1799-1800, p. 96
Edwards, William
1799-1800, p. 98; Assessment Book 1800, p. 151; 1804-1808, p. 131
Edwards, William, Capt.
1799-1800, p. 99; Assessment Book 1800, p. 340; 1801-1803, p. 111; 1804-1808, p. 135
Egleston (Eagleston), Abraham (waterman, carpenter)
1799-1800, pp. 100, 378; Assessment Book 1800, pp. 288, 360; 1801-1803, pp. 106, 109
Eichelberger, George
Assessment Book 1800, p. 189; 1804-1808, p. 133
Eichelberger, Jacob
1798, p. 115; 1799-1800, p. 95; Assessment Book 1800, p. 75; 1804-1808, p. 129
Eichelberger, Jacob Martin, Jr.
1799-1800, p. 377; 1801-1803, p. 108
Eichelberger, Jacob, Sr.
1798, p. 49; 1801-1803, p. 104
Eichelberger, Martin
1798, p. 85; Assessment Book 1800, p. 56; 1801-1803, p. 105; 1804-1808, p. 129
Eiler, Nicholas
1798, p. 57; 1799-1800, p. 376; Assessment Book 1800, p. 86; 1801-1803, p. 107; 1804-1808, p. 130
Eiselen, Conrad
1798, p. 13
Eiseler, Anthony
Assessment Book 1800, p. 159; 1804-1808, p. 133

Eiseler, Frederick
1804-1808, p. 137
Eiseler, John
Assessment Book 1800, p. 279; 1804-1808, p. 134
Eislen (Eiselin), Conrod (Conrad), Capt
1799-1800, p. 94; Assessment Book 1800, p. 11; 1801-1803, p. 103; 1804-1808, p. 128
Eitchberger, William
1798, p. 201; 1799-1800, p. 378; Assessment Book 1800, p. 304; 1801-1803, p. 109; 1804-1808, p. 135
Eitchberger, Wolfgan
1798, p. 178; 1804-1808, p. 137
Elder, Mrs.
1798, p. 38; 1799-1800, p. 376; 1801-1803, p. 107
Ellicott & Co.
1798, p. 99; 1799-1800, p. 94; Assessment Book 1800, p. 111; 1801-1803, p. 103; 1804-1808, p. 130
Ellicott, Andrew & Thomas
1804-1808, p. 138
Ellicott, Benjamin & James
1798, p. 99; 1799-1800, p. 95; Assessment Book 1800, p. 111; 1801-1803, p. 103; 1804-1808, p. 131
Ellicott, Elias
1798, p. 45; 1799-1800, p. 95; Assessment Book 1800, p. 72; 1801-1803, p. 104; 1804-1808, p. 129
Ellicott, James & Benjamin
1799-1800, p. 95; Assessment Book 1800, p. 111; 1801-1803, p. 103; 1804-1808, p. 131
Ellicott, John
Assessment Book 1800, p. 63; 1804-1808, p. 129
Ellicott, Thomas
1804-1808, p. 138
Ellicott, Thomas & Andrew
1804-1808, p. 138
Elliott & Shaw
1799-1800, p. 100
Elliott, Benjamin
1798, p. 169; 1799-1800, p. 378; Assessment Book 1800, p. 250; 1801-1803, p. 108; 1804-1808, p. 134
Elliott, Hartman
1798, p. 55; Assessment Book 1800, p. 83; 1804-1808, p. 130
Elliott, James
1798, p. 172; 1799-1800, p. 378; Assessment Book 1800, p. 277; 1801-1803, p. 108; 1804-1808, p. 134
Elliott, Thomas
1798, p. 128; 1799-1800, p. 98; 1801-1803, p. 110
Ellis (Elliss), John
1798, p. 8; 1799-1800, p. 94; Assessment Book 1800, pp. 31, 46; 1801-1803, p. 103; 1804-1808, pp. 128, 129
Ellis, Stephen
Assessment Book 1800, p. 119; 1801-1803, p. 112; 1804-1808, p. 131
Ellwood, James
1798, p. 128; 1799-1800, p. 377; 1801-1803, p. 108
Ellwood, John
Assessment Book 1800, p. 193; 1804-1808, p. 132

Elphinston (Elphinstone), David
1798, p. 149; 1799-1800, p. 97; Assessment Book 1800, p. 215; 1801-1803, p. 106; 1804-1808, p. 132
Elvins, William
1799-1800, p. 99; Assessment Book 1800, p. 306; 1801-1803, p. 112; 1804-1808, p. 135
Elvis, William
1798, p. 15; 1799-1800, p. 94; Assessment Book 1800, p. 14; 1801-1803, p. 103; 1804-1808, p. 128
Elwood (Ellwood), Thomas
1798, p. 242; 1799-1800, p. 99; 1801-1803, p. 111
Elyard, Hartman
1799-1800, p. 100; 1801-1803, p. 106
Ends, John
1804-1808, p. 138
England, Abraham
1798, p. 135; 1799-1800, p. 97; 1801-1803, p. 106
England, Elisha
1804-1808, p. 137
England, Elisha or Townsend, J.
Assessment Book 1800, p. 364
England, John
Assessment Book 1800, p. 364; 1804-1808, p. 136
England, Joseph
1801-1803, p. 111
Engle, Lilas
1801-1803, p. 112
Engles, John
1801-1803, p. 109
Ennells (Ennals), Andrew Skinner
1798, p. 127; 1799-1800, p. 97; 1801-1803, p. 105
Enness, Joshua
1799-1800, p. 99; 1801-1803, p. 111
Ennis (Enniss), Philip
1798, p. 176; 1799-1800, p. 378; 1801-1803, p. 109; 1804-1808, p. 134
Enniss, Joshua
1804-1808, p. 136
Ensor
1801-1803, p. 110
Ensor & Conway
1799-1800, p. 97
Ensor, James G. & Co.
1798, p. 78
Ensor, Martha
Assessment Book 1800, p. 306; 1804-1808, p. 135
Ensor, William
1798, p. 200
Ensor, William B.
1798, p. 188
Ensor, William, Jr.
1799-1800, p. 100
Ensor, William, Sr.
1799-1800, p. 98
Ensor, William, Sr. (estate of)
1801-1803, p. 112

Erbaugh, Lawrence
1804-1808, p. 138
Erixon (Errixon), Barron (Barnard)
1798, p. 245; 1799-1800, p. 379; 1801-1803, p. 109
Ernest, Caleb
1798, p. 4; 1804-1808, p. 132
Errickson, Barnard
Assessment Book 1800, p. 358; 1804-1808, p. 136
Erskin & Kenney (Kinney)
1798, p. 145; 1799-1800, p. 377; 1801-1803, p. 108
Evans, Mary
Assessment Book 1800, p. 247
Etting, Mrs.
1798, p. 92; 1799-1800, p. 95; Assessment Book 1800, p. 105; 1801-1803, p. 104; 1804-1808, p. 130
Etting, Reubin (Reuben)
1798, p. 68; 1799-1800, p. 96; 1801-1803, p. 105
Etting, Solomon
1798, p. 54; 1799-1800, p. 96; Assessment Book 1800, p. 15; 1801-1803, p. 105; 1804-1808, pp. 128, 138
Evans & Baxley
1799-1800, p. 22
Evans, Daniel
Assessment Book 1800, p. 178; 1804-1808, p. 133
Evans, George
1799-1800, p. 96
Evans, Griffith
1798, p. 139; 1799-1800, p. 97; Assessment Book 1800, p. 176; 1801-1803, p. 105; 1804-1808, p. 133
Evans, Henry
1798, p. 239; 1799-1800, p. 99; Assessment Book 1800, p. 368; 1801-1803, p. 111; 1804-1808, p. 137
Evans, John
1798, pp. 73, 211; 1799-1800, pp. 96, 99; Assessment Book 1800, pp. 143, 173, 354; 1801-1803, pp. 105, 111; 1804-1808, pp. 131, 133, 136
Evans, Mary
1798, p. 162; 1799-1800, p. 377; 1801-1803, p. 108; 1804-1808, p. 134
Evans, William
1798, p. 26; 1799-1800, p. 95; Assessment Book 1800, p. 153; 1801-1803, p. 104; 1804-1808, p. 133
Evans, William & Co.
1801-1803, p. 104; 1808-1808, p. 137
Evatt, Edward
Assessment Book 1800, p. 112; 1804-1808, p. 131
Everett, Thomas
Assessment Book 1800, p. 152; 1804-1808, p. 131
Everhart, George
1798, p. 56; 1799-1800, p. 95; 1801-1803, p. 104
Everhart, Jacob
1798, p. 159; 1799-1800, p. 98; Assessment Book 1800, p. 231; 1801-1803, p. 110; 1804-1808, p. 134
Everson, Mariam
1801-1803, p. 406
Everson, Nicholas, Capt.
Assessment Book 1800, p. 356; 1804-1808, p. 136

Everson, Richard
1798, p. 55; 1799-1800, p. 376; Assessment Book 1800, p. 82; 1801-1803, p. 107; 1804-1808, p. 129
Etchberger (Eitchberger), Woolfgan (Wolfgang)
1799-1800, p. 100; Assessment Book 1800, p. 261; 1801-1803, p. 106

Faharty, Mark
Assessment Book 1800, p. 347; 1804-1808, p. 154
Faharty, Patrick
Assessment Book 1800, p. 348; 1804-1808, p. 154
Fairrie
1799-1800, p. 107
Falkner, Abraham
1798, p. 43; 1799-1800, p. 104; 1801-1803, p. 116
Falls & Brown
1804-1808, p. 157
Falls, Moore, Dr.
1798, p. 45; 1799-1800, p. 107; Assessment Book 1800, p. 294; 1801-1803, p. 119; 1804-1808, p. 151
Farahan, John
Assessment Book 1800, p. 351; 1801-1803, p. 126; 1804-1808, p. 154
Fare, Daniel, Capt.
Assessment Book 1800, p. 366
Farguson (Furgason), Margaret
1799-1800, p. 107; 1801-1803, p. 118
Farland, Capt.
1799-1800, p. 110; 1801-1803, p. 120
Farland, Joseph
1798, p. 221;
Farr, Jacob, Jr.
Assessment Book 1800, p. 261
Farr, Jacob, Sr.
Assessment Book 1800, p. 261
Farrell, James
1798, p. 203; 1804-1808, p. 152
Farrell, Matthew
Assessment Book 1800, p. 341
Farrell, Timothy
1798, p. 24
Faure, Theobald
Assessment Book 1800, p. 73
Faus, Theobald
1804-1808, p. 141
Favie, John
Assessment Book 1800, p. 291; 1801-1803, p. 129; 1804-1808, p. 151
Fearson, Jesse
1798, p. 204
Feget, John
1799-1800, p. 107
Feidt, George
1799-1800, p. 104
Fenby, Samuel
1804-1808, p. 157

Fenigen, John, Capt.
1804-1808, p. 157
Fenis, Elizabeth
Assessment Book 1800, p. 277; 1804-1808, p. 150
Fennell, Caleb
Assessment Book 1800, p. 352; 1804-1808, p. 154
Fennell, Capt.
1801-1803, p. 127
Fennell, John (guager)
Assessment Book 1800, p. 45; 1801-1803, p. 126
Fennell, John
1804-1808, p. 141
Fenours, Charles
Assessment Book 1800, p. 325
Fenton, John
Assessment Book 1800, p. 356; 1804-1808, p. 155
Fenton, Thomas
1798, p. 157; 1799-1800, p. 109; Assessment Book 1800, p. 226; 1801-1803, p. 120; 1804-1808, p. 146
Ferguson
1801-1803, p. 128
Ferguson, Mrs.
1798, p. 97
Ferguson, Robert
Assessment Book 1800, p. 61; 1804-1808, p. 141
Ferguson, Sarah
Assessment Book 1800, p. 232; 1804-1808, p. 146
Fernandes (Fernandis), Samuel
Assessment Book 1800, p. 205; 1801-1803, p. 407; 1804-1808, p. 149
Ferrall, George
1799-1800, p. 109
Ferrall (Ferrell), James
1799-1800, p. 109; Assessment Book 1800, p. 305; 1801-1803, p. 120
Ferrall, Mathew
1804-1808, p. 153
Ferrall, Ruth
Assessment Book 1800, p. 262; 1804-1808, p. 150
Ferrall, Thomas
1799-1800, p. 113
Ferrall, Timothy
1799-1800, p. 103; 1801-1803, p. 115
Ficke, Herman (Harman)
Assessment Book 1800, p. 215; 1801-1803, p. 128; 1804-1808, p. 147
Ficke, John
1801-1803, p. 129
Fields, William
1798, p. 218; 1799-1800, p. 110; Assessment Book 1800, p. 322; 1801-1803, p. 120; 1804-1808, p. 152
Fields, William & Reese, Jacob
1801-1803, p. 312
Fife, James
1798, p. 72; 1799-1800, p. 103
Fifer, John
Assessment Book 1800, p. 253; 1804-1808, p. 149

Finlas (Finlass, Finless), Sabastion (Sebastian)
1798, p. 147; 1799-1800, p. 108; Assessment Book 1800, p. 211; 1801-1803, p. 119; 1804-1808, p. 147
Finlater, Alexander
1798, p. 92; 1799-1800, p. 101; 1801-1803, p. 114
Finlay, John
1804-1808, p. 146
Finley, Ebinezer (Ebenezer)
1798, p. 22; 1799-1800, p. 379; Assessment Book 1800, p. 21; 1801-1803, p. 123; 1804-1808, p. 139
Finley, James, Capt.
Assessment Book 1800, p. 299; 1804-1808, p. 151
Finley, John
Assessment Book 1800, p. 224
Finn, William
1798, p. 193; 1799-1800, p. 113; 1801-1803, p. 121
Finour, Charles
1801-1803, p. 128; 1804-1808, p. 153
Firby, John
1798, p. 227; 1799-1800, p. 111; Assessment Book 1800, p. 324; 1801-1803, p. 121; 1804-1808, p. 152
Fishake, John
Assessment Book 1800, p. 86; 1801-1803, p. 125; 1804-1808, p. 143
Fishburn, Mrs.
1799-1800, p. 102
Fisher, Amos, Capt.
1798, p. 234; 1799-1800, p. 112
Fisher, Ann
Assessment Book 1800, p. 170; 1804-1808, p. 144
Fisher, Daniel
1798, p. 39; 1799-1800, p. 104
Fisher, Henry M.
1804-1808, p. 157
Fisher, James
1798, p. 30; 1799-1800, p. 106; Assessment Book 1800, p. 346; 1801-1803, pp. 118, 126; 1804-1808, p. 154
Fisher, John
1798, pp. 76, 110; 1799-1800, p. 106; Assessment Book 1800, p. 169; 1801-1803, p. 117; 1804-1808, p. 144
Fisher, John (currier)
1801-1803, p. 117
Fisher, Richard
1798, p. 234; 1799-1800, p. 112; 1801-1803, p. 121
Fisher, Robert
1798, p. 162; 1799-1800, p. 106; Assessment Book 1800, p. 232; 1801-1803, p. 118; 1804-1808, p. 146
Fisher, Thomas
1801-1803, p. 125
Fishpaugh, Jesse
1804-1808, p. 157
Fishwick, James
1798, p. 231; 1799-1800, p. 111; 1804-1808, p. 152
Fishwick, James (estate of)
Assessment Book 1800, p. 320

Fitch, Ai
1804-1808, p. 145
Fitch, Amos J.
Assessment Book 1800, p. 112; 1801-1803, p. 127
Fite & Reinicker (Reinecker)
1799-1800, pp. 101, 422; Assessment Book 1800, p. 6;
1801-1803, p. 114; 1804-1808, p. 139
Fite, Abigale (Abigail)
1798, p. 52; 1799-1800, p. 379; Assessment Book 1800, p. 77; 1801-1803,
p. 123; 1804-1808, p. 142
Fite, Elizabeth & Mary
Assessment Book 1800, p. 71; 1804-1808, p. 141
Fite, Jacob
1798, p. 64; 1799-1800, p. 104; Assessment Book 1800, p. 99; 1801-1803,
p. 116; 1804-1808, p. 145
Fite, Mary & Elizabeth
Assessment Book 1800, p. 71; 1804-1808, p. 141
Fite, Peter
1798, p. 21; 1799-1800, p. 102
Fitsgerald, Richard
Assessment Book 1800, p. 23; 1801-1803, p. 115
Fitts, John
Assessment Book 1800, p. 309; 1804-1808, p. 152
Fitts, John & William
1798, p. 244; 1799-1800, p. 381; 1801-1803, p. 124
Fitz, Henry
1799-1800, p. 113
Fitzgerald
Assessment Book 1800, p. 342; 1804-1808, p. 153
Fitzgerald (Fitzjerald), Richard
1798, p. 98; 1799-1800, p. 103; 1804-1808, p. 156
Fitzgerald, Thomas
1798, p. 246; 1799-1800, p. 381; 1801-1803, p. 125
Fitzgerald, William
1799-1800, p. 114
Fitzjerald, Mrs.
1799-1800, p. 109
Fitzjerland (Fitzjerald), Garrett
1798, p. 18; 1799-1800, p. 101
Flanigan (Flanegan, Flannegan), William
1798, p. 243; 1799-1800, p. 114; Assessment Book 1800, p. 332; 1801-1803,
p. 122; 1804-1808, p. 153
Flaherty, Thomas
1801-1803, p. 126
Flax, Michael
1799-1800, p. 110
Fleming, Joseph
1798, p. 73; 1799-1800, p. 380
Flemming, James
1798, p. 242; 1799-1800, p. 381; 1801-1803, p. 124
Flemming, Richard
1798, p. 219; 1799-1800, p. 110; 1801-1803, p. 120
Fletcher, James
1798, p. 126; 1799-1800, p. 108; Assessment Book 1800, p. 194; 1801-1803,
p. 119; 1804-1808, p. 148

Fletcher, Martin
1798, p. 11; 1799-1800, p. 102; 1801-1803, p. 114; 1804-1808, p. 156
Florey, Widow
1798, p. 40
Floria, Mrs.
1799-1800, p. 104
Floyd, Caleb
1799-1800, p. 112
Floyd, Charles
1798, p. 169; 1799-1800, p. 380; Assessment Book 1800, p. 158; 1804-1808, p. 145
Foble, Capt.
1799-1800, p. 111
Foble, William
Assessment Book 1800, p. 82
Focke
Assessment Book 1800, p. 10; 1804-1808, p. 139
Foes (Foese), Henry
Assessment Book 1800, p. 41; 1804-1808, p. 140
Foley, John
1798, p. 128; 1799-1800, p. 380
Folks, John
Assessmemt Book 1800, p. 44; 1804-1808, p. 140
Foltz & Bremer (Brimer)
1798, p. 58; 1799-1800, p. 380; 1801-1803, p. 124
Foltz & Bruner
Assessment Book 1800, p. 95; 1804-1808, p. 20
Foltz, William
1799-1800, p. 105; Assessment Book 1800, p. 87; 1801-1803, p. 117; 1804-1808, p. 143
Fonerden, Adam
1798, p. 107; 1799-1800, p. 103
Fool (Tool), John & Shutte, Aug.
Assessment Book 1800, p. 252; 1804-1808, p. 409
Foot, Esther
Assessment Book 1800, p. 35; 1804-1808, p. 140
Ford, Joseph
1798, p. 232; 1799-1800, p. 111; Assessment Book 1800, p. 289; 1801-1803, pp. 121, 129; 1804-1808, p. 150
Ford, Mrs.
1799-1800, p. 102; 1801-1803, p. 115; 1804-1808, p. 140
Ford, Mrs. (estate of)
Assessment Book 1800, p. 37
Ford, Samuel
Assessment Book 1800, p. 46; 1804-1808, p. 141
Ford, Widow (of Edmond)
1798, p. 18;
Ford, William
1798, p. 140; 1799-1800, p. 108; Assessment Book 1800, pp. 155, 224; 1801-1803, p. 119; 1804-1808, p. 145
Fordiscua, Benjamin
1799-1800, p. 112
Fordney, Jacob
1798, p. 179; Assessment Book 1800, p. 275; 1801-1803, p. 122; 1804-1808, p. 150

Fordney, William
Assessment Book 1800, p. 297; 1801-1803, p. 127; 1804-1808, p. 151
Foreman, Charles
Assessment Book 1800, p. 289; 1801-1803, p. 129; 1804-1808, p. 151
Foreman, Edward
Assessment Book 1800, p. 249; 1804-1808, p. 149
Foreman, Joseph
1798, p. 84; 1799-1800, p. 108; 1801-1803, p. 119
Foreman, Leonard
1798, p. 49; 1799-1800, p. 105; Assessment Book 1800, p. 87; 1801-1803, p. 116; 1804-1808, p. 143
Foreman, William Lee
1799-1800, p. 104; Assessment Book 1800, p. 192; 1801-1803, p. 116; 1804-1808, p. 148
Fornerden, Adam
Assessment Book 1800, p. 208; 1801-1803, p. 115; 1804-1808, p. 147
Forney, John
1798, p. 50; Assessment Book 1800, p. 89; 1801-1803, p. 117; 1804-1808, p. 143
Forney, Mrs.
Assessment Book 1800, p. 148
Forney, Peter
1798, p. 51; Assessment Book 1800, p. 77; 1801-1803, p. 116; 1804-1808, pp. 142, 157
Forsyth (Forsythe), Alexander
1799-1800, p. 445; Assessment Book 1800, p. 32; 1801-1803, p. 125; 1804-1808, p. 139
Fortney, Jacob
1799-1800, p. 114
Forrest & Stoddart (Stoddard)
1798, p. 112; 1799-1800, p. 380; 1801-1803, p. 124
Fortune, James
1799-1800, p. 110
Fosler, Jacob
Assessment Book 1800, p. 362
Foss, George
1798, p. 17; 1799-1800, p. 102; Assessment Book 1800, p. 34; 1801-1803, p. 115; 1804-1808, p. 140
Foss, Theabold (Theobold)
1798, p. 46; 1799-1800, p. 379; 1801-1803, p. 123
Foster, Aaron, Capt.
1801-1803, p. 126
Foster, George
1798, p. 19; 1799-1800, p. 379; 1801-1803, p. 123
Foster, Isabella (or Sarah)
1798, p. 222; 1799-1800, p. 381; 1801-1803, p. 124
Foster, Jacob
1804-1808, p. 155
Foster, Mrs.
Assessment Book 1800, p. 340; 1804-1808, p. 153
Foster, Nicholas
1799-1800, p. 110
Foster, Thomas, Capt.
Assessment Book 1800, p. 351; 1804-1808, p. 154

Fouble (Fowble), Jacob
1799-1800, p. 109; Assessment Book 1800, p. 82; 1804-1808, p. 142
Fouble, Peter
Assessment Book 1800, p. 84; 1804-1808, p. 143
Fouble, William
1804-1808, p. 142
Foudray, Samuel
1798, p. 90
Foulas (Foulds), James
1798, p. 226; 1799-1800, p. 114; 1801-1803, p. 122
Foulk (Foulck), Lewis (Louis)
1798, p. 73; 1799-1800, p. 107; Assessment Book 1800, p. 189; 1801-1803, p. 118; 1804-1808, p. 148
Foundray (Foudray), Samuel
1799-1800, p. 101; 1801-1803, p. 114
Fountain, John
1799-1800, p. 112
Fountain, Rev.
Assessment Book 1800, p. 352; 1804-1808, p. 155
Fowler, George
1799-1800, p. 113; Assessment Book 1800, pp. 360, 370; 1804-1808, pp. 155, 156
Fowler, Jacob
Assessment Book 1800, p. 251; 1804-1808, p. 149
Fowler, James (pilot)
1801-1803, p. 126
Fowler, William
1798, p. 236; 1799-1800, p. 113
Fowler, William (estate of)
1801-1803, p. 122
Fox, Anthony
1798, p. 245; 1799-1800, p. 381; 1801-1803, p. 125
Foxall, Thomas
1798, p. 196; 1799-1800, p. 102; Assessment Book 1800, p. 256; 1801-1803, p. 115; 1804-1808, p. 150
Foy, Eleanor
1798, p. 204; 1799-1800, p. 109; Assessment Book 1800, p. 305; 1801-1803, p. 120; 1804-1808, p. 152
Foy, Isaac
1804-1808, p. 539
Frailey, Leonard
Assessment Book 1800, p. 218; 1804-1808, p. 147
Fraise (Fraize), Mrs. (Madam)
1798, p. 100; 1799-1800, p. 103; Assessment Book 1800, p. 116; 1801-1803, p. 116; 1804-1808, p. 145
France, Joseph
1798, p. 54; Assessment Book 1800, p. 82; 1801-1803, p. 117; 1804-1808, p. 142
Francis, Joseph
1799-1800, p. 105
Franciscus, John
Assessment Book 1800, p. 186; 1804-1808, p. 148
Franciscus, Margaret
1798, p. 117; 1799-1800, p. 107; 1801-1803, p. 118

Frankforter, Philip,
1798, p. 12; 1799-1800, p. 379; 1801-1803, p. 123
Franklin, Thomas
Assessment Book 1800, p. 92; 1804-1808, p. 143
Frasier, Thomas
1801-1803, p. 127
Frazier, James
1804-1808, p. 148
Frazier, James (estate of)
Assessment Book 1800, p. 199; 1801-1803, p. 128
Frazier, James & Richard
1798, p. 1; 1799-1800, p. 106
Frazier, Richard
Assessment Book 1800, p. 199; 1801-1803, p. 128; 1804-1808, p. 148
Frazier, Richard & James
1798, p. 1; 1799-1800, p. 106
Freburger (Freeberger), Henry
1799-1800, p. 446; Assessment Book 1800, p. 69;
1801-1803, pp. 125, 128; 1804-1808, p. 141
Frederick
1804-1808, p. 518
Freeland, Mary
1799-1800, p. 112
Frelat (Frelet), Claude I. (Joseph)
1798, p. 115; Assessment Book 1800, p. 184; 1801-1803, p. 118; 1804-1808, p. 144
French, Dominick (Dominic)
1798, p. 239; 1799-1800, p. 113; Assessment Book 1800, p. 369; 1801-1803, p. 122; 1804-1808, p. 156
French, Simon
1799-1800, p. 111
French Woman (Arno)
1799-1800, p. 103
Fret
1799-1800, p. 114
Frey Brunner & Co.
1804-1808, p. 156
Frey, Samuel
Assessment Book 1800, p. 34; 1804-1808, p. 140
Freymiller, Mrs.
Assessment Book 1800, p. 152
Frick, John
Assessment Book 1800, p. 243; 1804-1808, p. 146
Frick, Peter
1798, p. 131; 1799-1800, p. 108; Assessment Book 1800, p. 233; 1801-1803, p. 119; 1804-1808, p. 146
Friese, John H.
1801-1803, p. 127
Friese, J.R.R.
1804-1808, p. 144
Frieze, P.R.J.
Assessment Book 1800, p. 160
Frisby, John
Assessment Book 1800, p. 362; 1804-1808, p. 155
Fritz, Christian
Assessment Book 1800, p. 243; 1804-1808, p. 149

Frolet, Claud Joseph
1799-1800, p. 106
Fromentin, Eleazer
Assessment Book 1800, p. 285; 1804-1808, p. 150
Frost, Capt.
Assessment Book 1800, p. 356; 1804-1808, p. 155
Fry, Andrew
1798, p. 54; 1799-1800, p. 380; 1801-1803, p. 123
Fry, Samuel
1798, p. 50; 1799-1800, p. 105; 1801-1803, p. 117
Frymiller, Mrs.
1804-1808, p. 144
Fulford, Henry
Assessment Book 1800, p. 207; 1804-1808, p. 147
Fulford, Eleanor
1798, p. 145; 1804-1808, p. 147
Fulfords & Lorman
Assessment Book 1800, p. 175; 1804-1808, p. 144
Fuller, Abraham
Assessment Book 1800, p. 31; 1804-1808, p. 139
Fullford (Fulford), Eleanor (Mrs.)
1799-1800, p. 114; Assessment Book 1800, p. 207; 1801-1803, p. 122
Fulton, Alexander
Assessment Book 1800, p. 15; 1804-1808, p. 139
Fulton, Alexander & James
1801-1803, p. 127
Fulton, David
1799-1800, p. 101; Assessment Book 1800, p. 80; 1801-1803, p. 114;
1804-1808, p 142
Fulton, Henry
1798, p. 51
Fulton, James & Alexander
1801-1803, p. 127
Fulton, William
Assessment Book 1800, pp. 256, 296; 1804-1808, pp. 149, 156
Fultz, William
1798, p. 7
Furavell (Furnivall), Alexander
1799-1800, p. 101; 1801-1803, p. 114
Furlong, Capt.
1799-1800, p. 111; 1801-1803, p. 121
Furlong, William
1798, p. 220; Assessment Book 1800, p. 330; 1804-1808, p. 153
Furney, John
1799-1800, p. 105
Furney, Mrs.
1804-1808, p. 145
Furney, Peter
1799-1800, p. 105
Furnival, Alexander
1798, p. 88
Fuse, William
1798, p. 174; 1799-1800, p. 381; 1801-1803, p. 124
Fusselback, John
1804-1808, p. 151

Fusselbouth, John
Assessment Book 1800, p. 300
Fuston, Septimus
Assessment Book 1800, p. 257

Gailbraith, J.
Assessment Book 1800, p. 168
Gailbraith, Margaret
Assessment Book 1800, p. 162; 1801-1803, p. 147
Galbraith, James
1804-1808, p. 169
Galaher (Gallagher), Alexander
1798, p. 14; 1799-1800, p. 116; Assessment Book 1800, p. 11; 1801-1803, p. 131; 1804-1808, p. 158
Gallaher, William
1804-1808, p. 182
Gallaway, James
1804-1808, p. 182
Gallaway, Thomas
1799-1800, p. 129
Gallaway, William
1799-1800, p. 127
Galloway, Ezekiel
Assessment Book 1800, p. 369; 1804-1808, p. 181
Galloway, Mrs.
Assessment Book 1800, p. 365; 1804-1808, p. 181
Gamborg, John
1798, p. 48; 1799-1800, p. 383
Gammell, David
1804-1808, p. 180
Gammell, David, Capt.
Assessment Book 1800, p. 345
Ganett, Madam
1799-1800, p. 119; 1801-1803, p. 134
Gantz, Adam
1798, p. 101; 1799-1800, p. 118; Assessment Book 1800, p. 241; 1801-1803, p. 133; 1804-1808, p. 173
Gantz, Dr.
1798, p. 52
Gardner & Davey
1799-1800, p. 129
Gardner, Ann
1798, p. 143; 1799-1800, p. 124; 1801-1803, p. 137
Gardner, George
Assessment Book 1800, p. 357; 1804-1808, p. 180
Gardner, James
Assessment Book 1800, p. 347; 1804-1808, p. 180
Gardner (Gardiner), John
1798, p. 191; 1799-1800, p. 385; Assessment Book 1800, p. 296; 1801-1803, p. 144; 1804-1808, p. 177
Gardner, Mrs
1801-1803, p. 146
Gardner, Timothy, Capt.
1798, p. 200; 1799-1800, p. 126; Assessment Book 1800, p. 306; 1801-1803, p. 139; 1804-1808, p. 178

Gardner, William
1801-1803, p. 146
Garman, Mrs.
Assessment Book 1800, p. 148; 1804-1808, p. 166
Garretson (Garrelson), Job
1798, p. 134; 1799-1800, p. 123; Assessment Book 1800, p. 219; 1801-1803, p. 137; 1804-1808, p. 171
Garrish, Francis
Assessment Book 1800, p. 283; 1804-1808, p. 177
Garshard, Mark
1798, p. 172; 1799-1800, p. 385; 1801-1803, p. 144
Garts & Leypold (Laypold)
1798, p. 34; 1799-1800, p. 120; 1801-1803, p. 135
Garts, Charles
1798, p. 70; 1799-1800, p. 120; Assessment Book 1800, p. 147; 1801-1803, p. 135; 1804-1808, p. 166
Garts, Peter
1799-1800, p. 130
Gash, Rachel
1804-1808, p. 182
Gash, Rachel or Thompson, Capt.
Assessment Book 1800, p. 308
Gatchel, H., Maj.
1799-1800, p. 127
Gattus (Gatties), Peter
1798, p. 11; 1799-1800, p. 382; 1801-1803, p. 141
Gaubler, Joseph
1798, p. 18; 1799-1800, p. 382; 1801-1803, p. 142
Gauline, Monsieur
Assessment Book 1800, p. 143
Gavin, Mathew
1798, p. 207; 1799-1800, p. 386
Geddes, David
Assessment Book 1800, p. 260; 1804-1808, p. 175
Geese, Peter
1799-1800, p. 126; 1801-1803, p. 139
Geisler, Catharine
Assessment Book 1800, p. 272; 1804-1808, p. 176
Geist, Isaac
1799-1800, p. 127
Gelmire, Francis
1799-1800, p. 116
Geohagen (Geoghagan), George
1798, p. 47; 1799-1800, p. 383; 1801-1803, p. 142
George, Archibald
1804-1808, p. 509
Georgia, John
1798, p. 137; 1799-1800, p. 123; 1801-1803, p. 137
Gerard, Dr.
1799-1800, p. 125
Gerloch, Charles, Dr.
Assessment Book 1800, p. 17; 1804-1808, p. 159
German, John
1801-1803, p. 143
German, Madam (Mrs.)
1799-1800, p. 119; 1801-1803, p. 134

German, Patrick
1799-1800, p. 123; 1801-1803, p. 137
German, Philip
198, p. 16; 1799-1800, p. 116; Assessment Book 1800, p. 26; 1801-1803, p. 131; 1804-1808, p. 159
German, Widow
1798, p. 31
German Prestbyterean Congregation
Assessment Book 1800, p. 184; 1801-1803, p. 149
Germine, John
1798, p. 108; 1799-1800, p. 384
Gernon, Patrick
1798, p. 125
Ghequiere, Charles
1798, p. 53; 1799-1800, p. 118; Assessment Book 1800, p. 152; 1801-1803, p. 132; 1804-1808, p. 167
Giberthrop, Rachel
1799-1800, p. 127
Gibson, John
1804-1808, p. 510
Gibson, James, Capt.
1798, p. 242; 1799-1800, p. 386; Assessment Book 1800, p. 331; 1801-1803, p. 145; 1804-1808, p. 178
Gibson, John
1799-1800, p. 128
Gibson, Robert
Assessment Book 1800, p. 265; 1804-1808, p. 176
Gibson, William
1798, p. 6; 1799-1800, p. 120; Assessment Book 1800, p. 95; 1801-1803, p. 134; 1804-1808, p. 163
Gidditt, James, Capt.
1799-1800, p. 128
Gilbert, Thomas P.
1799-1800, p. 122
Gilbraith, Margaret
1804-1808, p. 168
Gilder, Mrs.
1799-1800, p. 121
Gilderman, Charles
Assessment Book 1800, p. 242; 1804-1808, p. 173
Giles, Jacob W.
1801-1803, p. 407
Giles, Moore, Johnson
1804-1808, p. 180
Gill, Gabriel
1798, p. 57; 1799-1800, p. 121; 1801-1803, p. 136
Gill, John
1799-1800, p. 129; Assessment Book 1800, p. 249; 1801-1803, p. 147
Gill, John P.
1798, p. 169; 1799-1800, p. 126; 1801-1803, p. 139; 1804-1808, p. 174
Gillard, Jacob
Assessment Book 1800, p. 253; 1801-1803, p. 148; 1804-1808, p. 175
Gillingham & Hayward
1801-1803, p. 145
Gillingham, James
Assessment Book 1800, p. 74; 1804-1808, p. 162

Gillison
Assessment Book 1800, p. 122
Gillison, John
1804-1808, p. 165
Gillmyer (Gilmire), Francis
Assessment Book 1800, p. 12; 1801-1803, p. 131
Gilmire, Francis
1798, p. 14; 1804-1808, p. 158
Gilmore (Gilmor), Robert
1798, p. 120; 1799-1800, p. 122; Assessment Book 1800, p. 181; 1801-1803, p. 136; 1804-1808, p. 170
Gilmore (Gilmor), Robert & Co.
1798, p. 120; 1799-1800, p. 122; Assessment Book 1800, p. 176; 1801-1803, p. 137; 1804-1808, p. 169
Gilmore, Robert, Jr.
Assessment Book 1800, p. 182; 1801-1803, p. 149; 1804-1808, p. 170
Gilmore, William
1799-1800, p. 443; Assessment Book 1800, p. 16; 1801-1803, p. 145; 1804-1808, p. 159
Gilpin
1804-1808, p. 178
Gilpin (estate of)
Assessment Book 1800, p. 314; 1801-1803, p. 148
Gilpin, William Oats
1799-1800, p. 126
Giraud (Girard), Dr.
Assessment Book 1800, p. 181; 1801-1803, p. 138; 1804-1808, p. 169
Giraud, John James
1798, p. 153
Gisler, Catharine
1798, p. 174; 1799-1800, p. 129; 1801-1803, p. 141
Gisse (Gissee), Peter, Capt.
1798, p. 201; Assessment Book 1800, p. 304; 1804-1808, p. 177
Gist & Ramsey
1799-1800, p. 267; 1801-1803, p. 307
Gist, Colo.
1798, p.4
Gist, Cornelius Howard
1799-1800, p. 443; Assessment Book 1800, p. 71; 1801-1803, p. 145; 1804-1808, p. 162
Gist, Gen.
1799-1800, p. 115; 1801-1803, p. 130
Gist, Thomas
1799-1800, p. 117; Assessment Book 1800, p. 7
Gist, Thomas, Col.
1804-1808, p. 158
Gitchel, Samuel H.
1798, p. 220
Gitchell, H., Maj.
1801-1803, p. 140
Gittings & Smith
1799-1800, p. 123
Gittings, James
1798, p. 160; 1799-1800, p. 385; Assessment Book 1800, p. 102; 1804-1808, p. 163

Gittings, James, Jr
1798, p. 100; 1799-1800, p. 118; 1801-1803, p. 133; 1804-1808, p. 497
Gittings, James (of Thomas)
1798, p. 195; 1799-1800, p. 386; 1801-1803, p. 144
Gittings, James, Sr.
1801-1803, p. 143
Gittings, Richard
1798, p. 95; 1799-1800, p. 119; Assessment Book 1800, p. 124; 1801-1803, p. 134; 1804-1808, p. 165
Gitts, John, Dr.
1799-1800, p. 121; 1801-1803, p. 135
Glasgow & Hanna
Assessment Book 1800, p. 218; 1804-1808, p. 171
Glasgow, Dr.
Assessment Book 1800, p. 218; 1804-1808, p. 171
Glaveny, Capt.
Assessment Book 1800, p. 150; 1804-1808, p. 166
Glenn, Elias
Assessment Book 1800, p. 46; 1801-1803, p. 149; 1804-1808, p. 161
Glenn, Elias & Glenn, John W.
Assessment Book 1800, p. 202; 1804-1808, p. 171
Glenn, John H. & Co.
1801-1803, p. 407
Glenn, John W.
Assessment Book 1800, p. 264; 1804-1808, p. 176
Glenn, John W. & Elias
Assessment Book 1800, p. 202; 1804-1808, p. 171
Glosser, Jacob
Assessment Book 1800, p. 257; 1804-1808, p. 175
Glover, Josias
Assessment Book 1800, p. 246; 1801-1803, p. 148; 1804-1808, p. 174
Gobert (Monsieur)
1799-1800, p. 124; 1801-1803, p. 138
Gobert, Mrs.
1798, p. 147
Goche, Mary
1798, p. 102; 1799-1800, p. 384
Goddard (Godard), Lemmuel (Lemuel)
1798, p. 186; 1801-1803, p. 141
Goddard, Mary K.
1798, p. 142; 1799-1800, p. 124; Assessment Book 1800, p. 131; 1801-1803, p. 137; 1804-1808, p. 165
Goddard, Samuel
1799-1800, p. 129
Goddard, William
1799-1800, p. 130
Godsgrace, William
1798, p. 235; 1799-1800, p. 386; 1801-1803, p. 145
Godwin, Lyde, Dr.
1798, p. 146
Goen, John
1801-1803, p. 149
Goetz, John
Assessment Book 1800, p. 78
Goetz, John, Dr.
1804-1808, p. 162

Goins, John
Assessment Book 1800, p. 75; 1804-1808, p. 162
Gold, Mary
Assessment Book 1800, p. 151; 1804-1808, p. 167
Gold, Mrs.
1804-1808, p. 167
Gold, Mrs. (of Oliver)
Assessment Book 1800, p. 151
Gold, Oliver
1798, p. 31; 1799-1800, p. 382
Gold, Peter
1798, p. 29; 1799-1800, p. 118; Assessment Book 1800, p. 122; 1801-1803, p. 133; 1804-1808, p. 164
Gold, Thomas
1804-1808, p. 180
Golden, Mrs.
1799-1800, p. 116
Goldin, John
1799-1800, p. 118
Golding, Thomas
1801-1803, p. 146
Goldsborough, Howes
1799-1800, p. 123
Goldsmith, John
Assessment Book 1800, p. 40; 1804-1808, p. 161
Goldsmith, William C.
1798, p. 138; 1799-1800, p. 120; Assessment Book 1800, p. 225; 1801-1803, p. 135; 1804-1808, p. 172
Goldthwait (Goldthwaite), Samuel
1798, p. 69; 1799-1800, p. 122; Assessment Book 1800, p. 166; 1801-1803, p. 136; 1804-1808, p. 169
Goodail (Goodall), Widow (Mrs.)
1798, p. 13; 1799-1800, p. 382; 1801-1803, p. 141
Goodwin, Abby (Abbey), Mrs.
Assessment Book 1800, p. 240; 1804-1808, p. 173
Goodwin, James
Assessment Book 1800, p. 278; 1804-1808, p. 176
Goodwin, Lyde, Dr.
1799-1800, p. 118
Goodwin, Lyde, Dr. (estate of)
1801-1803, p. 133
Goodwin, Thomas
Assessment Book 1800, p. 35; 1804-1808, p. 160
Goodwin, William
1798, p. 5; 1799-1800, p. 116; Assessment Book 1800, p. 54; 1801-1803, p. 131; 1804-1808, p. 161
Gordon, Frederick
Assessment Book 1800, p. 11; 1804-1808, p. 158
Gordon, James
Assessment Book 1800, p. 246; 1804-1808, p. 174
Gordon, John
1798, p. 87; 1799-1800, p. 115; Assessment Book 1800, p. 57; 1801-1803, pp. 130, 149; 1804-1808, p. 161
Gordon, William
1798, p. 146; 1799-1800, p. 124; 1801-1803, p. 138

Gore, Richard
1799-1800, p. 125
Gorman, Michael
Assessment Book 1800, p. 193; 1804-1808, p. 170
Gormly (Gormley), Cornelius
1798, p. 245; 1799-1800, p. 387; 1801-1803, p. 145
Gorsuch, Joshua, Capt
1798, p. 195; 1799-1800, p. 385; Assessment Book 1800, p. 251; 1801-1803, p. 144; 1804-1808 p. 174
Gorsuch, Richard
Assessment Book 1800, p. 333; 1804-1808, p. 179
Gorsuch, Robert
1798, p. 156; 1799-1800, p. 221; 1801-1803, p. 138; 1804-1808, p. 172
Gorsuch, Robert (for M. Gorsuch's heirs)
Assessment Book 1800, p. 224; 1804-1808, p. 182
Gorsuch, William
Assessment Book 1800, p. 30; 1801-1803, p. 148; 1804-1808, p. 159
Gorswich (Gorswick), Daniel
1798, p. 238; 1799-1800, p. 386; Assessment Book 1800, p. 368; 1801-1803, p. 144; 1804-1808, p. 181
Gott, Richard
Assessment Book 1800, p. 258; 1804-1808, p. 175
Gottier, Edward
1798, p. 217; 1799-1800, p. 126; 1801-1803, p. 139
Gotyed (Gotyea), Ann
1798, p. 50; 1799-1800, p. 383; 1801-1803, p. 142
Gouges, Arnold (estate of)
1801-1803, p. 130
Gouges (Frenchman)
1799-1800, p. 115
Gough, Henry (Harry) Dorsey
1798, p. 28; 1799-1800, p. 117; Assessment Book 1800, p. 105; 1801-1803, p. 132; 1804-1808, p. 164
Gough, William
1798, p. 12; 1799-1800, p. 382; Assessment Book 1800, p. 40; 1801-1803, p. 141; 1804-1808, p. 160
Gould, Thomas
Assessment Book 1800, p. 355
Gouldin, John
1799-1800, p. 127
Goulding, Arabella
1798, p. 13; Assessment Book 1800, p. 43; 1801-1803, p. 131; 1804-1808, p. 161
Gouline
1804-1808, p 166
Gourdon, Ferdinand
Assessment Book 1800, p. 1; 1804-1808, p. 158
Gover, Nathaniel (G.)
Assessment Book 1800, pp. 160, 235; 1804-1808, pp. 168, 173
Goverts, Peter D.
1798, p. 20; 1799-1800, p. 382; 1801-1803, p. 142
Grace, Boyer
Assessment Book 1800, p. 158; 1801-1803, p. 146; 1804-1808, p. 168

Graff, Jacob
1804-1808, p. 509
Grafflin (Graflin) & Hardister
1799-1800, p. 122; Assessment Book 1800, p. 173; 1801-1803, p. 136; 1804-1808, p. 169
Grafflin (Graflin), Jacob
1798, p. 108; 1799-1800, p. 120; Assessment Book 1800, p. 141; 1801-1803, p. 134; 1804-1808, p. 165
Graft, Frederick
Assessment Book 1800, p. 83
Graft, Richard D.
Assessment Book 1800, p. 93
Graham
1801-1803, p. 148
Graham (Grahame), Hamilton
1798, p. 52; 1799-1800, p. 383; 1801-1803, p. 143
Graham, John
1804-1808, p. 164
Graham, John & Co.
1799-1800, p. 122
Grahame, Haskins, & Co.
1798, p. 79; 1799-1800, p. 384
Grahame, John
Assessment Book 1800, p. 111
Grahame (Graham), Michael
Assessment Book 1800, p. 184; 1804-1808, p. 170
Grahame (Graham), Robert
Assessment Book 1800, p. 280; 1801-1803, pp. 144, 407; 1804-1808, p. 176
Grahame (Graham), William
1798, p. 136; 1799-1800, p. 117; Assessment Book 1800, p. 108; 1804-1808, p. 164
Graham, William (merchant)
1799-1800, p. 385; 1801-1803, p. 143
Graham, William (teacher)
1801-1803, p. 132
Graner, Daniel
1799-1800, p. 125
Grangle, James
1798, p. 6
Grant
1804-1808, p. 182
Grant, Daniel
1798, p. 91; 1799-1800, p. 115; 1801-1803, p. 130
Grant, Mr.
Assessment Book 1800, p. 242
Grant, Mrs.
Assessment Book 1800, p. 332; 1804-1808, p. 179
Grapes, Conrad
Assessment Book 1800, p. 231; 1804-1808, p. 172
Grapewine (Grapevine), Frederick
1798, p. 17; 1799-1800, p. 117; Assessment Book 1800, p. 28; 1801-1803, p. 132; 1804-1808, p. 159
Graves, Ebenezer
Assessment Book 1800, p. 290; 1801-1803, p. 147; 1804-1808, p. 177

Graves, Edward
1798, p. 19; 1799-1800, p. 117; 1801-1803, p. 132
Graves, Jude
Assessment Book 1800, p. 39; 1804-1808, p. 160
Graves, Nero
1798, p. 19; 1799-1800, p. 117; Assessment Book 1800, p. 39; 1801-1803, p. 132; 1804-1808, p. 160
Graves, Robert
1804-1808, p. 510
Gray, Ann
1799-1800, p. 124
Gray, George
Assessment Book 1800, p. 251
Gray, John
1798, pp. 107, 109; 1799-1800, p. 384; Assessment Book 1800, p. 156; 1801-1803, p. 147
Gray, Joseph
1804-1808, p. 509
Gray, William
1804-1808, p. 181
Gray, William (say John Brown)
Assessment Book 1800, p. 366
Graybile (Graybell, Graybill), Philip
1798, p. 27; 1799-1800, p. 119; Assessment Book 1800, p. 152; 1801-1803, p. 134; 1804-1808, p. 167
Grayham, William
1798, p. 35
Greeb, Conrod
1798, p. 159; 1799-1800, p. 125; 1801-1803, p. 139
Greeb, Michael
1804-1808, p. 158
Greel, Michael
Assessment Book 1800, p. 7; 1801-1803, p. 130
Green, Benjamin
Assessment Book 1800, p. 354
Green, Joel
1799-1800, p. 128
Green, John
Assessment Book 1800, p. 260; 1804-1808, p. 175
Green, Joseph
1798, p. 210; 1799-1800, p. 128
Green, Joseph (estate of)
1801-1803, p. 140
Green, Josias
Assessment Book 1800, p. 279; 1804-1808, p. 176
Green, Vincent
1798, p. 181; 1799-1800, p. 127; 1801-1803, p. 140
Green, William
1798, p. 214; 1799-1800, p. 126; 1801-1803, p. 139
Greene, Benjamin
1804-1808, p. 180
Greenfield, Thomas
Assessment Book 1800, p. 25; 1804-1808, p. 159
Greentree, Matthew
1799-1800, p. 123

Greenwood, Mrs.
Assessment Book 1800, p. 40; 1804-1808, p. 160
Greenwood, Thomas
1798, p. 19; 1799-1800, p. 116; 1801-1803, p. 131
Greetham & Deverux
1804-1808, p. 510
Greetham, William
Assessment Book 1800, p. 244; 1804-1808, p. 174
Greffen, Charles
Assessment Book 1800, p. 79
Grey, George
1804-1808, p. 174
Grey, John
Assessment Book 1800, p. 110; 1804-1808, pp. 164, 168, 179
Grey, John (estate of)
Assessment Book 1800, p. 332
Griest, Isaac
1798, p. 226; 1801-1803, p. 140
Griest, Mrs.
Assessment Book 1800, p. 314; 1804-1808, p. 178
Griffen, Mrs.
Assessment Book 1800, p. 149; 1804-1808, p. 166
Griffen (Griffin), Philip
Assessment Book 1800, p. 91; 1804-1808, p. 163
Griffin
1804-1808, p. 173
Griffin (Griffith, Griffen), Abraham
1798, p. 108; 1799-1800, p. 384; Assessment Book 1800, p. 142; 1801-1803, p. 143; 1804-1808, p. 165
Griffin, Mrs.
Assessment Book 1800, p. 242
Griffin, Walter
Assessment Book 1800, p. 332; 1801-1803, p. 146; 1804-1808, p. 179
Griffith, Catharine
Assessment Book 1800, p. 169; 1804-1808, p. 169
Griffith (Griffin), Charles
1798, p. 52; 1799-1800, p. 121; 1801-1803, p. 135; 1804-1808, p. 162
Griffith, Eli (Ely) R.
1799-1800, p. 121; Assessment Book 1800, p. 79; 1801-1803, p. 136
Griffith, Ely
1798, p. 52; 1804-1808, p. 162
Griffith, John
Assessment Book 1800, p. 35; 1804-1808, p. 160
Griffith, Joseph J. & W.
1804-1808, p. 169
Griffith, Joseph & Thomas W.
Assessment Book 1800, p. 182
Griffith, Mrs. (Oldtown)
Assessment Book 1800, p. 195; 1804-1808, p. 171
Griffith, Nathan
1798, p. 163; 1799-1800, p. 129; Assessment Book 1800, p. 264; 1801-1803, p. 141; 1804-1808, p. 175
Griffith, Samuel G.
1804-1808, p. 510

Griffith (Griffen, Griffin), Susannah
1798, p. 235; 1799-1800, p. 128; Assessment Book 1800, p. 332; 1801-1803, p. 140; 1804-1808, p. 179
Griffith (Griffen), Thomas
1798, p. 55; 1799-1800, p. 121; Assessment Book 1800, pp. 156, 264; 1801-1803, p. 136; 1804-1808, pp. 167, 181
Griffith, Thomas W. & Joseph
Assessment Book 1800, p. 182
Griffith, W. & Joseph J.
1804-1808, p. 169
Griggs, James
1804-1808, p. 510
Grimes, Mrs.
Assessment Book 1800, p. 341; 1804-1808, p. 179
Grimes, Robert
1798, p. 173; 1799-1800, p. 385
Grinage (Grinnage), Jacob
Assessment Book 1800, p. 289; 1801-1803, p. 147; 1804-1808, p. 177
Gripenkerl, Wilhelmina, Mrs.
Assessment Book 1800, p. 195; 1804-1808, p. 170
Groc, John A.
Assessment Book 1800, p. 89; 1804-1808, p. 163
Groft & Brackbill, John
1798, p. 195; Assessment Book 1800, p. 258
Groft, Frederick
1804-1808, p. 163
Groft, Richard D.
1804-1808, p. 163
Gromburg, John
1801-1803, p. 142
Grooms, William, Capt.
Assessment Book 1800, p. 332; 1801-1803, p. 407; 1804-1808, p. 178
Gross & Brackbill
1801-1803, p. 33
Gross (Grose), John
1798, p. 150; 1799-1800, p. 124; Assessment Book 1800, p. 216; 1801-1803, p. 138; 1804-1808, p. 171
Gross, John Lewis
1798, p. 1804-1808, p. 172
Gross (Groce), Lewis
1798, p. 159; 1799-1800, p. 125; Assessment Book 1800, p. 230; 1801-1803, p. 138
Grove, Stephen
1804-1808, p. 510
Grover, Jonathan
1798, p. 51
Groverman, Anthony
1798, p. 74; 1799-1800, p. 383
Groves, Jacob
Assessment Book 1800, p. 156; 1804-1808, p. 168
Groves, John
1801-1803, p. 147
Groves, Jonathan
1799-1800, p. 383; 1801-1803, p. 142
Grub, Michael
1798, p. 4; 1799-1800, p. 115

Grundy, George
1798, p. 3; 1799-1800, p. 115; Assessment Book 1800, p. 5; 1801-1803, p. 130; 1804-1808, pp. 181, 497
Grundy, Stephen
1798, p. 242
Guenn, G.
1798, p. 211; 1799-1800, p. 386
Guinet (Guenet), John A.
Assessment Book 1800, p. 230; 1804-1808, p. 172
Guireau, Isidore
Assessment Book 1800, p. 229; 1804-1808, p. 172
Guishard, David
Assessment Book 1800, p. 293; 1804-1808, p. 177
Guishard, Mark
1804-1808, p. 182
Gums, Emanuel
1801-1803, p. 146
Gunby, Stephen
1799-1800, p. 128; Assessment Book 1800, p. 312; 1801-1803, p. 140; 1804-1808, p. 178
Gunn, James
Assessment Book 1800, p. 174; 1801-1803, p. 148; 1804-1808, p. 168
Guthroe, John
1798, p. 29; 1799-1800, p. 119; Assessment Book 1800, p. 151; 1801-1803, p. 133; 1804-1808, p. 167
Guthroe, Joseph
1798, p. 29
Guthroe, Joseph (estate of)
1801-1803, p. 133
Guthroe, Mrs.
Assessment Book 1800, p. 121; 1804-1808, p. 164
Guthrow, Joseph
1799-1800, p. 119
Guttry (Gutry), Joshua
1798, p. 33; 1799-1800, p. 120; 1804-1808, p. 166
Guttry (Gutry), Joshua (estate of)
Assessment Book 1800, p. 148; 1801-1803, p. 135
Gwinn, Mrs.
Assessment Book 1800, p. 71; 1804-1808, p. 161
Gwinn (Gwin), William
Assessment Book 1800, p. 126; 1801-1803, p. 149; 1804-1808, p. 165
Gwynn, William
1804-1808, p. 173
Gwynn, William (boarding house)
Assessment Book 1800, p. 232

Haborg, Conrod
1799-1800, p. 154
Hacke, Nicholas
Assessment Book 1800, p. 32; 1804-1808, p. 187
Hacket (Hackett), John
1798, p. 150; 1799-1800, p. 145; Assessment Book 1800, p. 217; 1801-1803, p. 161; 1804-1808, p. 203
Hackstatter, Mrs.
Assessment Book 1800, p. 32; 1804-1808, p. 187

Hadley, Anthony
Assessment Book 1800, p. 333
Hadskiss, Capt.
Assessment Book 1800, p. 307
Haffer, Mrs.
Assessment Book 1800, p. 29; 1804-1808, p. 186
Haffer, Peter
1799-1800, p. 133; 1801-1803, p. 152
Haffleigh (Hafleigh, Hafelieght), Frederick
1798, p. 55; Assessment Book 1800, p. 82; 1804-1808, p. 191
Hagan (Hagon), Elijah
1798, p. 176; Assessment Book 1800, p. 259; 1804-1808, p. 208
Hagan (Hagon), Richard
1798, p. 176; Assessment Book 1800, p. 260; 1804-1808, p. 208
Hagarty, Barney
Assessment Book 1800, p. 37; 1804-1808, p. 188
Hagarty (Hagerty), John
1798, p. 60; 1804-1808, p. 197
Hagarty, John, Rev.
1799-1800, p. 135; Assessment Book 1800, p. 126; 1801-1803, p. 154
Hagthrop (Hagthorpe), Edward
1798, p. 214; 1799-1800, p. 148; Assessment Book 1800, pp. 296, 340; 1801-1803, p. 164; 1804-1808, p. 213
Hague, Hugh
1798, p. 72; 1799-1800, p. 389
Hahn, John
1799-1800, p. 388; 1801-1803, p. 170
Hahn, John A.
1798, p. 49; Assessment Book 1800, p. 114; 1804-1808, p. 196
Hail (Hale), Jane
1798, p. 176; 1799-1800, p. 158; Assessment Book 1800, p. 255; 1801-1803, p. 170
Hailes (Hail), Hugh
1798, p. 163; 1799-1800, p. 391; 1801-1803, p. 174
Hailey, Thomas
Assessment Book 1800, p. 353; 1804-1808, p. 220
Haines (Hains), John, Capt.
Assessment Book 1800, p. 120; 1804-1808, p. 197
Hains, Josias (Josiah)
1798, p. 19; 1799-1800, p. 132
Hains, Solomon
1801-1803, p. 157
Hair (Haire), Margaret
Assessment Book 1800, p. 313; 1804-1808, p. 215
Hake, Nicholas
1801-1803, p. 176
Hale, Jane
1804-1808, p. 206
Hale, Marthew
1804-1808, p. 209
Hale (Hales, Hailes), Robert
Assessment Book 1800, p. 249; 1801-1803, p. 182; 1804-1808, p. 206
Haley, John
1804-1808, p. 204

Haley, Mary
1804-1808, p. 494
Haley, Thomas
1799-1800, p. 148
Halfpenny, Patrick
1798, p. 26; 1799-1800, p. 387; 1801-1803, p. 171
Halfpenny, William
1798, p. 234; 1799-1800, p. 151; Assessment Book 1800, p. 320; 1801-1803, p. 165; 1804-1808, p. 215
Hall, Amos
Assessment Book 1800, p. 21; 1804-1808, p. 185
Hall, Ann
1798, p. 215; 1799-1800, p. 393
Hall, Benjamin
1798, p. 12; 1799-1800, p. 159
Hall, Caleb
1798, p. 31; 1799-1800, p. 136; Assessment Book 1800, p. 112; 1801-1803, p. 155; 1804-1808, p. 223
Hall, Edward
1799-1800, p. 159; Assessment Book 1800, p. 302; 1804-1808, p. 214
Hall, Ezekiel
1798, p. 236; 1799-1800, pp. 146, 159; Assessment Book 1800, p. 302; 1801-1803, p. 162; 1804-1808, p. 214
Hall, George
1798, p. 209; 1799-1800, p. 151; Assessment Book 1800, pp. 115, 326; 1801-1803, p. 166; 1804-1808, pp. 196, 216
Hall, Hugh
1799-1800, p. 157
Hall, Isaac
1799-1800, p. 146
Hall, Isaac, Jr.
1798, p. 204; 1799-1800, p. 146; Assessment Book 1800, p. 302; 1801-1803, p. 162; 1804-1808, p. 213
Hall, Isaac, Sr.
1798, p. 196; Assessment Book 1800, p. 307; 1801-1803, p. 162; 1804-1808, p. 214
Hall, J. C.
1799-1800, p. 140
Hall, James
1804-1808, p. 214
Hall, James M.
1798, p. 204; 1799-1800, p. 146; Assessment Book 1800, p. 302; 1801-1803, p. 162
Hall, John (in the country)
1799-1800, p. 147; Assessment Book 1800, p. 306; 1801-1803, p. 163; 1804-1808, p. 214
Hall, Jonathan
1799-1800, p. 148
Hall, Joshua
Assessment Book 1800, p. 256; 1804-1808, p. 206
Hall, Josias Carvill (Carvil)
Assessment Book 1800, p. 109; 1804-1808, p. 196
Hall, Margaret
1798, p. 218; 1799-1800, p. 149; 1801-1803, p. 164

Hall, Philip
1798, p. 99; 1799-1800, p. 135; 1801-1803, p. 180
Hall, Samuel
Assessment Book 1800, p. 26; 1804-1808, p. 186
Hall, Thomas
1798, p. 12; 1799-1800, p. 130; 1801-1803, p. 150
Hall, Washington
1799-1800, p. 159
Hall, William
1799-1800, p. 151; 1804-1808, p. 514
Hallock, Elizabeth
1798, p. 185; 1799-1800, p. 392; 1801-1803, p. 175
Hambleton, William
1798, p. 200
Hamilton, Dr.
1804-1808, p. 512
Hamilton, James
1801-1803, p. 409
Hamilton, Nathaniel
Assessment Book 1800, p. 160; 1804-1808, p. 199
Hamilton, Pliny
1804-1808, p. 515
Hamilton, William
1799-1800, p. 147
Hamilton, William (estate of)
1801-1803, p. 163
Hammer, Frederick
Assessment Book 1800, p. 88; 1804-1808, p. 194
Hammer, Henry
Assessment Book 1800, p. 289; 1804-1808, p. 211
Hammond, Abraham G.
1801-1803, p. 179
Hammond, Harriett (Harriott)
1798, p. 28; 1799-1800, p. 388; Assessment Book 1800, p. 74; 1801-1803, p. 171; 1804-1808, p. 191
Hammond, John
1798, p. 7; 1799-1800, p. 136; Assessment Book 1800, p. 62; 1801-1803, p. 155; 1804-1808, p. 192
Hammond, John B.
Assessment Book 1800, p. 62; 1804-1808, p. 192
Hammond, Rebecca
1798, p. 195; 1799-1800, p. 393; 1801-1803, p. 175
Hancock, Capt.
1804-1808, p. 493
Hand & Barber
1798, p. 19; 1799-1800, p. 132; 1801-1803, p. 152
Handlin, Patrick, Capt.
Assessment Book 1800, p. 350; 1801-1803, p. 178; 1804-1808, p.219
Hands, Ephraim
1798, p. 142; 1799-1800, p. 143; Assessment Book 1800, p. 239; 1801-1803, p. 159; 1804-1808, p. 205
Hands, Moses
Assessment Book 1800, p. 39; 1804-1808, p. 188
Haneman, John
1798, p. 53; 1801-1803, p. 157

Haner, Widow
1799-1800, p. 389
Hanevalt, Jacob
Assessment Book 1800, p. 250; 1804-1808, p. 206
Hanmiller, Jacob
1799-1800, p. 133
Hanna, Alexander
1804-1808, p. 212
Hanna & Glasgow
Assessment Book 1800, p. 218; 1804-1808, p. 171
Hanna & Vernon
1801-1803, p. 365
Hanna & Warner
Assessment Book 1800, p. 235; 1804-1808, p. 205
Hanna, Caleb
1798, p. 77; 1804-1808, p. 201
Hanna, Daniel
Assessment Book 1800, p. 93; 1804-1808, p. 194
Hanna, Widow
1798, p. 9
Hanna, William
1798, p. 131; Assessment Book 1800, p. 218; 1804-1808, p. 203
Hannah, Alexander
Assessment Book 1800, p. 294
Hannah, Caleb
1799-1800, p. 143; Assessment Book 1800, p. 198; 1801-1803, p. 159
Hannah, James
1804-1808, p. 512
Hannah, Widow (Mrs.)
1799-1800, p. 130; 1801-1803, p. 150
Hannah, William
1799-1800, p. 142; 1801-1803, p. 159
Hannaman (Hanneman), John
1799-1800, p. 139; Assessment Book 1800, p. 81
Hannan, Andrew
1804-1808, p. 495
Hannon, John
1798, p. 190; 1799-1800, p. 148; Assessment Book 1800, p. 370; 1801-1803, p. 164; 1804-1808, p. 223
Hannon, Michael
Assessment Book 1800, p. 333; 1804-1808, p. 216
Hansman, Samuel
1798, p. 237
Hansman, Samuel (estate of)
Assessment Book 1800, p. 370; 1804-1808, p. 221
Hanson, Alexander
1804-1808, p. 511
Hapke, John F.
Assessment Book 1800, p. 167; 1804-1808, p. 200
Harang, Joseph
Assessment Book 1800, p. 36; 1804-1808, p. 187
Harden, Samuel
1804-1808, p. 512
Hardevillier (Harwillier) & Morange
1799-1800, p. 227; 1801-1803, p. 179

Hardick, Jacob
1799-1800, p. 141
Harding, Christian
Assessment Book 1800, p. 367; 1804-1808, p. 221
Hardister & Grafflin (Graflin)
1799-1800, p. 122; Assessment Book 1800, p. 173; 1801-1803, p. 136; 1804-1808, p. 169
Hardister (Hardeston), Benjamin
1798, p. 240; 1799-1800, p. 155; 1801-1803, p. 168; 1804-1808, p. 212
Hardisty, Benjamin
Assessment Book 1800, p. 291
Hardy (Hardey), James
1798, p. 232; 1799-1800, p. 150; Assessment Book 1800, p. 349; 1801-1803, p. 165; 1804-1808, p. 219
Hardy, William
1798, p. 166; 1799-1800, p. 157; 1801-1803, p. 169
Hare, Peter
1798, p. 26; 1799-1800, p. 136
Hare, Peter (estate of)
1801-1803, p. 155
Hargrove, John
Assessment Book 1800, p. 293; 1804-1808, p. 212
Hargrove, John, Rev.
1801-1803, p. 409
Hargrove, Thomas
Assessment Book 1800, p. 199; 1804-1808, p. 201
Hark, Authrey
Assessment Book 1800, p. 149; 1804-1808, p. 198
Harlick, Mrs.
1799-1800, p. 156
Harlin, Susanna
Assessment Book 1800, p. 53; 1801-1803, p. 177; 1804-1808, p. 190
Harlow, Winslow
1804-1808, p. 514
Harman, Philip
1798, p. 24; Assessment Book 1800, p. 26; 1804-1808, p. 179
Harmange
1801-1803, p. 179
Harmange, Anthony
Assessment Book 1800, p. 61; 1804-1808, p. 190
Harner, Francis
1804-1808, p. 511
Harner, John
1798, p. 18; 1799-1800, p. 133; Assessment Book 1800, p. 36; 1801-1803, p. 152; 1804-1808, p. 187
Harner, Mrs.
1798, p. 57; 1801-1803, p. 172
Harnett, James
1798, p. 139
Harney, Thomas
Assessment Book 1800, p. 290
Harold, Deitrick
1804-1808, p. 218
Harper, Jonathan
Assessment Book 1800, p. 157; 1804-1808, p. 198

Harper, Robert G.
Assessment Book 1800, p. 196; 1801-1803, p. 409; 1804-1808, p. 201
Harper, William
Assessment Book 1800, p. 223; 1804-1808, p. 203
Harring, Ludwig
1799-1800, p. 138; 1804-1808, p. 193
Harris, Capt.
Assessment Book 1800, p. 342; 1804-1808, p. 218
Harris, David
1798, p. 130; 1799-1800. p. 144; Assessment Book 1800, p. 211; 1801-1803, p. 160; 1804-1808, p. 202
Harris, David, Capt
1804-1808, p. 511
Harris, Edward
1799-1800, pp. 150, 153; Assessment Book 1800, p. 16
Harris, Edward, Dr.
1799-1800, p. 442; 1801-1803, p. 176; 1804-1808, p. 184
Harris, James
Assessment Book 1800, p. 333; 1801-1803, p. 178; 1804-1808, p. 217
Harris, John
Assessment Book 1800, p. 284; 1804-1808, p. 222
Harris, William
1798, p. 155; 1799-1800, p. 145; Assessment Book 1800, p. 214; 1801-1803, p. 161; 1804-1808, p. 202
Harrison, Alexander
1798, p. 246; 1799-1800, p. 393; 1801-1803, p. 175
Harrison, Alexander (estate of)
Assessment Book 1800, p. 333; 1804-1808, p. 217
Harrison, Daniel
1798, p. 245; 1799-1800, p. 149; Assessment Book 1800, p. 342; 1801-1803, p. 164; 1804-1808, p. 218
Harrison, Hall
1801-1803, p. 177
Harrison, Jonathan
1798, p. 217; Assessment Book 1800, p. 314; 1801-1803, p. 164; 1804-1808, p. 215
Harrison, Mrs.
1801-1803, p. 178
Harrison, Nathan (Jonathan)
1799-1800, p. 148
Harrison, Thomas
1798, p. 205; 1799-1800, p. 146; Assessment Book 1800, p. 301; 1801-1803, p. 162; 1804-1808, p. 213
Harrison, William
1798, p. 36; 1799-1800, p. 144; 1801-1803, p. 160
Harrod, Joseph
1798, p. 179; 1799-1800, p. 392; 1801-1803, p. 174
Harrold, Detrick
Assessment Book 1800, p. 345
Harrow (pilot)
Assessment Book 1800, p. 349; 1804-1808, p. 219
Harryman, David
1804-1808, p. 513
Harryman, Nathaniel
Assessment Book 1800, p. 365; 1804-1808, p. 221

Hars, James
Assessment Book 1800, p. 250
Hart, John
1798, p. 147; 1799-1800, p. 144
Hart, John (estate of)
1801-1803, p. 160
Hart, Lewis
1804-1808, p. 512
Hart, Nicholas
1804-1808, p. 513
Hartenberger (Hartinberger), William
Assessment Book 1800, p. 51; 1804-1808, p. 190
Hartman, Jacob
1798, p. 189; 1799-1800, p. 155; Assessment Book 1800, p. 297; 1801-1803, p. 168; 1804-1808, p. 213
Hartman, Mrs.
Assessment Book 1800, p. 82; 1801-1803, p. 172; 1804-1808, p. 191
Hartman, Paul
1799-1800, p. 141
Hartman, Widow
1798, p. 55; 1799-1800, p. 389
Hartnet (Hartnett), James
1799-1800, p. 143; Assessment Book 1800, p. 199; 1801-1803, p. 160; 1804-1808, p. 143
Hartong, Godfrey
1798, p. 41; 1799-1800, p. 388
Harvey, Jonathan
1798, p. 2; 1799-1800, p. 130; 1801-1803, p. 150; 1804-1808, p. 183
Harwood, Jeremiah
Assessment Book 1800, p. 95; 1801-1803, p. 177; 1804-1808, p. 195
Haselet, James
1804-1808, p. 512
Hasham, Josiah
Assessment Book 1800, p. 361; 1804-1808, p. 220
Hashberger, Mrs.
Assessment Book 1800, p. 50; 1804-1808, p. 189
Haskins, Govert
Assessment Book 1800, p. 361; 1804-1808, pp. 223, 493
Haskins, Grahame & Co.
1798, p. 79; 1799-1800, p. 384; 1801-1803, p. 143
Haskins, Joseph
Assessment Book 1800, p. 172; 1804-1808, p. 200
Haskins, Joseph, Jr.
1798, p. 74; 1799-1800, p. 390; 1801-1803, p. 173
Haskiss, Capt.
1801-1803, p. 178
Haskiss, Samuel, Capt.
1804-1808, p. 222
Haslet, (Haslett) Alexander
1798, p. 142; 1799-1800, p. 144; 1801-1803, p. 160
Haslet, Dr.
1799-1800, p. 139
Haslip (Heslip), John
1798, p. 65; 1799-1800, p. 389; Assessment Book 1800, p. 52; 1801-1803, p. 173; 1804-1808, p. 190

Hasselbach (Hasselback, Hasselbaugh), John
1798, pp. 87, 179; 1799-1800, p. 392; Assessment Book 1800, pp. 48, 237; 1804-1808, p. 189
Hasselbough, John
1799-1800, p. 131; 1801-1803, p. 150
Hasslet, Mrs.
Assessment Book 1800, p. 30; 1804-1808, p. 187
Hassam, Josiah
1799-1800, p. 154; 1801-1803, p. 167
Hastings, Dennis
1798, p. 240; 1799-1800, p. 159; Assessment Book 1800, p. 333; 1801-1803, p. 170; 1804-1808, p. 217
Hastings, W.
1804-1808, p. 223
Hatton (Hatten), Aquilla
1798, p. 239; 1799-1800, p. 155; 1801-1803, p. 168; 1804-1808, p. 208
Hatten, Aquila, Jr.
Assessment Book 1800, p. 296; 1804-1808, p. 212
Hatten, Aquila, Sr.
Assessment Book 1800, p. 262
Hatten, John C.
1798, p. 239; Assessment Book 1800, p. 263; 1801-1803, p. 167; 1804-1808, p. 222
Hatton, John
1799-1800, p. 155
Hauptman, Philip
Assessment Book 1800, p. 38; 1804-1808, p. 188
Hawkins, James L.
Assessment Book 1800, p. 21; 1801-1803, p. 408; 1804-1808, p. 185
Hawkins, John
1798, p. 213; 1799-1800, p. 147; Assessment Book 1800, p. 312; 1801-1803, p. 163; 1804-1808, p. 215
Hawkins, William
1798, p. 47; 1799-1800, p. 135; Assessment Book 1800, p. 73; 1801-1803, p. 154; 1804-1808, p. 192
Hawkins, William B.
Assessment Book 1800, p. 56; 1801-1803, p. 177; 1804-1808, p. 190
Hawn, John
1798, p. 223
Hawthorne (Hawthorn), Thomas
Assessment Book 1800, p. 37; 1804-1808, p. 188
Hay, Jacob
1798, p. 57; 1799-1800, p. 389; Assessment Book 1800, p. 86; 1801-1803, p. 172; 1804-1808, p. 193
Hay, John
1804-1808, p. 217
Hay, Matthew
Assessment Book 1800, p. 270
Hayden, Horace
Assessment Book 1800, p. 99; 1804-1808, p. 195
Hayes (Hays), Ann
1798, p. 238; 1799-1800, p. 151; 1801-1803, p. 165
Hayes (Hays), John
1799-1800, p. 156; Assessment Book 1800, p. 275

Hayes (Hays), John (printer)
1798, p. 182; 1801-1803, p. 169
Hayes (Hay), Martha
1799-1800, p. 156; 1801-1803, p. 179
Hayes, William
1798, p. 126; Assessment Book 1800, pp. 240, 307
Hayes, William, Dr.
1798, p. 197; Assessment Book 1800, p. 307
Hayes (Hays), William, Jr.
1799-1800, p. 147; 1801-1803, p. 163
Hayes (Hays), William, Sr.
1799-1800, p. 142; 1801-1803, p. 159; 1804-1808, p. 214
Hays, James
1804-1808, p. 206
Hays, John
1804-1808, p. 210
Hays, Walter, Capt.
1804-1808, p. 514
Hays, William
1804-1808, p. 205
Hays, William, Dr.
1804-1808, p. 215
Hayward & Gillingham
1801-1803, p. 145
Hayward, Nicolas (Nicholas)
1798, p. 58; 1799-1800, p. 389; 1801-1803, p. 172
Hayward, William
1798, p. 24; Assessment Book 1800, p. 22; 1804-1808, p. 185
Hazard, William
1798, p. 24; 1799-1800, p. 134; 1801-1803, p. 153
Hazlehurst, Isaac
Assessment Book 1800, p. 287; 1804-1808, p. 211
Head, Richard L.
Assessment Book 1800, p. 77; 1804-1808, p. 191
Healey (Healy), John
Assessment Book 1800, p. 230; 1801-1803, p. 409
Heath, Jesse
1799-1800, p. 142
Heaton & Preston
1799-1800, p. 419
Heddinger, Philip
Assessment Book 1800, p. 225; 1804-1808, p. 204
Heddington, Elizabeth
1799-1800, p. 157
Heddington, Thomas
1799-1800, p. 134
Hedges, Peter
Assessment Book 1800, p. 37; 1804-1808, p. 188
Hedley, Anthony
1801-1803, p. 180; 1804-1808, p. 216
Heffer, Peter
1798, p. 17
Heide, George
1798, p. 106; 1799-1800, p. 135; Assessment Book 1800, p. 106; 1801-1803, p. 154; 1804-1808, p. 195

Heide, Mrs.
1799-1800, p. 138; 1801-1803, p. 156
Heims, Solomon
1798, p. 109; 1804-1808, p. 496
Heiner, Esther
1799-1800, p. 149; Assessment Book 1800, p. 363; 1804-1808, p. 221
Heiner, George
1799-1800, p. 148
Heins, Solomon
1799-1800, p. 139
Heinsman (Heinzman), Samuel
1799-1800, p. 147; 1801-1803, p. 163
Hellen, Peter Y.
1798, p. 247; 1799-1800, p. 393; Assessment Book 1800, p. 313
Helms, James, Capt.
Assessment Book 1800, p. 332; 1804-1808, p. 216
Helms, John
1799-1800, p. 140; Assessment Book 1800, p. 278; 1804-1808, p. 210
Helms, Mrs.
1799-1800, p. 131
Helms, Thomas
Assessment Book 1800, p. 211; 1804-1808, p. 202
Helms, William
1798, p. 2; 1799-1800, p. 132; Assessment Book 1800, p. 7; 1801-1803, p. 151; 1804-1808, p. 183
Hemlin, Mary Ann
Assessment Book 1800, p. 43; 1804-1808, p. 189
Hemling
Assessment Book 1800, p. 86
Hemling, Anthony
1804-1808, p. 193
Henderson & Calhoun
1804-1808, p. 493
Henderson, Mrs.
Assessment Book 1800, p. 301; 1804-1808, p. 213
Hendrickson, Adam
1799-1800, p. 150
Henly, Paris
Assessment Book 1800, p. 160; 1804-1808, p. 199
Henn, Henry
1798, p. 109; 1799-1800, p. 139; Assessment Book 1800, p. 92; 1801-1803, p. 157; 1804-1808, p. 194
Henniger (Henneger), John
1798, p. 151; 1799-1800, p. 145; Assessment Book 1800, p. 219; 1801-1803, p. 161; 1804-1808, p. 203
Henning, Benjamin
Assessment Book 1800, p. 44; 1804-1808, p. 189
Henning, Thomas & Benjamin
Assessment Book 1800, p. 298
Henry, Daniel
1799-1800, p. 132
Henry, James
Assessment Book 1800, p. 263; 1804-1808, p. 208
Henry, John
1799-1800, p. 134; Assessment Book 1800, p. 14; 1801-1803, p. 177; 1804-1808, p. 184

Henry, Mrs.
1798, p. 5; 1799-1800, p. 153; 1804-1808, p. 219
Henry, Widow
Assessment Book 1800, p. 351
Hensey, Charles
1799-1800, p. 143; 1801-1803, p. 159
Henson, Nathaniel
1798, p. 222
Herbert, John
Assessment Book 1800, p. 195; 1804-1808, p. 201
Herbert, Joseph
Assessment Book 1800, p. 162; 1801-1803, p. 409; 1804-1808, p. 199
Herman, Philip
1799-1800, p. 134; 1801-1803, p. 153
Herr, Peter (estate of)
Assessment Book 1800, p. 9; 1804-1808, p. 184
Herring, Joseph
Assessment Book 1800, p. 279; 1804-1808, p. 210
Herring, Ludwig (Ludwick)
1798, p. 189; Assessment Book 1800, p. 87; 1801-1803, p. 157
Herrington, Elizabeth
Assessment Book 1800, p. 261; 1804-1808, p. 208
Herron, Robert
Assessment Book 1800, p. 194; 1804-1808, p. 201
Herskine, Edward
Assessment Book 1800, p. 347; 1804-1808, p. 218
Herter, Ignatius
Assessment Book 1800, p. 216; 1804-1808, p. 203
Hervey, Jonathan
Assessment Book 1800, p. 4
Hess, Joseph
1798, p. 25; 1799-1800, p. 387; Assessment Book 1800, p. 29; 1801-1803, p. 171; 1804-1808, p. 186
Hesselius, John
1798, p. 94; 1799-1800, p. 390
Hessington, William
1798, p. 51; 1799-1800, p. 388; 1801-1803, p. 172; 1804-1808, p. 194
Hessington, William (estate of)
Assessment Book 1800, p. 89
Hesson, Joseph
1798, p. 211
Hettinger, Michael
1799-1800, p. 154; Assessment Book 1800, p. 363; 1804-1808, p. 220
Heuster, James
1798, p. 81; 1799-1800, p. 390
Hewitt, Caleb
1798, p. 5; 1799-1800, p. 132; Assessment Book 1800, p. 6; 1801-1803, p. 151; 1804-1808, p. 183
Hewitt, Eli (Ely)
1798, p. 4; 1799-1800, p. 131; Assessment Book 1800, p. 7; 1801-1803, p. 151; 1804-1808, p. 183
Hickley, Bastian
1799-1800, p. 150
Hickley, James (estate of)
1799-1800, p. 132; Assessment Book 1800, p. 11; 1801-1803, p. 151; 1804-1808, p. 184

Hickley, John
Assessment Book 1800, p. 277; 1804-1808, p. 210
Hickley, Sebastian
1798, p. 169; Assessment Book 1800, p. 231; 1801-1803, p. 165; 1804-1808, p. 205
Hicks, Abraham
1798, p. 172; 1799-1800, p. 156; Assessment Book 1800, p. 283; 1801-1803, p. 168; 1804-1808, p. 211
Hicks, James
1798, p. 170; 1799-1800, p. 157; Assessment Book 1800, p. 268; 1801-1803, p. 169; 1804-1808, p. 209
Hicks, Tamer (Tamar)
1798, p. 112; 1799-1800, p. 391; Assessment Book 1800, p. 112; 1801-1803, p. 173; 1804-1808, p. 196
Hickson, George
1799-1800, p. 152; 1801-1803, p. 166
Hickson, Thomas
1798, p. 67; 1799-1800, p. 141; 1801-1803, p. 158
Hidey, Mrs.
1798, p. 55
Hiery, John
Assessment Book 1800, p. 31; 1804-1808, p. 222
Higinbotham, Ralph
Assessment Book 1800, p. 294; 1804-1808, p. 212
Hignet, John
Assessment Book 1800, p. 93; 1804-1808, p. 194
Higson, George
1798, p. 208; Assessment Book 1800, p. 118; 1804-1808, p. 196
Hilbert, John
Assessment Book 1800, p. 8; 1804-1808, p. 183
Hilderbrand, Jacob
1799-1800, p. 143
Hill, Anthony
1798, p. 92; 1799-1800, p. 390; 1801-1803, p. 173
Hill, Arthur
1804-1808, p. 513
Hill, John
1799-1800, p. 131; Assessment Book 1800, p. 135; 1801-1803, p. 150; 1804-1808, p. 197
Hill, John Hutton
1798, p. 86
Hill, Stephen
Assessment Book 1800, p. 40; 1804-1808, p. 189
Hillen, John
1798, p. 71; 1799-1800, p. 140; Assessment Book 1800, p. 168; 1801-1803, p. 158; 1804-1808, p. 200
Hillen, Peter Young
1801-1803, p. 176; 1804-1808, p. 215
Hillen, Solomon
1798, p. 195; 1799-1800, p. 393; 1801-1803, p. 175
Hillen, Thomas
Assessment Book 1800, p. 257; 1804-1808, p. 207
Hinks, Margaret
1801-1803, p. 176
Hinks, Mary, Miss
1799-1800, p. 444

Hinsey (Hinson), Charles, Dr.
1798, p. 130; Assessment Book 1800, p. 234; 1804-1808, p. 222
Hinson, Nathaniel
1799-1800, p. 149; 1801-1803, p. 164
Hirey, John
1798, p. 25; 1801-1803, p. 153
Hitchberger, William
1799-1800, p. 146
Hitchcock, Nathaniel
Assessment Book 1800, p. 265; 1804-1808, p. 209
Hitsenberger, Anthony
Assessment Book 1800, p. 22; 1804-1808, p. 186
Hobby, John
1798, p. 154; 1799-1800, p. 391; 1801-1803, p. 174
Hodgekins (Hodgkins), Thomas B. (Brook)
1798, p. 190; Assessment Book 1800, p. 292; 1801-1803, p. 168; 1804-1808, p. 212
Hoffeleigh (Hoffleigh), Frederick
1799-1800, p. 138; 1801-1803, p. 156
Hoffman
Assessment Book 1800, p. 203; 1804-1808, p. 223
Hoffman & Baltzell (Baltsell)
Assessment Book 1800, p. 62; 1804-1808, p. 19
Hoffman (Hoofman), Andrew
1798, p. 177; 1799-1800, p. 392; Assessment Book 1800, p. 259; 1801-1803, p. 174; 1804-1808, p. 207
Hoffman (Hoofman), Daniel
1798, p. 56; 1799-1800, p. 138; Assessment Book 1800, p. 84; 1801-1803, p. 156; 1804-1808, p. 223
Hoffman, George
1798, p. 41; 1799-1800, p. 136; Assessment Book 1800, p. 14; 1801-1803, p. 154; 1804-1808, p. 184
Hoffman, Jacob
1798, p. 37; 1799-1800, p. 127; Assessment Book 1800, p. 57; 1801-1803, p. 155; 1804-1808, p. 193
Hoffman, John
1799-1800, p. 141
Hoffman, Peter
1799-1800, p. 136
Hoffman, Peter, Jr.
Assessment Book 1800, p. 163; 1801-1803, p. 155; 1804-1808, p. 200
Hoffman (Hoofman), Peter, Sr.
1798, p. 43; Assessment Book 1800, p. 68; 1801-1803, p. 154; 1804-1808, p. 188
Hogan, Elijah
1801-1803, p. 170
Hogan, Elijah & Richard
1799-1800, p. 158
Hogan, Mrs.
Assessment Book 1800, p. 154; 1804-1808, p. 198
Hogan, Patrick
1799-1800, p. 150
Hogan, Richard
1801-1803, p. 170
Hogan, Richard & Elijah
1799-1800, p. 158

Hoggins, Richard
1798, p. 111; 1799-1800, p. 390; 1801-1803, p. 173
Hogstetter (Hagstattar), (John) David
Assessment Book 1800, p. 18; 1801-1803, p. 176; 1801-1803, p. 408; 1804-1808, p. 185
Holbrook, Joseph, Capt.
1804-1808, p. 513
Holbrooks (Holbrook), Jacob
Assessment Book 1800, p. 367; 1804-1808, p. 221
Holland, John
Assessment Book 1800, p. 257; 1804-1808, p. 207
Holland, John F.
1799-1800, p. 158; 1801-1803, p. 169
Holland, John T.
1798, p. 178
Holland, William
Assessment Book 1800, p. 158; 1804-1808, p. 199
Holliday, John R.
1798, p. 144; 1799-1800, p. 144; 1804-1808, p. 202
Holliday, John R. (estate of)
Assessment Book 1800, p. 209; 1801-1803, p. 160
Hollingsworth & Willis
1799-1800, p. 438; 1801-1803, p. 384
Hollingsworth & Worthington
1804-1808, p. 514
Hollingsworth, Francis
Assessment Book 1800, p. 175; 1801-1803, p. 153; 1804-1808, p. 200
Hollingsworth, Jesse
1798, p. 93; 1799-1800, p. 134; Assessment Book 1800, p. 108; 1801-1803, p. 153; 1804-1808, p. 196
Hollingsworth, Samuel
1798, p. 24; 1799-1800, p. 141; Assessment Book 1800, p. 5; 1801-1803, p. 158; 1804-1808, p. 183
Hollingsworth, Samuel & Thomas
1798, p. 80; 1799-1800, p. 134; Assessment Book 1800, p. 27; 1804-1808, p. 186
Hollingsworth, Thomas
1798, p. 81; 1799-1800, p. 131; Assessment Book 1800, p. 136; 1801-1803, p. 151; 1804-1808, p. 198
Hollingsworth, Thomas & Samuel
1798, p. 80; 1799-1800, p. 134; Assessment Book 1800, p. 27; 1801-1803, p. 153; 1804-1808, p. 186
Hollingsworth, Zebulon
1798, p. 41; 1799-1800, p. 131; Assessment Book 1800, p. 153; 1801-1803, p. 150; 1804-1808, p. 198
Hollins & Buchanan
1798, p. 113; 1799-1800, p. 391
Hollins & Smith
1799-1800, p. 391; 1801-1803, p. 174
Hollins, John
1798, p. 113; 1799-1800, p. 142; Assessment Book 1800, p. 139; 1801-1803, p. 159; 1804-1808, p. 197
Hollins, John (Agent for P.N. Mechaloy)
1804-1808, p. 512
Hollins, John & Smith, John
1798, p. 113; Assessment Book 1800, p. 139; 1804-1808, p. 198

Holmes, James
1798, p. 210; 1799-1800, p. 153; Assessment Book 1800, p. 352; 1801-1803, p. 166; 1804-1808, p. 220
Holmes (Holms), John
1798, p. 105; 1799-1800, p. 135; 1801-1803, p. 154
Holms (Holmes), Magdalen (Magdalene)
1798, p. 102; 1799-1800, p. 390; 1801-1803, p. 173
Holston, Margraet
1799-1800, p. 156
Home, John
Assessment Book 1800, p. 272
Honeycomb (Honeycombe), John
1798, p. 165; 1799-1800, p. 156; Assessment Book 1800, p. 248; 1801-1803, p. 169; 1804-1808, p. 206
Honeywalt, Ludwick
1801-1803, p. 178
Hood, George W.
1804-1808, p. 511
Hoofman & Bonsall
1801-1803, p. 182
Hook, Anthony
1799-1800, p. 150
Hook, Ferdinand
1798, p. 42; Assessment Book 1800, p. 224; 1804-1808, p. 171
Hook, Frederick
1799-1800, p. 388; 1801-1803, p. 171
Hook, John
1798, p. 24; 1799-1800, pp. 149, 387
Hook, John (estate of)
1801-1803, p. 165
Hook, Joseph
1798, p. 21; 1799-1800, p. 133; Assessment Book 1800, p. 16; 1801-1803, p. 152; 1804-1808, p. 184
Hooper, Abraham
1798, p. 243; 1801-1803, p. 167
Hopper, Abraham & Isaac
1799-1800, p. 153
Hooper, Abraham & Isaiah
Assessment Book 1800, p. 333; 1804-1808, p. 222
Hooper, Isaiah & Abraham
Assessment Book 1800, p. 333; 1804-1808, p. 222
Hooper, Isaac
1798, p. 243; 1801-1803, p. 167
Hooper, Isaac & Abraham
1799-1800, p. 153
Hooper, Nicholas
Assessment Book 1800, p. 107; 1804-1808, p. 195
Hoover, George
1798, p. 21; 1799-1800, p. 133; Assessment Book 1800, p. 19; 1801-1803, p. 152; 1804-1808, p. 185
Hopes Interest Company
1798, p. 242; 1799-1800, p. 152
Hopewell, Humphrey
1798, p. 19; 1799-1800, p 387; 1801-1803, p. 171; 1804-1808, p. 189

Hopkins, Gerrard (Gerard) T.
1798, p. 46; 1799-1800, p. 388; Assessment Book 1800, p. 72; 1804-1808, p. 192
Hopkins, Gerrard (Gerard) T. (estate of)
1801-1803, pp. 161, 172
Hopkins, Jerard (Gerrard)
1798, p. 147; 1799-1800, p. 144
Hopkins, Nicholas, Capt.
1799-1800, p. 152
Hopkins, Nicholas, Capt. (estate of)
1801-1803, p. 166
Hopkins, Rebecca
1798, p. 231
Hoppum (Hopham), Jemima
1798, p. 211; 1799-1800, p. 154; Assessment Book 1800, p. 361; 1801-1803, p. 167; 1804-1808, p. 220
Horn, John
1798, p. 173; 1799-1800, pp. 149, 159; 1801-1803, p. 165; 1804-1808, p. 209
Horn, Philip
Assessment Book 1800, p. 32; 1801-1803, p. 176; 1804-1808, p. 187
Hornby, Gaulter (Qualter, Gualter)
1798, p. 177; 1799-1800, p. 140; Assessment Book 1800, p. 125; 1801-1803, p. 158; 1804-1808, p. 197
Hornby, William
1798, p. 174; 1799-1800, p. 158; 1801-1803, p. 170
Horner, Nathan
1798, p. 170; 1799-1800, p. 157; 1801-1803, p. 169
Hornspraw, Frederick
1799-1800, p. 157
Horrard, John
1804-1808, p. 194
Horstman (Horsman), John
1798, p. 200; 1799-1800, p. 147; 1801-1803, p. 163
Hoskins, John H.
Assessment Book 1800, p. 192; 1804-1808, p. 200
Hoss, Frederick
1798, p. 56; 1799-1800, p. 138; 1801-1803, p. 156
Hoss, John
1798, p. 52; 1799-1800, p. 138; 1801-1803, p. 156
Hoss, Mrs.
Assessment Book 1800, p. 78; 1804-1808, p. 191
Hoss, Mrs. (of Frederick)
Assessment Book 1800, p. 82
Hossefras (Hossafras), George
1798, p. 161; 1799-1800, p. 145; 1801-1803, p. 161
Hosselback, John
1804-1808, p. 205
Houbard, George
Assessment Book 1800, p. 87
Houbart, George
1804-1808, p. 193
Houbert, Frederick
Assessment Book 1800, p. 86; 1804-1808, p. 193
Houck, John
1798, p. 222

Hough, John
1798, p. 4; 1799-1800, p. 130
Hough, Robert
1798, p. 14; 1799-1800, p. 387; Assessment Book 1800, p. 72; 1801-1803, p. 171; 1804-1808, p. 192
Houghland, Aaron
1799-1800, p. 142
Houlton, David
Assessment Book 1800, p. 280; 1804-1808, p. 211
Houlton, John
1798, p. 211; 1799-1800, p. 154; Assessment Book 1800, p. 362; 1801-1803, p. 167; 1804-1808, p. 220
Houlton, William
1799-1800, p. 154
Houpard, Frederick
1798, p. 57; 1799-1800, p. 139; 1801-1803, p. 157
House, John
1799-1800, p. 152
House, Samuel
1804-1808, p. 513
Houslet, Peter
1804-1808, p. 202
Howard, Cornelius
1799-1800, p. 137; Assessment Book 1800, p. 60; 1804-1808, p. 190
Howard, George
1798, p. 188; 1799-1800, p. 392
Howard, George (estate of)
1801-1803, p. 175
Howard, Henry
Assessment Book 1800, p. 207; 1804-1808, p. 202
Howard, Henry, Dr.
Assessment Book 1800, p. 131; 1804-1808, p. 197
Howard, Henry S.
1799-1800, p. 135
Howard, James
1799-1800, p. 137
Howard, John (bricklayer)
Assessment Book 1800, p. 93
Howard, John Eager
1798, p. 63; 1799-1800, p. 140; Assessment Book 1800, pp. 100, 101; 1801-1803, p. 158; 1804-1808, p. 195
Howard, Joshua
Assessment Book 1800, p. 297; 1804-1808, p. 213
Howard, Ruth
1799-1800, p. 137
Howell (Howel), James
1798, p. 231; 1799-1800, p. 151; 1801-1803, p. 166
Howell, Mitchel
1801-1803, p. 408
Howland, Daniel
1798, p. 155; 1799-1800, p. 145; Assessment Book 1800, p. 222; 1801-1803, p. 161; 1804-1808, p. 203
Howser, John
Assessment Book 1800, p. 280; 1801-1803, p. 179; 1804-1808, p. 211
Howzlet, Peter
Assessment Book 1800, p. 209

Hoy, John
1799-1800, p. 153; Assessment Book 1800, p. 342
Hoy, Samuel
1799-1800, p. 152
Hubbard, William
Assessment Book 1800, p. 272; 1804-1808, pp. 209, 514
Hubert, William
1798, p. 115; 1799-1800, p. 141; 1801-1803, p. 158
Hudgikin, Thomas Brook
1799-1800, p. 155
Hudson, Margaret
1798, p. 27; 1799-1800, p. 136; 1801-1803, p. 155
Hugg, Jacob
1798, p. 243; 1799-1800, p. 153
Hugg, Jacob (estate of)
1801-1803, p. 166
Hugg, Mrs.
Assessment Book 1800, p. 350; 1804-1808, p. 219
Hughes
Assessment Book 1800, p. 224; 1804-1808, p. 204
Hughes, Abraham
1798, p. 193; 1799-1800, p. 392; Assessment Book 1800, p. 260; 1801-1803, p. 175; 1804-1808, p. 208
Hughes, Capt.
1799-1800, p. 137
Hughes, Capt. (estate of)
Assessment Book 1800, p. 73
Hughes, Christopher
1798, p. 59; 1799-1800, p. 139; Assessment Book 1800, p. 97; 1801-1803, p. 157; 1804-1808, p. 195
Hughes, Elijah
Assessment Book 1800, p. 350; 1804-1808, p. 219
Hughes, Griffith (Griffin)
Assessment Book 1800, p. 333; 1801-1803, p. 409; 1804-1808, p. 216
Hughes, James & John
Assessment Book 1800, p. 157; 1804-1808, p. 199
Hughes, John
1804-1808, p. 496
Hughes, John & James
Assessment Book 1800, p. 157; 1804-1808, p. 199
Hughes, William, Capt.
1798, p. 46; 1804-1808, p. 192
Hughes, William, Capt. (estate of)
1801-1803, p. 156
Hugo, Thomas B.
1798, p. 226; 1799-1800, p. 158
Hull, Fortune
1799-1800, p. 152
Hull, George
1804-1808, p. 513
Hulse, Mathew
1799-1800, p. 150
Humphreys, Kerr
Assessment Book 1800, p. 343; 1804-1808, p. 218
Hunst, Shardrack
1804-1808, p. 209

Hunt, James
1798, p. 212; 1799-1800, p. 151
Hunt, John
1804-1808, p. 218
Hunt, John (plumber)
Assessment Book 1800, p. 348
Hunt, Joshua
1804-1808, p. 204
Hunt, Joshua (or Stump, John)
Assessment Book 1800, p. 229
Hunt, Mrs.
Assessment Book 1800, p. 364; 1804-1808, p. 221
Hunter & Long
1799-1800, p. 142
Hunter, Jane
Assessment Book 1800, p. 275; 1801-1803, p. 177; 1804-1808, p. 210
Hunter, John
Assessment Book 1800, p. 259; 1804-1808, p. 207
Hunter, Peter
1798, p. 166; 1799-1800, p. 391; Assessment Book 1800, p. 258; 1801-1803, p. 174; 1804-1808, p. 207
Hunter, William
Assessment Book 1800, p. 258; 1804-1808, p. 207
Hurdester, Benjamin
1804-1808, p. 514
Hurst, Shadrach (Shadrick)
Assessment Book 1800, p. 264; 1801-1803, p. 182
Hurst, William, Capt.
Assessment Book 1800, p. 335; 1804-1808, p. 217
Husband & Jarvet
1801-1803, p. 180
Husband, William
Assessment Book 1800, p. 273
Husbands (Husband), Joseph
Assessment Book 1800, p. 244; 1801-1803, p. 178; 1804-1808, p. 205
Husbands, William
1804-1808, p. 210
Hush, Conrod (Conrad)
1798, p. 47; 1799-1800, p. 137
Hussey, Ashall
1804-1808, p. 511
Hussey, George
1798, p. 191; 1799-1800, p. 155; Assessment Book 1800, p. 290; 1801-1803, p. 168; 1804-1808, p. 211
Hussey, Nathan
1798, p. 20; 1799-1800, p. 133; Assessment Book 1800, p. 18; 1801-1803, p. 152; 1804-1808, p. 185
Hutchins, Catherine
1798, p. 119; 1799-1800, p. 140
Hutchins, Samuel, Capt.
Assessment Book 1800, p. 320; 1804-1808, p. 216
Hutson, Jonathan
1804-1808, p. 511
Hutton & Coulson
1798, p. 134; 1799-1800, p. 143

Hutton, James
1798, p. 154; 1799-1800, p. 145; Assessment Book 1800, p. 228; 1801-1803, p. 162; 1804-1808, p. 204
Hyatt, Rebecca
Assessment Book 1800, p. 162; 1804-1808, p. 199
Hyatts, Mrs.
Assessment Book 1800, p. 255
Hynson, Nathaniel
Assessment Book 1800, p. 340; 1804-1808, p. 217

Icles, Richard
1804-1808, p. 227
Ihler, Nicholas
1799-1800, p. 162
Ilger (Ilgere), Mary
1798, p. 30; Assessment Book 1800, p. 150; 1804-1808, p. 228
Ilyard, Mrs.
1799-1800, p. 161; 1801-1803, p. 183
Ingelsoll, William
Assessment Book 1800, p. 298; 1804-1808, p. 239
Ingles, James. Rev.
1804-1808, p. 231
Ingles, Silas
1799-1800, p. 164; Assessment Book 1800, p. 352; 1804-1808, p. 236
Ingliss, James, Rev.
Assessment Book 1800, p. 241
Ingliss, John
Assessment Book 1800, p. 53; 1804-1808, p. 226
Inloes, Elizabeth
1798, p. 206; 1799-1800, p. 164; Assessment Book 1800, p. 301; 1801-1803, p. 186; 1804-1808, p. 233
Inloes, James
1798, p. 200; 1799-1800, p. 167; Assessment Book 1800, p. 320; 1801-1803, p. 189; 1804-1808, p. 235
Inloes, John
Assessment Book 1800, p. 300; 1801-1803, p. 194; 1804-1808, p. 233
Inloes, Joshua
1798, p. 206; 1799-1800, p. 169; Assessment Book 1800, p. 369; 1801-1803, p. 190; 1804-1808, p. 238
Ireland, Edward
1798, p. 79; 1799-1800, p. 163; Assessment Book 1800, p. 171; 1801-1803, p. 185; 1804-1808, p. 229
Ireland, John, Rev.
1798, p. 194; 1799-1800, p. 396; 1801-1803, p. 193
Irvin, Alexander
1804-1808, p. 516
Irvine, James
Assessment Book 1800, p. 193; 1804-1808, p. 229
Isaacs, Elizabeth
1799-1800, p. 167
Isaacs, Isaac Smith
1799-1800, p. 394; 1801-1803, p. 191
Isaacs, Richard
1798, p. 241; 1799-1800, p. 168; 1801-1803, p. 189

Isaacs, Sarah, Mrs.
Assessment Book 1800, p. 358; 1804-1808, p. 237
Isell, John
1798, p. 196
Isett, John
1804-1808, p. 516
Isler, Frederick
1798, p. 191; 1799-1800, p. 396; 1801-1803, p. 193
Isler, John
1798, p. 179; 1799-1800, p. 168; 1801-1803, p. 189
Itzken, Philip
Assessment Book 1800, p. 12; 1801-1803, p. 193; 1804-1808, p. 224
Ives, James
Assessment Book 1800, p. 195; 1801-1803, p. 194; 1804-1808, p. 230

Jackson
1804-1808, p. 237
Jackson, Anthony
1798, p. 156; 1799-1800, p. 395; Assessment Book 1800, p. 243; 1801-1803, p. 192; 1804-1808, p. 231
Jackson, Bolton
1804-1808, p. 239
Jackson, Edward
1798, p. 180; 1799-1800, p. 396
Jackson, Isaiah
1798, p. 23
Jackson, Josiah
1799-1800, p. 160
Jackson, M.
Assessment Book 1800, p. 355
Jackson, Nathaniel
Assessment Book 1800, p. 344; 1804-1808, p. 236
Jackson, Nathaniel, Capt.
1801-1803, p. 194
Jackson, Thomas, Dr.
1804-1808, p. 237
Jackson, William
1798, pp. 183, 198; 1799-1800, pp. 165, 169; Assessment Book 1800, pp. 41, 277, 310; 1801-1803, pp. 186, 194; 1804-1808, pp. 225, 232, 234
Jackson, William (carpenter)
1801-1803, p. 190
Jacobs, George
1798, p. 188; 1799-1800, p. 396; Assessment Book 1800, p. 292; 1801-1803, p. 196; 1804-1808, p. 232
Jacobs, Joseph
1798, p. 116; 1799-1800, p. 163; Assessment Book 1800, p. 267; 1801-1803, p. 186; 1804-1808, p. 232
Jacobs, Moses
1798, p. 118; 1799-1800, p. 163; 1801-1803, p. 185
Jacobs (say Jacob), Patty
1798, p. 26; 1799-1800, p. 394
Jacobs, Samuel
1798, p. 94; 1799-1800, p. 163; 1801-1803, p. 185

Jacobs, William
1798, pp. 109, 218; 1799-1800, pp. 166, 170; Assessment Book 1800, pp. 156, 327; 1801-1803, pp. 188, 191; 1804-1808, pp. 228, 239
Jaffrey, James
Assessment Book 1800, p. 68; 1804-1808, p. 226
Jago, Samuel
Assessment Book 1800, p. 226; 1804-1808, p. 230
Jalland, John
1798, p. 212; 1799-1800, p. 168
Jalland, John (estate of)
Assessment Book 1800, p. 353; 1801-1803, p. 189; 1804-1808, p. 237
James, Amos
1798, p. 46; 1799-1800, p. 161; Assessment Book 1800, p. 72; 1801-1803, p. 183; 1804-1808, p. 227
James, George
1804-1808, p. 228
James, George (Widow)
1799-1800, p. 168; Assessment Book 1800, p. 195; 1801-1803, p. 189
James, Henrietta
1798, p. 15; 1799-1800, p. 160; Assessment Book 1800, p. 306; 1801-1803, p. 183; 1804-1808, p. 234
James, Henry
1798, p. 114; 1799-1800, p. 394; Assessment Book 1800, p. 73; 1801-1803, p. 192; 1804-1808, p. 227
James, John
1799-1800, p. 164; Assessment Book 1800, p. 280; 1804-1808, p. 232
James, Joseph
1804-1808, p. 516
James, Rachael (Rachel)
Assessment Book 1800, p. 275; 1804-1808, p. 232
James, Widow
1798, p. 194
James, William
1798, p. 217; 1799-1800, p. 165; 1801-1803, p. 187; 1804-1808, p. 235
James, William (estate of)
Assessment Book 1800, p. 314
Jamieson, Adam (estate of)
Assessment Book 1800, p. 79; 1804-1808, p. 239
Jamison (Jamieson), Joseph
1798, p. 156; 1799-1800, p. 169; Assessment Book 1800, p. 223; 1801-1803, p. 190; 1804-1808, p. 230
Jamison, Mary
1798, p. 52
Jammison (Jamison), Mrs.
1799-1800, p. 162; 1801-1803, p. 185
Jammison, T., Dr.
1799-1800, p. 160
Janey, Madam
1798, p. 30
Janney, Lewis
Assessment Book 1800, p. 282
Jarvet & Husband
1801-1803, p. 180
Jarvett, John
1801-1803, p. 195

Jarvis (Jarris), Armon (Armond)
1798, p. 61; 1799-1800, p. 394; Assessment Book 1800, p. 154; 1801-1803, p. 191; 1804-1808, p. 228
Jauffret & Martin
1799-1800, p. 410; 1801-1803, p. 258
Jay, Joseph
Assessment Book 1800, p. 172; 1801-1803, p. 195; 1804-1808, p. 229
Jefferey, G.M.
1804-1808, p. 517
Jeffery (Jeffrey), James
1798, p. 43; 1799-1800, p. 162; 1801-1803, p. 184
Jeffery (Jeffrey), Mrs.
1799-1800, p. 160; 1801-1803, p. 183
Jeffrey, Widow
1798, p. 18
Jeffry, Joseph, Capt.
Assessment Book 1800, p. 251; 1804-1808, p. 231
Jelis, Richard
Assessment Book 1800, p. 93
Jelly, Widow
1798, p. 49
Jenkins & Cooms
1801-1803, p. 195
Jenkins, Edward
Assessment Book 1800, p. 170; 1801-1803, p. 196; 1804-1808, p. 229
Jenkins, Thomas C.
1804-1808, p. 493
Jenkins, W.
1804-1808, p. 239
Jenkins, Walter
Assessment Book 1800, p. 55; 1801-1803, p. 196; 1804-1808, p. 226
Jenkins, Walter & Co.
Assessment Book 1800, p. 55
Jenkins, William
1798, p. 72; 1799-1800, p. 169; Assessment Book 1800, p. 170; 1801-1803, p. 190; 1804-1808, p. 228
Jenney, Mr.
1801-1803, p. 187
Jenney, Sarah
1798, p. 200
Jennies, Capt. (Widow of)
1799-1800, p. 165
Jennings, James
Assessment Book 1800, p. 297; 1801-1803, p. 197; 1804-1808, p. 233
Jennings, Mr.
Assessment Book 1800, p. 361
Jennings, Mrs
1804-1808, p. 238
Jennings, William
1801-1803, p. 196
Jenny, Lewis
1804-1808, p. 232
Jenny, Rebecca, Mrs
Assessment Book 1800, p. 322; 1804-1808, p. 235
Jenoth, Arthur
1799-1800, p. 168

Jerritt, John
1804-1808, p. 239
Jessop, Abraham
1798, p. 167; 1799-1800, p. 395
Jessop, Charles
1798, p. 167; 1799-1800, p. 169; Assessment Book 1800, p. 247; 1801-1803, p. 190; 1804-1808, p. 231
Jessop, William
1798, p. 10; 1799-1800, p. 160; Assessment Book 1800, p. 7; 1801-1803, p. 183; 1804-1808, p. 224
Jewitt, John
Assessment Book 1800, p. 241
John, William
1799-1800, p. 167
Johns, Aquilla (Aquila)
1798, p. 154; 1799-1800, p. 166; Assessment Book 1800, p. 328; 1801-1803, p. 188; 1804-1808, p. 236
Johns, Hosea
1799-1800, p. 395; 1804-1808, p. 517
Johns, Isaac
1798, p. 147; 1799-1800, p. 163; 1801-1803, p. 185
Johns (or Jones), John
1798, p. 246; 1799-1800, p. 397
Johns, Mrs.
Assessment Book 1800, p. 320; 1804-1808, p. 235
Johns, Richard
1798, pp. 215, 235
Johns, Richard, Capt.
1799-1800, pp. 166, 397; 1801-1803, p. 188
Johns, Richard (pilot)
1801-1803, p. 193
Johnson & Peters
1799-1800, p. 250; Assessment Book 1800, p. 286; 1801-1803, p. 288; 1804-1808, p. 233
Johnson, Ann
1804-1808, p. 236
Johnson, Christopher
1798, p. 36; Assessment Book 1800, p. 20; 1801-1803, p. 184; 1804-1808, p. 225
Johnson, Edward
1798, pp. 187, 192; 1804-1808, p. 233
Johnson, Henry (tinner)
Assessment Book 1800, p. 1; 1801-1803, p. 195; 1804-1808, p. 224
Johnson, James
1798, p. 245
Johnson, James, Capt.
1798, p. 218; 1801-1803, p. 188
Johnson, James (of Thomas)
1804-1808, p. 234
Johnson, John
1799-1800, p. 396; Assessment Book 1800, pp. 34, 366; 1801-1803, p. 193; 1804-1808, pp. 225, 238
Johnson, Matthew
Assessment Book 1800, p. 294; 1804-1808, p. 233
Johnson, Moore & Giles
1798, p. 233; 1799-1800, p. 221

Johnson, Robert
Assessment Book 1800, p. 360; 1804-1808, p. 238
Johnson, S., Usher, Thomas B., & Usher, Joseph
1799-1800, p. 319
Johnson, Samuel
1798, p. 40; Assessment Book 1800, p. 29; 1801-1803, p. 184; 1804-1808, p. 225
Johnson, Sarah
1798, p. 222; 1804-1808, p. 236
Johnson, Sarah, Mrs.
Assessment Book 1800, p. 323; 1801-1803, p. 189
Johnson, Thomas
1804-1808, p. 516
Johnson, Thomas, Dr.
1798, p. 104
Johnson, William
1798, p. 201; Assessment Book 1800, p. 344; 1801-1803, p. 187; 1804-1808, pp. 235, 237
Johnson, William (estate of)
Assessment Book 1800, p. 312
Johnston, Ann, Mrs.
Assessment Book 1800, p. 334
Johnston, Christopher
1799-1800, p. 161
Johnston, Capt.
1799-1800, pp. 166, 167
Johnston, Edward
Assessment Book 1800, p. 282
Johnston, Edward, Dr. (dec'd.)
1799-1800, p. 161
Johnston, Edward, Dr. (estate of)
1801-1803, p. 184
Johnston (Johnson), Edward, Jr.
1799-1800, p. 162; 1801-1803, p. 185
Johnston, James
1799-1800, p. 166; Assessment Book 1800, p. 301
Johnston, James (estate of)
1801-1803, p. 187
Johnston, Samuel
1799-1800, p. 161
Johnston, Sarah
1799-1800, p. 167
Johnston (Johnson), Thomas, Dr.
1799-1800, p. 161; Assessment Book 1800, p. 357; 1801-1803, p. 184
Johnston, William
1799-1800, p. 165
Johonnot, Francis & George
1798, p. 160; 1799-1800, p. 395
Joice, Joseph
1799-1800, p. 167; 1801-1803, p. 188
Joice, Stephen
1798, p. 206
Jollefielle
1804-1808, p. 234
Joliefille, Mons. (tailor)
Assessment Book 1800, p. 301

Jolley, Clauder (Claude)
Assessment Book 1800, p. 113; 1804-1808, p. 226
Jolley, John
Assessment Book 1800, p. 68; 1801-1803, p. 196; 1804-1808, p. 227
Jolley, John A.
1798, p. 107; 1799-1800, p. 164; 1801-1803, p. 186
Jolley, William
1798, p. 97; 1799-1800, p. 394; Assessment Book 1800, p. 105; 1801-1803, p. 192; 1804-1808, p. 227
Jolly & VanBibber
1798, p. 97; 1799-1800, p. 394
Jones
Assessment Book 1800, p. 368; 1801-1803, p. 195; 1804-1808, p. 238
Jones & Strebeck
1798, p. 52; 1799-1800, p. 162; Assessment Book 1800, p. 71; 1801-1803, p. 184; 1804-1808, p. 387
Jones & Wilson (Willson)
1799-1800, pp. 163, 438; 1801-1803, p. 384
Jones, Auborry (Auberry, Aubrey)
1798, p. 137; 1799-1800, p. 164; Assessment Book 1800, p. 179; 1801-1803, p. 186; 1804-1808, p. 229
Jones, Benjamin
1798, p. 23; 1799-1800, p. 393; 1801-1803, p. 191
Jones, Daniel, Capt.
Assessment Book 1800, p. 305; 1804-1808, p. 234
Jones, Charles
1804-1808, p. 495
Jones, Edward
Assessment Book 1800. p. 205; 1804-1808, p. 230
Jones, Elizabeth
1804-1808, p. 237
Jones, Elizabeth (Widow)
Assessment Book 1800, p. 349
Jones, Evans
1804-1808, p. 516
Jones, Jacob
Assessment Book 1800, p. 81; 1804-1808, p. 227
Jones, John
1798, pp. 212, 222
Jones, John, Capt.
1799-1800, p. 166; Assessment Book 1800, pp. 329, 359; 1801-1803, p. 188; 1804-1808, pp. 236, 238
Jones, John (county)
1801-1803, p. 193
Jones, John (stage driver)
1799-1800, p. 164; 1801-1803, p. 195
Jones, Joshua
1799-1800, p. 165; Assessment Book 1800, p. 26; 1804-1808, p. 224
Jones, Levin, Capt.
1798, p. 198; 1799-1800, p. 165; Assessment Book 1800, p. 309; 1801-1803, p. 187; 1804-1808, p. 234
Jones, Mary
Assessment Book 1800, p. 266; 1804-1808, p. 231
Jones, Richard
1798, pp. 195, 203; 1799-1800, p. 168; Assessment Book 1800, pp. 252, 313; 1801-1803, p. 187; 1804-1808, pp. 231, 235

Jones, Richard H.
Assessment Book 1800, p. 66; 1801-1803, p. 190; 1804-1808, p. 226
Jones, Samuel G.
Assessment Book 1800, p. 164; 1801-1803, p. 194; 1804-1808, p. 228
Jones, Talbot
Assessment Book 1800, p. 36; 1801-1803, p. 196; 1804-1808, p. 225
Jones, William
1798, pp. 10, 157; 1799-1800, pp. 160, 164; Assessment Book 1800, p. 8; 1801-1803, p. 183; 1804-1808, pp. 224, 230, 516, 517
Jones, William (shoemaker)
Assessment Book 1800, p. 225; 1801-1803, p. 186
Jones Patton & Co.
1799-1800, p. 162
Juden, John
Assessment Book 1800, p. 53; 1801-1803, p. 194; 1804-1808, p. 226
Julian, Madam (Marie Louffe)
1798, p. 189; 1799-1800, p. 396; 1801-1803, p. 192
Junca, Benjamin
1798, p. 158; 1799-1800, p. 395; 1801-1803, p. 192
Junca, Bernard (Barnard)
Assessment Book 1800, p. 23; 1804-1808, p. 225
Jurden, Henry
1798, p. 174; 1799-1800, p. 395; 1801-1803, p. 192
Justice (Justis), Joseph
1798, p. 4; 1799-1800, p. 169; 1801-1803, p. 191
Justice, Mrs.
Assessment Book 1800, p. 7; 1804-1808, p. 224

Kadurn, Mrs.
1798, p. 105; 1799-1800, p. 398; 1801-1803, p. 206
Kalkman, Charles
1804-1808, p. 518
Kaminskey (Kaminsky), Alexander
1798, p. 97; 1799-1800, p. 398; 1801-1803, p. 205
Kaminskey, Christopher
Assessment Book 1800, p. 105; 1804-1808, p. 244
Karney, Thomas
1804-1808, p. 250
Karr
1799-1800, p. 175
Karr, Joseph
1799-1800, p. 175
Kauffman, Christian
1798, p. 35
Kaufman, Abraham
1799-1800, p. 174
Kaufman, Christopher
1799-1800, p. 175; 1801-1803, p. 202
Kavan, Samuel
1804-1808, p. 519
Kean, Edmond
1798, p. 76; 1799-1800, p. 173; 1801-1803, p. 201
Kean, William
1798, p. 23; 1799-1800, p. 171; Assessment Book 1800, p. 24; 1801-1803, p. 199; 1804-1808, p. 241

Keating, George
Assessment Book 1800, p. 101; 1804-1808, p. 244
Keating (Keatinge), Henry S.
1798, p. 88; 1799-1800, p. 170; 1801-1803, p. 198
Kebble (Keeble), Humphrey
1798, p. 233; Assessment Book 1800, p. 338; 1804-1808, p. 248
Keene, Zachariah
1799-1800, p. 399; Assessment Book 1800, p. 345; 1801-1803, p. 207; 1804-1808, p. 248
Keener, C. & Yeizer, E.
Assessment Book 1800, p. 142; 1804-1808, pp. 487, 490
Keener, Christian
1798, p. 2; 1799-1800, p. 171; Assessment Book 1800, p. 4; 1801-1803, p. 198; 1804-1808, p. 240
Keener, John
Assessment Book 1800, p. 258; 1804-1808, p. 247
Keener, Melcher (Melchor)
1798, p. 2; 1799-1800, p. 170
Keener, Melcher (estate of)
1801-1803, p. 198
Keener, Peter
1798, p. 174; 1799-1800, p. 177; 1801-1803, p. 204
Keeports, George P.
1798, p. 75; 1799-1800, p. 173; Assessment Book 1800, p. 171; 1801-1803, p. 201; 1804-1808, p. 245
Keerl, Henry, Dr.
1798, p. 42
Keifell, Nicholas
1801-1803, p. 205
Keilholtz (estate of)
1798, p. 9; 1799-1800, p. 397; 1801-1803, p. 205
Keilholtz, Henry
Assessment Book 1800, p. 47; 1801-1803, p. 204; 1804-1808, p. 242
Keilholtz, John
1798, p. 47; Assessment Book 1800, p. 72; 1804-1808, p. 243
Keilholtz, John (baker)
1799-1800, p. 397; 1801-1803, p. 305
Keilsheimer, Francis
Assessment Book 1800, p. 96; 1801-1803, p. 199; 1804-1808, p. 250
Keine, Zachariah
1798, p. 246
Keisler, John
Assessment Book 1800, p. 272
Keisler (or Kepler), John
1804-1808, p. 247
Kell, Allesanna
1798, p. 242; 1799-1800, p. 399; 1801-1803, p. 206
Kell, Thomas
1798, p. 152; 1799-1800, p. 174; Assessment Book 1800, p. 211; 1801-1803, p. 202; 1804-1808, p. 246
Keller, John
1799-1800, p. 176; Assessment Book 1800, p. 363; 1804-1808, p. 29
Kelly, John
Assessment Book 1800, p. 278; 1804-1808, p. 247

Kelly, Patrick
1798, p. 208; 1799-1800, p. 399; 1801-1803, p. 206
Kelly, Thomas
1804-1808, p. 495
Kelp, Elizabeth
1798, p. 168; 1799-1800, p. 177; 1801-1803, p. 204
Kelser, Mary
1798, p. 190
Kelsheimer, Francis
1798, p. 13
Kelso, Ann
Assessment Book 1800, p. 253; 1804-1808, p. 247
Kelso, George & John
1799-1800, p. 174; Assessment Book 1800, p. 2; 1801-1803, p. 202; 1804-1808, p. 240
Kelso, Mary
1799-1800, p. 177; Assessment Book 1800, p. 291; 1801-1803, p. 203; 1804-1808, p. 248
Kelty, John
1799-1800, p. 172; 1801-1803, p. 200
Kemble, Anthony
1804-1808, p. 240
Kemble, Michael
1804-1808, p. 241
Kemp, James
Assessment Book 1800, p. 347; 1801-1803, p. 207; 1804-1808, p. 248
Kennady, Robert
1799-1800, p. 176
Kennedy, Anthony & John
1798, p. 14; 1799-1800, p. 170; 1801-1803, p. 198
Kennedy (Kennady), Ariahah (Arianna)
1798, p. 167; 1799-1800, p. 178; 1801-1803, p. 204
Kennedy, James
Assessment Book 1800, pp. 50, 251; 1801-1803, p. 208; 1804-1808, pp. 242, 249
Kennedy (Kennady), John
1798, pp. 14, 168; 1799-1800, pp. 178, 442; Assessment Book 1800, pp. 12, 250; 1804-1808, pp. 240, 249
Kennedy (Kennady), John (bricklayer)
1799-1800, p. 173; 1801-1803, p. 201
Kennedy, John & Anthony
1799-1800, p. 170; 1801-1803, p. 198
Kennedy, John F.
Assessment Book 1800, p. 143; 1804-1808, p. 244
Kennedy, Moore
1801-1803, p. 207
Kennedy, Mrs.
Assessment Book 1800, p. 362; 1804-1808, p. 248
Kennedy, William
Assessment Book 1800, p. 210; 1804-1808, p. 249
Kenney (Kinney) & Erskin
1799-1800, p. 377; 1801-1803, p. 108
Kenny, Thomas
1804-1808, p. 518

Kent, Emanuel
1798, p. 36; 1799-1800, p. 172; Assessment Book 1800, p. 57; 1801-1803, p. 200; 1804-1808, p. 243
Kent, Henry
1804-1808, p. 531
Kent, Robert
1798, p. 182; 1799-1800, p. 399
Kephard, Elizabeth
1801-1803, p. 207
Kephart, John
Assessment Book 1800, p. 13; 1804-1808, p. 241
Kepler, John
1798, p. 187; Assessment Book 1800, p. 236; 1801-1803, p. 201; 1804-1808, p. 246
Kepler (or Keisler), John
1804-1808, p. 247
Kepps, Nicholas
Assessment Book 1800, p. 70
Keriested (Kesterd), Luke
1799-1800, p. 176; 1804-1808, p. 496
Kerl, Henry
Assessment Book 1800, p. 15
Kerl, Henry, Dr.
1799-1800, p. 172; 1801-1803, p. 200; 1804-1808, p. 241
Kerns, John
1799-1800, p. 174; 1801-1803, p. 201
Kerr, John
1798, p. 64; 1799-1800, p. 175; Assessment Book 1800, p. 85; 1801-1803, p. 202; 1804-1808, p. 249
Kerr, Peter
1799-1800, p. 178
Kerr, Thomas
1798, p. 31; 1799-1800, p. 175; 1801-1803, p. 202; 1804-1808, p. 240
Kerr, Thomas (brewer)
Assessment Book 1800, p. 10
Kerts, John
1799-1800, p. 172; 1801-1803, p. 200
Key, James E.
1799-1800, p. 176
Keys (Key), Abner
1798, p. 177; 1799-1800, p. 177; Assessment Book 1800, p. 176; 1801-1803, p. 203; 1804-1808, p. 245
Keys, Richard
Assessment Book 1800, p. 23; 1804-1808, p. 241
Keyser, Derrick (Dederick)
Assessment Book 1800, p. 13; 1801-1803, p. 207; 1804-1808, p. 240
Keyser, George
Assessment Book 1800, p. 62; 1804-1808, p. 243
Kibble, William (Humphrey)
1799-1800, p. 176; 1801-1803, p. 203
Kielsheimer, Francis
1799-1800, p. 171
Kifel, Nicholas
1798, p. 54; 1799-1800, p. 398

Kiholtz (Keilholtz), Henry
1798, p. 52; 1799-1800, p. 178
Kilburn, Russell, Capt.
1804-1808, p. 519
Killen, John
1798, p. 34; 1799-1800, p. 178
Killen, John (estate of)
Assessment Book 1800, p. 187; 1801-1803, p. 204; 1804-1808, p. 245
Killenberger, George
1801-1803, p. 204
Kilty, John
1798, p. 127
Kimble, Anthony
Assessment Book 1800, p. 9
Kimble, Michael
Assessment Book 1800, p. 17; 1801-1803, p. 208
Kimmel, Anthony
1798, p. 20; 1799-1800, p. 170; 1801-1803, p. 198
Kimmelmeyer, Frederick
1798, p. 157; 1799-1800, p. 174; 1801-1803, p. 202
Kincaid, James
1804-1808, p. 519
Kine, Frederick
1798, p. 61; 1799-1800, p. 398; 1801-1803, p. 205
Kine, Juliet
Assessment Book 1800, p. 159; 1804-1808, p. 245
King & Davis
Assessment Book 1800, p. 335; 1804-1808, p. 123
King, Benjamin
1798, p. 217; 1799-1800, p. 175; 1801-1803, p. 203
King, Charles
1799-1800, p. 399; Assessment Book 1800, p. 194; 1801-1803, p. 206;
1804-1808, p. 246
King, Jacob
1798, p. 8; 1799-1800, p. 171; Assessment Book 1800, p. 52; 1801-1803,
p. 199; 1804-1808, p. 243
King, John
1798, p. 135; 1799-1800, p. 176; Assessment Book 1800, p. 194; 1801-1803,
p. 203; 1804-1808, p. 246
King, Margaret
1799-1800, p. 173
King, Thomas
1798, p. 56; 1799-1800, p. 173; Assessment Book 1800, p. 29; 1801-1803,
p. 200; 1804-1808, p. 241
King, William
1798, p. 136; 1799-1800, p. 399; Assessment Book 1800, p. 193; 1801-1803,
p. 206; 1804-1808, p. 246
Kinney (Kenney) & Erskin
1799-1800, p. 377; 1801-1803, p. 108
Kinsell, Frederick
1798, p. 5; 1799-1800, p. 397
Kipler, John
1799-1800, p. 174
Kipp, John
1798, p. 31; 1799-1800, p. 172; Assessment Book 1800, pp. 76, 148;
1804-1808, p. 242

Kipp, John, Jr.
1801-1803, p. 208; 1804-1808, p. 244
Kipp, John, Sr.
1801-1803, p. 199
Kipper, Thomas
1799-1800, p. 177
Kipps, Nicholas
1804-1808, p. 243
Kirby, James
Assessment Book 1800, p. 36; 1804-1808, p. 242
Kirby, John
1804-1808, p. 518
Kirby, Littildar
1801-1803, p. 198
Kirby, Matilda
1798, p. 97; 1799-1800, p. 170; Assessment Book 1800, p. 109; 1804-1808, p. 244
Kirgan (Kirigan), Mary
1798, p. 183; 1799-1800, p. 177; Assessment Book 1800, p. 268; 1801-1803, p. 203; 1804-1808, p. 247
Kirk, Jeremiah
Assessment Book 1800, p. 261
Kirns, John
1798, p. 129
Kirvan
1799-1800, p. 178
Kirvan, John
1798, p. 162
Kittman, Ferdinand
1804-1808, p. 250
Knab, Jacob
1798, p. 53; 1799-1800, p. 398
Knight, Capt.
1804-1808, p. 249
Knight, Mr. (carpenter)
Assessment Book 1800, p. 367
Knight, Nathaniel
Assessment Book 1800, p. 333; 1804-1808, p. 248
Koch, Andrew
1804-1808, p. 518
Konig (Koenig), August
1798, p. 14; 1799-1800, p. 171; 1801-1803, p. 199
Konig, Frederick
1804-1808, p. 496
Konig, I.C.
1804-1808, p. 518
Koon, Henry
1798, p. 9; 1799-1800, p. 397; Assessment Book 1800, p. 48; 1801-1803, p. 205; 1804-1808, p. 242
Kraber, Martin
1804-1808, p. 519
Kramer
Assessment Book 1800, p. 158; 1801-1803, p. 207
Kramer, Frederick
1804-1808, p. 245

Krause (Kreause), (Christian)
1798, p. 128; 1799-1800, p. 173; 1801-1803, p. 201
Krause, George
1799-1800, p. 172; Assessment Book 1800, p. 74; 1801-1803, p. 200; 1804-1808, p. 243
Krause, George G.
1798, p. 51
Krause, (John)
1798, p. 16; 1799-1800, p. 171; Assessment Book 1800, p. 39; 1801-1803, p. 199; 1804-1808, p. 242
Kremps (Krimps), Joseph
1798, p. 53; Assessment Book 1800, p. 78; 1804-1808, p. 244
Kribs, William
1804-1808, p. 250
Kurk, Jeremiah
1804-1808, p. 247
Kurtz, Daniel, Rev.
Assessment Book 1800, p. 210; 1804-1808, p. 246
Kurtz, Michael
1798, p. 112; 1799-1800, p. 398; Assessment Book 1800, p. 157; 1801-1803, p. 206; 1804-1808, p. 245
Kyser & Channel
1799-1800, p. 444
Kyser, Dedrick
1799-1800, p. 444

Laboard, Bernard T.
1798, p. 30
Labord, Bernard (Fardiue)
1799-1800, p. 182
Labord, John
1799-1800, p. 181
Lacas, Dr.
1798, p. 28
Lacasagne (Lacassagne), Madam
1798, p. 173; 1799-1800, p. 191; 1801-1803, p. 221
Lacomb & Molier
1798, p. 7; 1799-1800, p. 400
Lacombe (Lacomb), Madam
1798, p. 75; 1799-1800, p. 184; 1801-1803, p. 215
Ladicer, Simon
1799-1800, p. 189
Lafaver (Lafavour, Lafavor), Nicholas
1798, p. 159; 1799-1800, p. 186; Assessment Book 1800, p. 231; 1801-1803, p. 217; 1804-1808, p. 263
LaFrout, Madam
1799-1800, p. 400
Lagard, Mrs.
1798, p. 102
Lagardieur
1799-1800, p. 188
Lagerton, Margaret
1798, p. 136
Lamb & Suman
Assessment Book 1800, p. 200; 1801-1803, p. 345; 1804-1808, pp. 261, 402

Lamb, John
Assessment Book 1800, p. 200; 1804-1808, p. 262
Lambert, Louis (Lewis)
Assessment Book 1800, p. 40; 1804-1808, p. 252
Laming, Eleanor
1798, p. 27; 1799-1800, p. 400; 1801-1803, p. 222
Lamorly, Anthony
1799-1800, p. 186
Lamott (Lammot) & Calhoun
Assessment Book 1800, p. 243; 1804-1808, p. 96
Lampley, John
Assessment Book 1800, p. 53; 1801-1803, p. 210; 1804-1808, p. 253
Lamport, George (butcher)
Assessment Book 1800, p. 358
Lamporte, George
1804-1808, p. 270
Lancase
1798, p. 125
Lander (Landers), Peter
1798, p. 235; 1799-1800, p. 190; Assessment Book 1800, p. 335; 1801-1803, p. 220; 1804-1808, p. 267
Landman, Thomas
1798, p. 225; 1799-1800, p. 190; Assessment Book 1800, p. 337; 1801-1803, p. 220; 1804-1808, p. 268
Landy (Landry), George
1798, p. 105; 1799-1800, p. 402; 1801-1803, p. 224
Lane, John
Assessment Book 1800, p. 308; 1804-1808, p. 266
Landre, Mrs.
Assessment Book 1800, p. 150; 1804-1808, p. 258
Lanehart
1799-1800, p. 181
Lanehart, Frederick
1798, p. 24; 1799-1800, p. 181; Assessment Book 1800, p. 26; 1801-1803, p. 213; 1804-1808, p. 252
Lanehart, Godfried
Assessment Book 1800, p. 24; 1804-1808, p. 271
Lanehart, Henry
1798, p. 53; 1799-1800, p. 180; Assessment Book 1800, p. 78; 1801-1803, p. 212; 1804-1808, p. 254
Langer, Seth, Capt.
1798, p. 130
Langworthy, James E.
Assessment Book 1800, p. 259; 1804-1808, p. 264
Lanney (Lannay), L.(Lewis) & P.
Assessment Book 1800, p. 180; 1804-1808, p. 260
Lanney, Lewis
1801-1803, p. 217
Lanney, Louis & Co.
1798, p. 205
Lanney, P. & L. (Lewis)
Assessment Book 1800, p. 180; 1804-1808, p. 260
Lanny
1799-1800, p. 187

Lapard, Mr.
1798, p. 30
Laport
1804-1808, p. 268
Laporte, Mons.
Assessment Book 1800, p. 336
Laprad, Mons.
1799-1800, p. 401
Laprad, Mrs.
1801-1803, p. 223
Lareace, Mr.
1798, p. 134; 1799-1800, p. 403; 1801-1803, p. 224
Larett, Peter
1801-1803, p. 211
Larew, Abraham
Assessment Book 1800, p. 86; 1801-1803, p. 210; 1804-1808, p. 255
Larew, Francis
1799-1800, p. 445; Assessment Book 1800, p. 31; 1801-1803, p. 228; 1804-1808, p. 252
Larew, James
Assessment Book 1800, p. 358; 1804-1808, p. 270
Larsh, Abraham
Assessment Book 1800, p. 185; 1801-1803, p. 227; 1804-1808, p. 260
Larsh, Harmonious
1804-1808, p. 520
Latil, Thomas John
1799-1800, p. 182
Latill (Latil), Joseph
1798, p. 105; 1799-1800, p. 402; 1801-1803, p. 213
LaTillyae (Latilyae), Alexander
1798, p. 60; Assessment Book 1800, p. 98; 1804-1808, p. 255
Latimore (Latimer), Randolph B.
1798, p. 62; 1799-1800, p. 183; 1801-1803, p. 214
Latouch, James W.
1799-1800, p. 183; 1801-1803, p. 215
Latouch, Samuel W.
1798, p. 101
Latour, John
Assessment Book 1800, p. 189; 1801-1803, p. 227; 1804-1808, p. 261
Latruite (LaTrouet), Mrs.
1798, p. 29; Assessment Book 1800, p. 151; 1801-1803, p. 223; 1804-1808, p. 258
Latshaw & Close
1799-1800, p. 363
Latte, Joseph
1804-1808, p. 267
Latter, Joseph (frenchman)
Assessment Book 1800, p. 335
Lattilaye, Alexander
1801-1803, p. 227
Lau, Anthony
Assessment Book 1800, p. 13
Lauder (estate of)
Assessment Book 1800, p. 51

Lauderman (Lowderman), John
1799-1800, p. 189; Assessment Book 1800, p. 341; 1801-1803, p. 219
Lauderman (Lowderman), Sarah
1799-1800, p. 189; 1801-1803, p. 219
Lauderman (Lowderman), Widow (Mrs.)
1799-1800, p. 189; 1801-1803, p. 219
Lavely (Leavly), Catharine (estate of)
1798, p. 148; Assessment Book 1800, p. 212; 1804-1808, p. 262
Lavely, Elizabeth
1804-1808, p. 258
Lavely (Leavely), Mrs. (Widow of George)
1798, p. 89; 1799-1800, p. 179; Assessment Book 1800, p. 139; 1801-1803, p. 211
Laveny, Augustine
1798, p. 129; 1801-1803, p. 216
Lavett, Peter
1799-1800, p. 179
Lavory, William
1798, p. 183
Law, Anthony
1804-1808, p. 251
Law, James
1798, p. 107; 1799-1800, p. 181; 1801-1803, pp. 213, 226
Lawder, Alexander
1798, p. 49; 1799-1800, p. 401; 1801-1803, p. 223
Lawderman, Frederick
Assessment Book 1800, p. 305
Lawderman, Margaret
Assessment Book 1800, p. 340
Lawrence, Jacob
1798, p. 188; 1799-1800, p. 403; 1801-1803, p. 225
Lawrence, John (J. Simmon)
1798, p. 205; 1799-1800, p. 404; 1801-1803, p. 225
Lawrence, Peter
1798, p. 105; 1799-1800, p. 402; 1801-1803, p. 224
Lawrence, Richard
1798, p. 220; 1799-1800, p. 187; 1801-1803, p. 218; 1804-1808, p. 267
Lawrence, Sarah
Assessment Book 1800, p. 367; 1804-1808, p. 272
Lawrence, Widow
1798, p. 61; 1799-1800, p. 183; 1801-1803, p. 214
Lawrenson, L
1804-1808, p. 252
Lawrenson, P.
Assessment Book 1800, p. 27
Lawson, Alexander
1798, p. 144; 1799-1800, p. 185; 1801-1803, p. 216; 1804-1808, pp. 3, 255
Lawson, Mrs.
Assessment Book 1800, p. 210; 1804-1808, p. 262
Lawson, Mrs. (of Richard)
1804-1808, p. 272
Lawson, Richard
1798, p. 184; 1799-1800, p. 191; 1801-1803, p. 220; 1804-1808, p. 265
Lawson, Richard (estate of)
Assessment Book 1800, p. 284

Lawson, Robert
Assessment Book 1800, p. 195; 1801-1803, p. 226; 1804-1808, p. 261
Laypold, John
1799-1800, p. 182
Lbrou, Anthony
1804-1808, p. 497
League, John
1799-1800, p. 188; 1801-1803, p. 218
League, Thomas
1801-1803, p. 226; 1804-1808, p. 268
Leahy, John
1798, p. 128; 1799-1800, p. 184; Assessment Book 1800, p. 189; 1801-1803, p. 216; 1804-1808, p. 261
Leakins, Mary
Assessment Book 1800, p. 52; 1804-1808, p. 271
Leakins, Mrs.
1799-1800, p. 185
Leaman, Thomas
1804-1808, p. 270
Leath, Samuel
1799-1800, p. 180; 1801-1803, p. 212
LeBatard, John Lewis
1798, p. 100; 1799-1800, p. 402; Assessment Book 1800, p. 117; 1801-1803, p. 223; 1804-1808, p. 256
Lecaz (Lacaz), Dr.
1799-1800, p. 182
Lecaz (Lacaz), Dr. (estate of)
1801-1803, p. 213
LeClerc, Francois
1798, p. 18
Leclere, Lewis
Assessment Book 1800, p. 228; 1804-1808, p. 263
Leclere, Mons.
1799-1800, p. 400; 1801-1803, p. 222
LeCog, John
1799-1800, p. 181
LeDuc & Bonnefin
Assessment Book 1800, p. 128; 1804-1808, p. 27
Leduc (Leduce), Lawrence
1799-1800, p. 188; 1801-1803, p. 218
Leduce & Co.
1798, p. 202
Lee
Assessment Book 1800, p. 256; 1804-1808, p. 272
Lee & Price
1804-1808, p. 493
Lee & Urie
Assessment Book 1800, p. 175; 1804-1808, p. 260
Lee, Elizabeth
Assessment Book 1800, p. 117; 1804-1808, p. 256
Lee, George
1798, p. 224; 1799-1800, p. 404
Lee, George, Capt.
Assessment Book 1800, p. 354; 1801-1803, p. 220; 1804-1808, p. 270

Lee, John
1798, pp. 99, 219; 1799-1800, p. 191; Assessment Book 1800, p. 318; 1801-1803, p. 220; 1804-1808, p. 267
Lee, John (say George)
1799-1800, p. 191
Lee, Michael
1798, p. 98; 1799-1800, p. 180; 1801-1803, p. 210
Lee, Philip
Assessment Book 1800, p. 92; 1804-1808, p. 254
Lee, Richard
1804-1808, p. 520
Lee, Samuel
1799-1800, p. 186
Lee, Samuel W.
Assessment Book 1800, p. 278; 1804-1808, p. 265
Lee, Thomas S.
1804-1808, p. 495
Lee, William
Assessment Book 1800, p. 365; 1804-1808, pp. 270, 520
Leek, Nicholas
1798, p. 218; 1799-1800, p. 188; Assessment Book 1800, p. 322; 1801-1803, p. 219; 1804-1808, p. 267
Leeshrow, Madam
1799-1800, p. 183; 1801-1803, p. 214
Legard (LeGarde, Lagard), Madam
1799-1800, p. 182; Assessment Book 1800, p. 118; 1801-1803, p. 213; 1804-1808, p. 256
Leggitt (Legett), George
1799-1800, p. 179; 1801-1803, p. 211
Leggitt (Leggett), John
Assessment Book 1800, p. 48; 1804-1808, p. 252
Legin, John
1798, p. 125
LeGrand (LeGrande), Samuel (D.)
Assessment Book 1800, p. 198; 1801-1803, p. 210; 1804-1808, p. 261
Legue, John
1798, p. 245
Leightner, George
Assessment Book 1800, p. 248; 1801-1803, p. 216; 1804-1808, p. 272
Leinhart, Henry
1798, p. 109
Leinhart, Henry, Jr.
1799-1800, p. 402
Leith, Samuel
1798, p. 16; Assessment Book 1800, p. 19; 1804-1808, p. 251
Lemmon, John
1799-1800, p. 190; Assessment Book 1800, p. 308; 1801-1803, p. 227; 1804-1808, p. 266
Lemmon, Joshua
1798, p. 69; 1799-1800, p. 184; 1801-1803, p. 215
Lemmon, Sarah
Assessment Book 1800, p. 166; 1804-1808, p. 260
Leonard, Thomas
Assessment Book 1800, p. 159; 1804-1808, p. 259
Leopold, Frederick
Assessment Book 1800, p. 216; 1804-1808, p. 263

Lerett, Peter
1798, p. 92
Lermit, Vincent (barber)
Assessment Book 1800, p. 108
Lermitt, Vincent
1804-1808, pp. 255, 495
Lester, William
1804-1808, p. 264
Letter, Thomas
Assessment Book 1800, p. 281; 1804-1808, p. 265
Levely, Catherine
1799-1800, p. 186; 1801-1803, p. 217
Leveney, Augustis
1799-1800, p. 185
Levering, Aaron
Assessment Book 1800, p. 122; 1804-1808, p. 257
Levering, Aaron & John
Assessment Book 1800, p. 56; 1801-1803, p. 398; 1804-1808, p. 254
Levering, Enoch
Assessment Book 1800, p. 56; 1801-1803, p. 226; 1804-1808, p. 253
Levering, Enoch & Jesse
1798, p. 77; 1799-1800, p. 184; Assessment Book 1800, p. 84; 1801-1803, p. 215; 1804-1808, p. 255
Levering, Hannah
1798, p. 67; Assessment Book 1800, p. 161; 1801-1803, p. 222; 1804-1808, p. 259
Levering, Jesse
1798, p. 38; 1799-1800, p. 183; Assessment Book 1800, p. 145; 1801-1803, p. 214; 1804-1808, p. 258
Levering, Jesse & Enoch
1798, p. 77; 1799-1800, p. 184; Assessment Book 1800, p. 84; 1801-1803, p. 215; 1804-1808, p. 255
Levering, John
Assessment Book 1800, p. 74; 1804-1808, p. 254
Levering, John & Aaron
Assessment Book 1800, p. 56; 1801-1803, p. 398; 1804-1808, p. 254
Levering, Mrs.
1799-1800, p. 193
Levering, Nathan
Assessment Book 1800, p. 56; 1801-1803, p. 228; 1804-1808, p. 253
Levering, Peter
Assessment Book 1800, p. 56; 1801-1803, p. 225; 1804-1808, p. 253
Levingston, P.B.H.
1799-1800, p. 184
Levy, Benjamin
1799-1800, p. 180
Levy, Hetty & Philadelphia
1799-1800, p. 400; Assessment Book 1800, p. 9; 1801-1803, p. 222; 1804-1808, p. 251
Levy, Jacob F.
1798, p. 96; 1799-1800, p. 401
Levy, Levy Andrew
Assessment Book 1800, p. 136; 1804-1808, p. 257
Levy, Philadelphia & Hetty
1798, p. 9; 1799-1800, p. 400; Assessment Book 1800, p. 9; 1801-1803, p. 222; 1804-1808, p. 251

Levy, Thomas
Assessment Book 1800, p. 295; 1804-1808, p. 265
Lewis, Capt.
Assessment Book 1800, p. 350; 1804-1808, p. 272
Lewis, Dr.
1799-1800, p. 192
Lewis (Lewes), Jesse
1798, p. 238; 1799-1800, p. 404; 1801-1803, p. 225
Lewis, Margaret
Assessment Book 1800, p. 238; 1801-1803, p. 210; 1804-1808, p. 263
Lewis, Mary
1798, p. 192; 1799-1800, p. 192; Assessment Book 1800, p. 283; 1801-1803, p. 221; 1804-1808, p. 265
Lewis, Philip (creditors of)
1798, p. 156; Assessment Book 1800, p. 247; 1804-1808, p. 264
Lewis, Philip, Dr.
1801-1803, p. 221
Lewis, William Y.
Assessment Book 1800, p. 135; 1804-1808, p. 257
Leypold (Laypold) & Garts
1799-1800, p. 120; 1801-1803, p. 135
Leypold, John
1798, p. 34; Assessment Book 1800, p. 67; 1801-1803, p. 214; 1804-1808, p. 254
Liddle, Catharine
Assessment Book 1800, p. 308; 1804-1808, p. 266
Liggett (Liggitt), George
1798, p. 2; Assessment Book 1800, p. 187; 1804-1808, p. 261
Lightner, George
1798, p. 133; 1799-1800, p. 185
Lightner, John
1799-1800, p. 192
Lincenberger, John
1799-1800, p. 401
Linch
Assessment Book 1800, p. 354
Lindenberger, Frederick
Assessment Book 1800, p. 56; 1804-1808, p. 253
Lindenberger, Frederick & Co.
1801-1803, p. 227
Lindenberger, George
1798, p. 2; 1799-1800, p. 179; Assessment Book 1800, p. 2; 1801-1803, p. 211; 1804-1808, p. 251
Lindenberger, George & C.
1801-1803, p. 228
Lindenberger, George, (estate of)
1798, p. 118; 1799-1800, p. 184; Assessment Book 1800, p. 4; 1801-1803, p. 215; 1804-1808, p. 251
Lindsey, Widow
1799-1800, p. 190
Lineman, Mrs.
1799-1800, p. 191
Lines, John & Carty, John
1799-1800, p. 66

Linsenberger
1798, p. 74
Linthicum, Amasa
1798, p. 111; 1799-1800, p. 403; 1801-1803, p. 224
Linville (Linvill), John
1798, p. 144; 1799-1800, p. 186
Linville, John (estate of)
1801-1803, p. 217
Linville, Martha, Mrs.
Assessment Book 1800, p. 207; 1804-1808, p. 261
Lister & Aringer
1799-1800, p. 187
Lister (Lester), William
1798, p. 181; 1799-1800, p. 192; Assessment Book 1800, p. 266; 1801-1803, p. 221
Litsenger (adjoining Perrigo's property)
1799-1800, p. 192
Litsinger, William
1798, p. 182
Littig & Schaffer
1804-1808, p. 424
Littig, George
1798, p. 148; 1799-1800, p. 186; Assessment Book 1800, p. 213; 1801-1803, p. 217; 1804-1808, p. 262
Littig, Philip
1798, p. 237; 1799-1800, p. 190; Assessment Book 1800, p. 141; 1801-1803, p. 220; 1804-1808, p. 258
Littig, Widow
1801-1803, p. 226
Little, James
Assessment Book 1800, p. 335; 1804-1808, p. 268
Little, Mary M.
Assessment Book 1800, p. 368; 1804-1808, p. 270
Little, Peter
1798, p. 90; 1799-1800, p. 179; Assessment Book 1800, p. 138; 1801-1803, p. 211; 1804-1808, p. 257
Little, Robert
1799-1800, p. 189; Assessment Book 1800, p. 341; 1804-1808, p. 268
Littlejohn, Miles
Assessment Book 1800, p. 122
Littlejohn, Miles, Dr.
1798, p. 96; 1799-1800, p. 181; 1801-1803, p. 212; 1804-1808, p. 257
Littlejohn, Thomas
1798, p. 104; 1799-1800, p. 189; Assessment Book 1800, p. 138; 1801-1803, p. 219; 1804-1808, p. 257
Litzinger, George
1799-1800, p. 180; 1801-1803, p. 212
Litzinger, William
1801-1803, p. 221
Livering & West
1804-1808, p. 541
Livers, Arnold
1798, p. 16; 1799-1800, p. 180; Assessment Book 1800, p. 20; 1801-1803, p. 212; 1804-1808, p. 251

Livesay (Livesy), William
1798, p. 101; 1799-1800, p. 182; Assessment Book 1800, p. 114; 1801-1803, p. 213; 1804-1808, p. 256
Livingston, Mrs.
1804-1808, p. 250
Livingston, Mrs. (of N. York)
Assessment Book 1800, p. 152
Lloyd, Buchanan, Courtenay Co.
1798, p. 1
Lloyd, Perry
1798, p. 12; 1799-1800, p. 400; 1801-1803, p. 222
Lloyd, Sarah
Assessment Book 1800, p. 173; 1804-1808, p. 260
Loberca, Madam
1798, p. 169; 1799-1800, p. 403; 1801-1803, p. 224
Lock, Nathaniel
1798, p. 94; 1799-1800, p. 401; Assessment Book 1800, p. 109; 1801-1803, p. 223; 1804-1808, p. 256
Logan, Michael
1799-1800, p. 187; Assessment Book 1800, p. 308; 1801-1803, p. 228; 1804-1808, p. 266
Logan, Samuel
1798, p. 170; 1799-1800, p. 403; 1801-1803, p. 225
Lomas, David
1801-1803, p. 227
Lomenie, Madam (Mrs.)
Assessment Book 1800, p. 147; 1804-1808, p. 250
Loney, Amos
1798, p. 124; 1799-1800, p. 183; Assessment Book 1800, p. 225; 1801-1803, p. 214; 1804-1808, p. 262
Long & Hunter
1799-1800, p. 142
Long, Carey
1798, p. 193; 1799-1800, p. 403
Long, Henry
Assessment Book 1800, p. 245; 1804-1808, p. 263
Long, James
1798, p. 113; 1799-1800, p. 185; Assessment Book 1800, p. 164; 1801-1803, p. 216; 1804-1808, p. 260
Long, John
1798, p. 229; 1799-1800, p. 190; Assessment Book 1800, p. 314; 1801-1803, p. 219; 1804-1808, p. 266
Long, Kennedy
1798, p. 117; Assessment Book 1800, p. 96; 1801-1803, p. 215; 1804-1808, p. 255
Long, Robert Carey
Assessment Book 1800, p. 51; 1801-1803, p. 225; 1804-1808, p. 252
Long, Samuel
Assessment Book 1800, p. 257; 1801-1803, p. 228; 1804-1808, p. 264
Long, Selvanius, Capt.
1804-1804, p. 520
Long, Thomas
1798, p. 215; 1799-1800, p. 188; Assessment Book 1800, p. 328; 1801-1803, p. 218; 1804-1808, p. 267

Lorman & Fulfords
Assessment Book 1800, p. 175; 1804-1808, p. 144
Lorman, William
1798, p. 114; 1799-1800, p. 179; Assessment Book 1800, p. 140; 1801-1803, p. 211; 1804-1808, p. 258
Lorwick, Nicholas
1804-1808, p. 272
Lotze, Henry
Assessment Book 1800, p. 336; 1804-1808, p. 268
Louderman, Frederick
1799-1800, p. 187; 1801-1803, p. 218
Love, Elizabeth
1798, p. 83; 1799-1800, p. 185; Assessment Book 1800, p. 232; 1801-1803, p. 216; 1804-1808, p. 263
Love, John
Assessment Book 1800, p. 254; 1804-1808, p. 264
Lovell, William
1804-1808, p. 520
Low & Williams
1799-1800, p. 330; 1801-1803, p. 373
Low, Cornelius
1798, p. 207; 1799-1800, p. 187; Assessment Book 1800, p. 342; 1801-1803, p. 217; 1804-1808, p. 269
Low, James
1804-1808, p. 269
Low, James (ships carpenter)
Assessment Book 1800, p. 347
Lowderman, Frederick
1798, p. 204; 1804-1808, p. 266
Lowderman, John
1798, p. 225; 1804-1808, p. 269
Lowderman, Margaret
1798, p. 221; 1804-1808, p. 269
Lowderman, Sarah
1798, p. 225
Lowman, William
Assessment Book 1800, p. 160; 1804-1808, p. 259
Lowry, Capt.
1801-1803, p. 226
Lowry, John
Assessment Book 1800, p. 135; 1804-1808, p. 271
Lowry, Samuel
Assessment Book 1800, p. 352; 1804-1808, p. 269
Loynes, William
1801-1803, p. 223
Lucas, Francis
1798, p. 105; 1799-1800, p. 402; Assessment Book 1800, p. 120; 1801-1803, p. 224; 1804-1808, p. 256
Luce, Fran. & Dr. (estate of)
Assessment Book 1800, p. 286
Lucky, James
1799-1800, p. 191
Lushrow, Margarett
1804-1808, p. 254
Lushrow, Mrs.
Assessment Book 1800, p. 60

Lushrow, Widow
1798, p. 38
Lutheran German Congregation
Assessment Book 1800, p. 209; 1804-1808, p. 271
Luttig, J. (John) C.
1798, p. 123; 1799-1800, p. 193; 1801-1803, p. 222
Luttig, Sarah
Assessment Book 1800, p. 162; 1804-1808, p. 259
Lynch
1804-1808, p. 269
Lynch, Elizabeth
Assessment Book 1800, p. 270; 1804-1808, p. 264
Lynch, Mary
1804-1808, p. 265
Lynch, Mary (of William)
Assessment Book 1800, p. 271
Lynch, Patrick
1799-1800, p. 188; 1801-1803, p. 218
Lynch, William
1798, p. 172; 1799-1800, p. 192
Lynch, William (estate of)
1801-1803, p. 221
Lynes, William
1798, p. 96; 1799-1800, p. 401; Assessment Book 1800, p. 107; 1804-1808, p. 271
Lyon
Assessment Book 1800, p. 152; 1804-1808, p. 259
Lyon, Samuel
Assessment Book 1800, p. 54; 1801-1803, p. 228; 1804-1808, p. 253
Lytton, John W.
Assessment Book 1800, p. 161; 1804-1808, p. 259

McAlister, Mrs.
1799-1800, p. 199
McAllister, John
Assessment Book 1800, p. 260; 1804-1808, pp. 302, 521
McBlair, Michael
Assessment Book 1800, p. 168; 1801-1803, p. 410; 1804-1808, p. 291
McBride, Capt.
1801-1803, p. 264
McBride, Mrs.
Assessment Book 1800, p. 304; 1804-1808, p. 309
McCabe, John
1798, p. 173; 1799-1800, p. 227; 1801-1803, p. 253
McCaferty, Thomas
1798, p. 25; 1799-1800, p. 406
McCaffer, John
Assessment Book 1800, p. 251; 1804-1808, p. 300
McCalister (McCallister), John
1799-1800, p. 223; 1801-1803, p. 250
McCandless, George & Robert
Assessment Book 1800, p. 244; 1804-1808, p. 299
McCandless, James
Assessment Book 1800, p. 231; 1804-1808, p. 297

McCandless, Robert
1799-1800, p. 226; 1804-1808, p. 521
McCandless, Robert & George
Assessment Book 1800, p. 244; 1804-1808, p. 299
McCandless, Sarah
1798, p. 155; 1799-1800, p. 215; Assessment Book 1800, p. 161; 1801-1803, p. 245; 1804-1808, p. 290
McCane, James
1799-1800, p. 442
McCann, James
1799-1800, p. 214
McCannon
1799-1800, p. 204
McCannon, James
1798, p. 92; 1799-1800, p. 195; Assessment Book 1800, p. 106; 1801-1803, p. 230; 1804-1808, p. 284
McCarty, Capt.
Assessment Book 1800, p. 344; 1804-1808, p. 313
McCarty, Mrs.
1799-1800, p. 228
Macary, I.I.S.
Assessment Book 1800, p. 51
Macary, J.J.
1801-1803, p. 231
Macary, J.J. St.
1804-1808, p. 279
Macary, S.
1798, p. 7
McCaskey, Alexander
1799-1800, p. 218
McCaughy, Patrick
Assessment Book 1800, p. 130; 1804-1808, p. 286
McCausland, Marcus
1798, p. 60; 1799-1800, p. 201; Assessment Book 1800, p. 98; 1801-1803, p. 235; 1804-1808, p. 284
McCay, John
1799-1800, p. 218
McCay, John (estate of)
1801-1803, p. 247
McClarity (McClarety), John
1798, p. 220; 1799-1800, p. 219; 1801-1803, p. 247
McCleary, Elizabeth
Assessment Book 1800, p. 159; 1804-1808, p. 289
McCleester, Henry
1804-1808, p. 496
McClellan, John
1799-1800, p. 195; Assessment Book 1800, p. 6; 1801-1803, p. 267; 1804-1808, p. 274
McClellan, Robert
Assessment Book 1800, p. 182; 1804-1808, p. 292
McClerney, Mathew
1804-1808, p. 522
McClure, John
1804-1808, p. 279
McColem, Duncan
1798, p. 234; 1799-1800, p. 414; 1801-1803, p. 261

McCollester, Charles
1798, p. 177; 1799-1800, p. 411; 1801-1803, p. 259
McCollester, John
1798, p. 177
McCollum (McColem) & Cline
Assessment Book 1800, p. 316; 1801-1803, p. 411; 1804-1808, p. 321
McCollum, Duncan
Assessment Book 1800, p. 315; 1804-1808, p. 310
McCollum, Mathew
Assessment Book 1800, p. 188; 1804-1808, p. 293
McConal, James
1798, p. 238; 1799-1800, p. 414
McCondell, James
1799-1800, p. 197
McConkey, James
1798, p. 212; 1799-1800, p. 193; Assessment Book 1800, p. 265; 1801-1803, p. 229; 1804-1808, p. 303
McConkey, William
1798, p. 190; 1799-1800, p. 226; Assessment Book 1800, p. 290; 1801-1803, p. 252; 1804-1808, p. 307
McConnall, Capt.
1801-1803, p. 264
McConnall, Mrs.
Assessment Book 1800, p. 62
McConnell, Elizabeth
Assessment Book 1800, p. 193; 1804-1808, p. 293
McConnell, James
1801-1803, p. 261; 1804-1808, p. 278
McConnell (McConell), John
1798, p. 36; 1799-1800, p. 202; 1801-1803, p. 236
McConnell, John (estate of)
Assessment Book 1800, p. 48
McConnell, Mathew
1798, p. 9; 1799-1800, p. 405; 1801-1803, p. 254
McConnell, Thomas, Capt.
1804-1808, p. 321
McConnell, William
1799-1800, p. 215
McCook, James
1798, p. 7; 1799-1800, p. 404; 1801-1803, p. 254
McCormick & DeButts
1798, p. 67; 1799-1800, p. 407
McCormick, James
Assessment Book 1800, p. 5
McCormick, James, Jr.
1798, p. 10; 1799-1800, p. 405; 1801-1803, p. 254; 1804-1808, p. 273
McCormick, William
Assessment Book 1800, p. 193; 1804-1808, p. 293
McCoy
1801-1803, p. 266
McCoy, Andrew & Joseph
Assessment Book 1800, p. 81; 1804-1808, p. 282
McCoy, John
1798, p. 215

McCreery, John
1801-1803, p. 396; 1804-1808, p. 309
McCreery, William
1798, p. 67; 1799-1800, p. 206; Assessment Book 1800, pp. 162, 304; 1801-1803, p. 238; 1804-1808, p. 290
McCubbin, William H.
Assessment Book 1800, p. 301; 1804-1808, p. 309
McCulloch & Birckhead
1799-1800, p. 210
McCulloch (McCulloh), Hugh
Assessment Book 1800, p. 258; 1804-1808, p. 302
McCulloch, James H.
1798, p. 39; Assessment Book 1800, p. 64; 1801-1803, p. 241
McCully, John
Assessment Book 1800, p. 259; 1804-1808, p. 301
McCulum, Duncan & Cline, Anthony
1799-1800, p. 221
McCurdy, Hugh
1798, p. 48; 1799-1800, p. 203; Assessment Book 1800, p. 79; 1801-1803, p. 236; 1804-1808, p. 282
McDennett, (Grace), Mrs.
1799-1800, p. 218
McDermet, Grace
1798, p. 239
McDermot, Mrs.
Assessment Book 1800, p. 357; 1804-1808, p. 319
McDermot (McDormat), Thomas
1798, p. 242; 1799-1800, p. 414; 1801-1803, p. 262
McDohs, John
1799-1800, p. 201
McDonald (McDonal), Alexander
1798, p. 211; Assessment Book 1800, p. 336; 1804-1808, p. 312
McDonald, Alexander (Fells Bounty)
1799-1800, p. 219
McDonald, Alexander (Fells Point)
1801-1803, p. 247
McDonald, Alexander & Co.
1798, p. 27; 1799-1800, p. 200; 1801-1803, p. 234
McDonald & Ridgeley (Ridgely)
Assessment Book 1800, p. 80; 1804-1808, p. 318
McDonald, Barnabas
1798, p. 8; 1799-1800, p. 405; Assessment Book 1800, p. 50; 1801-1803, p. 254
McDonald (McDonal), Samuel
1798, p. 204; 1799-1800, p. 217; 1801-1803, p. 246; 1804-1808, p. 309
McDonald, Sarah
1799-1800, p. 214
McDonald, Thomas
1799-1800, p. 224
McDonald, William
1798, p. 124; 1801-1803, p. 246
McDonald, William & Co.
1798, p. 124
McDonald, William, Capt.
1799-1800, p. 217; Assessment Book 1800, p. 136

McDonnald, John
1799-1800, p. 209
McDonnell, William
1804-1808, p. 287
McDonough, John
1798, p. 62; 1799-1800, p. 194; Assessment Book 1800, p. 91; 1801-1803, p. 229; 1804-1808, p. 283
McDowel (McDowell, McDowall), George
1799-1800, p. 206; Assessment Book 1800, p. 206; 1801-1803, p. 411; 1804-1808, p. 294
McDowell (McDowall), Hugh
Assessment Book 1800, p. 256; 1804-1808, p. 301
McDowell, Mrs.
Assessment Book 1800, p. 358; 1804-1808, p. 316
McDowell, Samuel
Assessment Book 1800, p. 304
McDowel, Thomas
1798, p. 210
McDowell, Thomas (estate of)
1801-1803, p. 251
McEdue, Eliazbeth
1798, p. 175; 1799-1800, p. 411
McEldery (McElderry), Thomas
1798, p. 138; 1799-1800, p. 210; Assessment Book 1800, p. 206; 1801-1803, p. 242; 1804-1808, p. 295
McElroy (McEllroy)
Assessment Book 1800, p. 287; 1804-1808, p. 320
McEvers, Daniel
Assessment Book 1800, p. 217; 1804-1808, p. 320
McFadon, Hugh
1804-1808, p. 521
McFadon (McFaddon, McFadden), John
1798, p. 80; 1799-1800, p. 208; Assessment Book 1800, pp. 39, 260; 1801-1803, p. 240; 1804-1808, pp. 277, 302
McFadon (McFaddon), John & Co.
1798, p. 80; 1799-1800, p. 208; Assessment Book 1800, p. 174; 1801-1803, p. 240; 1804-1808, p. 291
McFadon, Mrs.
1799-1800, p. 206
McFadon (McFaddon), William
1799-1800, p. 226; 1801-1803, p. 252
McFarlen (McFarlin), John
1798, p. 18; 1799-1800, p. 198
McFarren, John
1798, p. 122; Assessment Book 1800, p. 183; 1801-1803, p. 232; 1804-1808, p. 292
McGathery & Woollen
1799-1800, p. 438
McGill, John
1804-1808, p. 313
McGilton, Daniel
1798, p. 107; 1799-1800, p. 205; 1801-1803, p. 238
McGinniss
1799-1800, p. 225
McGinniss, Roger
1801-1803, p. 265

McGladery, John
1799-1800, p. 194
McGlason (McGlasson), William
1798, p. 103; 1799-1800, p. 200; 1801-1803, p. 234
McGlasson, Mrs.
Assessment Book 1800, p. 119; 1804-1808, p. 286
McGlathery, John
1798, p. 89
McGlaughlice, Michael
1799-1800, p. 196
McGloligan (McGonegal), Rowland
1798, p. 177; 1799-1800, p. 224; 1801-1803, p. 250
McGowan (McGowen), John
1798, p. 184; 1799-1800, p. 226; Assessment Book 1800, p. 286; 1801-1803, p. 252; 1804-1808, p. 307
McGruder, William B.
1804-1808, p. 282
McGuinn (McGrum, McGwinn), William
1798, p. 102; 1799-1800, p. 200; 1801-1803, p. 234
McGunn, William
1804-1808, p. 285
McHenry, D.
1799-1800, p. 203
McHenry, Dennis
1798, p. 64; 1799-1800, p. 211; Assessment Book 1800, p. 53; 1801-1803, p. 243; 1804-1808, p. 279
McHenry, Francis D.
1804-1808, p. 494
McHenry, James
1798, p. 47; 1799-1800, p. 202; Assessment Book 1800, p. 102; 1801-1803, p. 235; 1804-1808, p. 284
McIlvaine (McIlvain), Alexander
1798, p. 94; 1799-1800, p. 408; Assessment Book 1800, p. 35; 1801-1803, p. 256; 1804-1808, p. 277
McIntire, John
1798, p. 77; 1799-1800, p. 207; Assessment Book 1800, p. 166; 1801-1803, p. 239; 1804-1808, p. 290
Mack, Margaret
1798, p. 226; Assessment Book 1800, p. 352; 1804-1808, p. 314
Mack, Mrs.
1799-1800, p. 222; 1801-1803, p. 249
Mackall, Richard
1804-1808, p. 521
Mackattee (Mackatee), Clement
Assessment Book 1800, p. 247; 1804-1808, p. 300
McKay, Capt.
Assessment Book 1800, p. 353; 1804-1808, p. 315
McKean & Barclay
Assessment Book 1800, p. 184; 1804-1808, p. 36
McKean & Swan
1799-1800, p. 271
McKean, James
Assessment Book 1800, p. 150; 1801-1803, p. 267; 1804-1808, p. 288
McKean (McKeen), John (agent for John Helms)
1798, p. 4; 1799-1800, p. 195; Assessment Book 1800, pp. 3, 7; 1801-1803, p. 230; 1804-1808, p. 273

McKendell (McKindle), John
1799-1800, p. 197; 1801-1803, p. 232
Mackenheimer, John
1798, p. 137; Assessment Book 1800, p. 266; 1801-1803, p. 254; 1804-1808, p. 303
Mackenheimer, John & Peter
1798, p. 137; 1801-1803, p. 242
Mackenheimer, Nicholas
Assessment Book 1800, p. 43; 1804-1808, p. 278
Mackenheimer, Peter
1798, p. 137; 1801-1803, p. 253; 1804-1808, p. 303
Mackenheimer, Peter (estate of)
Assessment Book 1800, p. 266
Mackenheimer, Peter & John
1798, p. 137; 1801-1803, p. 242
McKensie (McKenzie), William
1798, p. 74; 1799-1800, p. 207; 1801-1803, p. 240
McKenzie, Colin (Collin), Dr.
Assessment Book 1800, p. 282; 1801-1803, p. 263; 1804-1808, p. 307
McKenzie, George
Assessment Book 1800, p. 168
McKerie, J.J.F.
1799-1800, p. 196
Mackie, Hugh
1798, p. 86; 1799-1800, p. 407; 1801-1803, p. 256
Mackie, Mrs.
1799-1800, p. 208
McKim & Shields
1799-1800, p. 428; Assessment Book 1800, p. 73; 1801-1803, p. 336; 1804-1808, p. 281
McKim, Alexander & Robert
1798, p. 70; 1799-1800, p. 206; Assessment Book 1800, p. 23; 1801-1803, p. 238; 1804-1808, p. 275
McKim (McKimm), Isaac
Assessment Book 1800, p. 178; 1801-1803, p. 410; 1804-1808, p. 292
McKim, John, Jr.
1798, p. 66; 1799-1800, p. 207; Assessment Book 1800, p. 3; 1801-1803, p. 239; 1804-1808, p. 273
McKim, John, Sr.
1798, p. 37; 1799-1800, p. 203; Assessment Book 1800, p. 55; 1801-1803, p. 236; 1804-1808, pp. 279, 494
McKim, Robert & Alexander
1798, p. 70; 1799-1800, p. 206; Assessment Book 1800, p. 23; 1801-1803, p. 238; 1804-1808, p. 275
McKim (McKimm), Samuel
Assessment Book 1800, p. 235; 1801-1803, p. 398; 1804-1808, p. 298
McKim, Samuel & Williams, Amos
1804-1808, p. 522
McKim, William D.
1804-1808, p. 522
Mackinhammer, John
1799-1800, p. 229
Mackinhamer, John & Peter
1799-1800, p. 211

Mackinhammer, Peter
1799-1800, p. 229
Mackinhamer, Peter & John
1799-1800, p. 211
McKindle, James
1804-1808, p. 311
McKindle, John
1798, p. 19; 1804-1808, p. 277
McKinnel, James
Assessment Book 1800, p. 326
McKinnell, John
Assessment Book 1800, p. 39
McKinney
1801-1803, p. 398
McKinney, Thomas, Capt.
Assessment Book 1800, p. 337
McKinsey, Benjamin
1799-1800, p. 218
McKinsey, Mrs.
1799-1800, p. 227
McKinsey, Roderick
1799-1800, p. 223
McKinzie, George
1804-1808, p. 290
Mackleroy, James
1798, p. 25
McKnight, James
Assessment Book 1800, p. 274; 1804-1808, p. 306
Mackrill, Dr.
1798, p. 128; 1799-1800, p. 409; 1801-1803, p. 257
McLane, Adam
1798, p. 74; 1799-1800, p. 207; Assessment Book 1800, p. 25; 1801-1803, p. 240; 1804-1808, p. 276
McLaran (McLarran), John
Assessment Book 1800, p. 298; 1804-1808, p. 320
McLaughlin, John
Assessment Book 1800, p. 194; 1804-1808, p. 293
McLaughlin, Mary
1798, p. 67; 1799-1800, p. 205
McLean, Charles
1801-1803, p. 396
McLure, John
Assessment Book 1800, p. 52
McManus (McMannus), Owen
Assessment Book 1800, p. 144; 1801-1803, p. 266; 1804-1808, p. 288
McMechan, Margarett
1798, p. 211
McMechen & Boyd
1798, p. 112; 1799-1800, p. 409; 1801-1803, p. 396
McMechen, Daniel
1798, p. 59
McMechen (Mecken), David
1799-1800, p. 204; Assessment Book 1800, p. 97; 1801-1803, p. 237; 1804-1808, p. 283

McMechen, Mrs.
Assessment Book 1800, p. 353; 1804-1808, p. 315
McMechen, William
1798, p. 112; 1799-1800, p. 225; Assessment Book 1800, p. 157; 1801-1803, p. 251; 1804-1808, p. 289
McMechen, William (estate of)
1801-1803, p. 251
McMyers (McMeyers), John
1798, p. 197; 1799-1800, p. 412; Assessment Book 1800, p. 304; 1801-1803, p. 260; 1804-1808, p. 309
McNeal (McNeil), John, Capt.
Assessment Book 1800, p. 323; 1804-1808, p. 311
McNeile, John
1804-1808, p. 497
McNemar (McNemare, McNemer), Thomas
1798, p. 208; 1799-1800, p. 413; 1801-1803, p. 260
McPherson, Isaac
Assessment Book 1800, p. 25; 1804-1808, p. 276
McQuim, William
Assessment Book 1800, p. 117
McQuinn, William
1799-1800, p. 212
McSherry, James
1799-1800, p. 405; Assessment Book 1800, p. 11; 1801-1803, p. 266; 1804-1808, p. 293
McSherry, William
1798, p. 14
McTeir (McTier), Alexander
1798, p. 95; 1799-1800, p. 408; Assessment Book 1800, p. 132; 1801-1803, p. 256; 1804-1808, p. 287
Made, Martha
1798, p. 237; 1799-1800, p. 414; 1801-1803, p. 261
Madewell, Alexander
Assessment Book 1800, p. 295; 1804-1808, p. 308
Madewell (Madwell, Maidwell), James
1798, p. 134; 1799-1800, p. 212; 1801-1803, p. 243
Maggs, Jane, Mrs.
1798, p. 147; Assessment Book 1800, p. 211; 1804-1808, p. 295
Maggs, Mrs.
1799-1800, p. 214; 1801-1803, p. 244
Magill, John
Assessment Book 1800, p. 344
Magruder, William B.
Assessment Book 1800, p. 80
Maier, C. (Christian)
1799-1800, p. 204; 1801-1803, p. 237
Mainson, Mr.
1801-1803, p. 264
Mainster (Mainsted), Jacob
Assessment Book 1800, p. 361; 1801-1803, p. 411
Male, Keziah (Kaziah)
Assessment Book 1800, p. 272; 1804-1808, p. 305
Male, Samuel
1798, p. 173
Male, Samuel (estate of)
1801-1803, p. 255

Maleary, John, Capt.
Assessment Book 1800, p. 337; 1801-1803, p. 263; 1804-1808, p. 312
Malery, John
Assessment Book 1800, p. 356
Maloy, John
1804-1808, p. 316
Managers of the Baltimore Assembly (see Baltimore Assembly, Managers of the)
Mann, Anthony
1798, p. 83; 1799-1800, p. 205; Assessment Book 1800, p. 203; 1801-1803, p. 238; 1804-1808, p. 294
Mann, Frederick
Assessment Book 1800, p. 253; 1804-1808, p. 300
Mann, Mary
1799-1800, p. 211
Mann, Zachariah
Assessment Book 1800, p. 193; 1804-1808, p. 293
Mannell, James
Assessment Book 1800, p. 357; 1804-1808, p. 316
Manning, Thomas, Capt.
Assessment Book 1800, p. 348; 1801-1803, p. 264; 1804-1808, p. 314
Manro, Jonathan
Assessment Book 1800, p. 12; 1801-1803, p. 398
Mansfield, Polly
Assessment Book 1800, p. 89; 1804-1808, p. 283
Manspecher, Henry
1799-1800, p. 196
Manwaring, Mrs.
1798, p. 126; 1799-1800, p. 209
Mapelton, John
1798, p. 3
Marass, Mrs.
1798, p. 61
March, John
1799-1800, p. 197
Marchant
1801-1803, p. 237
Marche
1801-1803, p. 266
Marean, Jonas
1798, p. 79; 1799-1800, p. 208; Assessment Book 1800, p. 116; 1801-1803, p. 240; 1804-1808, p. 320
Marehare
1799-1800, p. 205
Maries & Brown
1799-1800, p. 21
Marine Insurance Office
1804-1808, p. 497
Maris & Wilson
Assessment Book 1800, p. 170; 1804-1808, p. 291
Markell, William
1798, p. 157; 1799-1800, p. 216; 1801-1803, p. 245
Maroy, Mrs.
1799-1800, p. 204
Marr
1804-1808, p. 312

Marr, Charles
Assessment Book 1800, p. 242; 1804-1808, p. 299
Marr, Widow
Assessment Book 1800, p. 338
Marr, William
Assessment Book 1800, p. 369; 1804-1808, p. 318
Marrick, Elizabeth (Frenchwoman)
Assessment Book 1800, p. 268; 1804-1808, p. 304
Marseacq, Madame
1798, p. 29
Marsh, John
1798, p. 15; Assessment Book 1800, p. 29; 1801-1803, p. 231; 1804-1808, p. 276
Marsh, William
1798, p. 175; 1799-1800, p. 411; 1801-1803, p. 259
Marshall, Francis
Assessment Book 1800, p. 154; 1804-1808, p. 288
Marsho, Joseph
1798, p. 17; 1799-1800, p. 405; 1801-1803, p. 255
Marston, Corneluis
1801-1803, p. 264
Marston, David
Assessment Book 1800, p. 346; 1804-1808, p. 314
Martiacq (Martiacque), John
Assessment Book 1800, p. 149; 1804-1808, p. 288
Martin & Jauffret
1798, p. 149; 1799-1800, p. 410; 1801-1803, p. 258
Martin, Alexander
Assessment Book 1800, p. 127; 1804-1808, p. 286
Martin, Athansius (Athanatius)
1798, p. 198; 1799-1800, p. 222; Assessment Book 1800, p. 269; 1801-1803, p. 249; 1804-1808, p. 304
Martin, George, Capt.
1798, p. 198; 1799-1800, p. 217; Assessment Book 1800, p. 309; 1801-1803, p. 246; 1804-1808, p. 309
Martin, Hugh
1798, p. 73; 1799-1800, p. 227; Assessment Book 1800, p. 278; 1801-1803, p. 253; 1804-1808, p. 206
Martin, James
1798, p. 69; 1799-1800, p. 206; Assessment Book 1800, p. 169; 1801-1803, pp. 238, 411; 1804-1808, p. 291
Martin, John
1798, p. 3; 1799-1800, p. 195; Assessment Book 1800, pp. 6, 220; 1804-1808, pp. 274, 296
Martin, John (baker)
1799-1800, p. 404
Martin, John (Frenchman)
1799-1800, p. 217
Martin, John (tailor)
1801-1803, p. 230
Martin, Luther
1798, p. 90; 1799-1800, p. 408; Assessment Book 1800, p. 125; 1804-1808, p. 286
Martin, Nicholas
Assessment Book 1800, p. 300; 1804-1808, p. 308

Martin or Hall
1799-1800, p. 158
Marvell, Francis
1799-1800, p. 216; 1804-1808, p. 284
Marvell, Francis (estate of)
1798, p. 153; Assessment Book 1800, p. 226; 1801-1803, p. 245; 1804-1808, p. 319
Maryland, Bank of (see Bank of Maryland)
Maryland Insurance Office
Assessment Book 1800, p. 178; 1801-1803, p. 263; 1804-1808, p. 229
Mason, John C.
1799-1800, p. 229
Massey, Joseph
1798, p. 33; 1799-1800, p. 203; 1801-1803, p. 236
Massey, William
1804-1808, p. 522
Matchett, John
1804-1808, p. 321
Mathers, Michael
1801-1803, p. 265
Mathews (Matthews), Ann
1799-1800, p. 228; Assessment Book 1800, p. 203; 1804-1808, p. 294
Mathews, Francis
1804-1808, p. 302
Mathews, George
1804-1808, p. 306
Mathews (Matthews), James
1798, p. 69; 1799-1800, p. 212
Mathews, John
1798, p. 182; 1804-1808, pp. 304, 496
Mathews (Matthews), Samuel
1798, p. 183; 1804-1808, p. 304
Mathews, Thomas
1804-1808, p. 305
Mathews, William
1798, p. 70; 1799-1800, p. 228; Assessment Book 1800, p. 109; 1804-1808, p. 285
Mathews (Matthews), Widow (Mrs)
1798, p. 139; 1799-1800, p. 409; 1801-1803, p. 257
Mathews (Matthews), William P.
1798, p. 12; 1799-1800, p. 197; Assessment Book 1800, p. 42; 1801-1803, p. 231; 1804-1808, p. 278
Mathias, John
1804-1808, p. 276
Mathiat (Mathiott, Mathiot), Christian
1798, p. 191; 1799-1800, p. 226; Assessment Book 1800, p. 290; 1801-1803, p. 252; 1804-1808, p. 307
Matterson, Adam
1804-1808, p. 296
Matthews, Francis
Assessment Book 1800, p. 261
Matthews, George
1798, p. 183; 1799-1800, p. 228; Assessment Book 1800, p. 277; 1801-1803, p. 253

Matthews, John
Assessment Book 1800, p. 268; 1801-1803, p. 262
Matthews, John (Gunpowder)
1799-1800, p. 412; 1801-1803, p. 259
Matthews, Samuel
1799-1800, p. 412; Assessment Book 1800, p. 269; 1801-1803, p. 260
Matthews, Thomas
Assessment Book 1800, pp. 270, 283
Matthews, William
1799-1800, p. 199; 1801-1803, p. 233
Matthias (baker)
Assessment Book 1800, p. 28
Mattison (Matterson), Aaron
1798, p. 151; 1799-1800, p. 214; Assessment Book 1800, p. 218; 1801-1803, p. 244
Maubray, James
1799-1800, p. 408
Mauchett, Henry
Assessment Book 1800, p. 352
Maurer, Peter
Assessment Book 1800, p. 94; 1804-1808, p. 283
May & Payson
1798, p. 41; 1799-1800, p. 209; Assessment Book 1800, p. 176; 1801-1803, p. 241; 1804-1808, p. 342
May, Benjamin
1799-1800, p. 206
May, Benjamin (estate of)
1801-1803, p. 239
May, Benjamin & Biays, Joseph (estate of)
Assessment Book 1800, p. 88; 1804-1808, p. 21
Mayer, Christian
1798, p. 49; Assessment Book 1800, p. 76; 1804-1808, p. 281
Maynard, Foster
1804-1808, p. 521
Mears, Jonathan
Assessment Book 1800, p. 49; 1804-1808, p. 319
Mears, Patrick
1799-1800, p. 220
Medcalf, Abraham
1799-1800, p. 220; 1804-1808, p. 317
Medcalf, Abraham, Jr.
Assessment Book 1800, p. 364
Medcalf, Abraham, Sr.
Assessment Book 1800, p. 364; 1801-1803, p. 265
Medes (Meads), Benjamin
Assessment Book 1800, p. 363; 1801-1803, p. 265; 1804-1808, p. 317
Medes, Martha
Assessment Book 1800, p. 367; 1804-1808, p. 317
Meeteer, Samuel
Assessment Book 1800, p. 229
Meley, Patrick
1799-1800, p. 220
Meloney, James
1798, p. 227; 1799-1800, p. 413; 1801-1803, p. 261

Memme
1799-1800, p. 201
Mendall
1799-1800, p. 221
Menear, George
1798, p. 239
Menster, Jacob
1804-1808, p. 317
Mentz, Joseph
1799-1800, p. 218; Assessment Book 1800, p. 354; 1801-1803, p. 247; 1804-1808, p. 315
Mercer, Benjamin
1799-1800, p. 200
Mercer, Benjamin J.
1798, p. 102
Mercer, Benjamin (J.) (estate of)
1801-1803, p. 234
Merchant, Mr.
1798, p. 50
Meredith, William
Assessment Book 1800, p. 20; 1804-1808, p. 275
Merica (Merrica), Charles
1799-1800, p. 196; Assessment Book 1800, p. 42; 1804-1808, p. 278
Merkin, Mr.
Assessment Book 1800, p. 242; 1804-1808, p. 299
Merkins (Murkins), David
1799-1800, p. 221; 1801-1803, p. 248
Merriken, Charles
1798, p. 12; 1801-1803, p. 231
Merrin, James
Assessment Book 1800, p. 274
Merryman & Richardson
Assessment Book 1800, p. 318; 1804-1808, p. 372
Merryman, Elijah
1798, p. 168; 1799-1800, p. 224; 1801-1803, p. 251
Merryman, Job
1804-1808, p. 321
Merryman, John
1798, p. 85; 1799-1800, p. 195; Assessment Book 1800, p. 103; 1801-1803, p. 230; 1804-1808, p. 284
Merryman, Joseph
1798, p. 176; 1799-1800, p. 411; Assessment Book 1800, p. 300; 1801-1803, p. 259; 1804-1808, p. 308
Merryman, Joshua
1799-1800, p. 228
Merryman, Micajah
1798, p. 163; 1799-1800, p. 318; Assessment Book 1800, p. 264; 1801-1803, p. 247; 1804-1808, p. 302
Merryman, Moses
Assessment Book 1800, p. 300; 1804-1808, p. 308
Merryman, Nicholas
1798, p. 192; 1799-1800, p. 412; 1801-1803, p. 260; 1804-1808, p. 301
Merryman, Nicholas (of Elijah)
Assessment Book 1800, p. 264; 1804-1808, p. 303

Merryman, Nicholas (of Richard)
Assessment Book 1800, p. 254
Merran, William
Assessment Book 1800, p. 214; 1801-1803, p. 262; 1804-1808, p. 295
Mertiacg, John
1799-1800, p. 216; 1801-1803, p. 245
Mesmer & Meyer
1801-1803, p. 410
Messersmith & Barry
1799-1800, p. 357; 1801-1803, p. 38
Messersmith, Samuel
1798, p. 148; 1799-1800, p. 215; 1801-1803, p. 244
Messersmith, William
1798, p. 164; 1799-1800, p. 215; Assessment Book 1800, p. 215; 1801-1803, p. 244; 1804-1808, p. 296
Messick, Capt. (Baptist)
Assessment Book 1800, p. 319; 1804-1808, pp. 310, 523
Messonnier (Messonier, Messionier), Henry
1798, p. 50; 1799-1800, p. 205; Assessment Book 1800, p. 92; 1801-1803, p. 238; 1804-1808, p. 283
Meteer, Samuel
1804-1808, p. 297
Metzer, Conrad
Assessment Book 1800, p. 360; 1804-1808, p. 410
Meyer & Mesmer
1801-1803, p. 410
Meyer, Andrew
Assessment Book 1800, p. 223; 1804-1808, p. 296
Meyer, Charles (innkeeper)
Assessment Book 1800, p. 228
Meyer, Charles J.
1804-1808, p. 297
Meyer, Frederick
Assessment Book 1800, p. 156; 1804-1808, p. 289
Meyers & Specers (estate of)
Assessment Book 1800, p. 200; 1804-1808, p. 402
Michael, John
1798, p. 73; 1799-1800, p. 217; 1801-1803, p. 246
Michael, John & Lewis
1801-1803, p. 267
Michael, Louis (Lewis)
Assessment Book 1800, p. 10; 1804-1808, p. 274
Michael, Louis (Lewis) & Wendel (Wendell)
Assessment Book 1800, p. 3; 1804-1808, p. 273
Michael, Wendell
Assessment Book 1800, p. 10; 1804-1808, p. 274
Michael, Wendell (Wendel) & Lewis (Louis)
Assessment Book 1800, p. 3; 1804-1808, p. 273
Michel, John
1798, p. 153
Mickle, John
1798, p. 85; 1799-1800, p. 194; Assessment Book 1800, p. 115; 1801-1803, p. 230; 1804-1808, p. 285
Mickle, Robert
1798, p. 87; 1799-1800, p. 194; Assessment Book 1800, p. 8; 1801-1803, p. 229; 1804-1808, p. 274

Midcalf, Thomas
1798, p. 37; 1799-1800, p. 407
Middleton, Gilbert
1799-1800, p. 223; Assessment Book 1800, p. 201; 1804-1808, p. 294
Midrick, Capt
1799-1800, p. 219
Mildews, Aquilla & Nathan
1799-1800, p. 222
Mildues, Aquilla
1798, p. 212; 1801-1803, p. 249
Mildues, Nathan
1798, p. 213; 1799-1800, p. 413; 1801-1803, p. 260
Mildues, Nathaniel
Assessment Book 1800, p. 365; 1804-1808, p. 317
Miles
1801-1803, p. 266
Miles & Dawees
Assessment Book 1800, p. 133
Miles & Dervees
1804-1808, p. 107
Miles, Aquila
Assessment Book 1800, p. 283; 1804-1808, p. 307
Miles, Daniel
Assessment Book 1800, p. 331; 1801-1803, p. 265
Miles, Zacheriah (Zachariah)
1798, p. 5; 1799-1800, p. 196; 1801-1803, p. 231; 1804-1808, p. 274
Milhau
Assessment Book 1800, p. 187
Milhua, M.
1804-1808, p. 292
Millenger, Frederick
1798, p. 23; 1799-1800, p. 193; 1801-1803, p. 229
Miller, Adam
1798, p. 20; 1799-1800, p. 405
Miller, Christian
1798, p. 22; 1799-1800, p. 198; Assessment Book 1800, p. 22; 1801-1803, p. 233; 1804-1808, p. 275
Miller, Elizabeth
1798, p. 155; 1799-1800, p. 215; Assessment Book 1800, p. 223; 1801-1803, p. 245; 1804-1808, p. 296
Miller, Frederick
1798, p. 176; 1799-1800, p. 224
Miller, Frederick (estate of)
1801-1803, p. 250
Miller, George
Assessment Book 1800, p. 199; 1804-1808, p. 294
Miller, George W.
1804-1808, p. 522
Miller, Henry
Assessment Book 1800, p. 266; 1801-1803, p. 410; 1804-1808, p. 303
Miller, Jacob
1798, pp. 21, 25, 162; 1799-1800, pp. 198, 406, 410; Assessment Book 1800, pp. 37, 246; 1801-1803, p. 258; 1804-1808, pp. 277, 299
Miller, James
1798, p. 160; 1799-1800, p. 213; 1801-1803, p. 243

Miller, John
1798, pp. 163, 246; 1799-1800, pp. 200, 217, 227; Assessment Book 1800, p. 299; 1801-1803, p. 253; 1804-1808, pp. 298, 308
Miller, John (Fells Point)
1801-1803, p. 246
Miller, John, Jr.
Assessment Book 1800, p. 237
Miller, Lewis
Assessment Book 1800, p. 254; 1804-1808, p. 301
Miller, Michael
Assessment Book 1800, p. 370; 1804-1808, p. 318
Miller, Mrs.
1799-1800, p. 202; Assessment Book 1800, p. 59; 1801-1803, p. 235; 1804-1808, p. 319
Miller, Peter
1798, p. 119; 1799-1800, p. 209; Assessment Book 1800, p. 180; 1801-1803, p. 241; 1804-1808, p. 292
Miller, Robert
Assessment Book 1800, p. 1; 1804-1808, p. 273
Miller, Widow
1798, p. 31
Miller, William
1798, p. 90; 1799-1800, p. 194; 1801-1803, p. 229
Millinger, Jacob
1804-1808, p. 522
Million, Patrick
1798, p. 78; 1799-1800, p. 208
Miltenberger, George
1799-1800, p. 212; Assessment Book 1800, p. 245; 1804-1808, p. 299
Miltenberger, George (estate of)
1798, p. 135; 1801-1803, p. 243
Miltenberger, Mrs.
Assessment Book 1800, p. 197; 1804-1808, p. 294
Mince, Joseph
1798, p. 238
Minchen (Minchin), John
1798, p. 126; 1799-1800, p. 210; 1801-1803, p. 396
Minchins, John
1804-1808, p. 306
Mingo, John
Assessment Book 1800, p. 95; 1804-1808, p. 283
Mires, Barbary
1799-1800, p. 202; 1801-1803, p. 236
Mires, Charles
1799-1800, p. 211; 1801-1803, p. 242
Mires, Christian
1799-1800, p. 223; 1801-1803, p. 250
Mires, Henry
1799-1800, p. 204; 1801-1803, p. 237
Mires, Jacob
1799-1800, p. 202; Assessment Book 1800, p. 149; 1804-1808, p. 288
Mires, Jacob (baker)
1801-1803, p. 235
Mires, Jacob (tobacconist)
1799-1800, p. 229

Mires, Margaret
1799-1800, p. 211
Mires, Mrs.
1799-1800, p. 225
Mires, Philip
1799-1800, p. 224; 1801-1803, p. 250
Mires, William
1799-1800, p. 197; 1801-1803, p. 232
Mitchell & Burke
1799-1800, p. 356
Mitchell & Shepherd
1798, p. 77; 1799-1800, p. 207; Assessment Book 1800, p. 85; 1801-1803, p. 239; 1804-1808, p. 389
Mitchell, Alexander
Assessment Book 1800, p. 221; 1801-1803, p. 263; 1804-1808, p. 296
Mitchell, Arthur
Assessment Book 1800, p. 256; 1804-1808, p. 301
Mitchell, Francis J.
1798, p. 117; Assessment Book 1800, p. 81; 1801-1803, p. 241; 1804-1808, p. 282
Mitchell, Francis T.
1799-1800, p. 210
Mitchell, Howell
Assessment Book 1800, p. 154; 1804-1808, p. 289
Mitchell, John
1798, pp. 46, 227; 1799-1800, pp. 199, 229; Assessment Book 1800, p. 72; 1801-1803, p. 233; 1804-1808, pp. 281, 311, 321
Mitchell, John, Capt.
1799-1800, p. 220; 1801-1803, p. 248
Mitchell, John (Frenchman)
1801-1803, p. 239
Mitchell, John (pilot)
Assessment Book 1800, p. 325
Mitchell, Joseph
Assessment Book 1800, p. 184; 1804-1808, p. 320
Mitchell, Matilda
Assessment Book 1800, p. 264; 1804-1808, p. 302
Mitchell, Peter
1798, p. 134; 1799-1800, p. 212; Assessment Book 1800, p. 237; 1801-1803, p. 243; 1804-1808, p. 298
Moak, John (Henry)
1798, p. 17; 1799-1800, p. 198; 1801-1803, p. 233
Moake, Mrs.
1804-1808, p. 297
Moale, Ellen, Mrs.
1799-1800, p. 443; Assessment Book 1800, p. 63; 1801-1803, p. 267; 1804-1808, p. 280
Moale, John
1798, p. 164; 1799-1800, p. 203
Moale, John (estate of)
Assessment Book 1800, p. 300
Moale, Randall
Assessment Book 1800, p. 61
Moale, Randall H.
1804-1808, p. 280

Moale, Richard
1798, p. 42; 1799-1800, p. 216
Moale, Richard (estate of)
Assessment Book 1800, p. 61
Moale, Richard H. (estate of)
1801-1803, p. 246; 1804-1808, p. 280
Moale, Samuel
1798, p. 56; 1799-1800, pp. 222, 407; Assessment Book 1800, p. 138; 1801-1803, p. 249; 1804-1808, p. 287
Moale, Thomas
1798, p. 71; 1799-1800, p. 195; Assessment Book 1800, p. 166; 1801-1803, p. 230; 1804-1808, p. 290
Moaton (Moreton)
1798, p. 191
Moaton, John (estate of)
1801-1803, p. 252
Moffitt, John
1798, p. 93; 1799-1800, p. 199; Assessment Book 1800, p. 110; 1801-1803, p. 233
Moffitt, Jorin
1804-1808, p. 318
Moffitt, Thomas
1799-1800, p. 200
Mohler, David
1799-1800, p. 199; 1801-1803, p. 234
Mohler (Mohlier, Moler), Peter
1798, p. 118; 1799-1800, p. 210; Assessment Book 1800, p. 230; 1801-1803, p. 242; 1804-1808, p. 297
Mohlier (Molier), Henry
1798, p. 115; 1799-1800, p. 210; 1801-1803, p. 242
Moke, Mr.
Assessment Book 1800, p. 230
Molar (Moler), David
1798, p. 23; Assessment Book 1800, p. 24; 1804-1808, p. 275
Molier & Lacomb
1799-1800, p. 400
Mompie
1799-1800, p. 201
Moncrief, Archibald
1798, p. 124; 1799-1800, p. 209; 1801-1803, p. 241
Moncur, William
Assessment Book 1800, p. 321; 1804-1808, p. 310
Monday, John
1799-1800, p. 229
Monett, Mrs.
1801-1803, p. 237
Mongee, Samuel
Assessment Book 1800, p. 150; 1801-1803, p. 234; 1804-1808, p. 288
Monnier, George
1799-1800, p. 225; Assessment Book 1800, p. 368; 1801-1803, p. 252; 1804-1808, p. 318
Monro, Jonathan
1804-1808, p. 275
Monshee, Samuel
1798, p. 29

Montalibau (Montalibou, Montalibow), Mons.
1798, p. 168; 1799-1800, p. 411; Assessment Book 1800, p. 246; 1801-1803, p. 258; 1804-1808, p. 300
Montgomery, Martin
1804-1808, p. 523
Montmonier, Charles
1804-1808, p. 523
Moody, Henry
1804-1808, p. 314
Moore, Athanatius
1799-1800, p. 219; Assessment Book 1800, p. 355; 1801-1803, p. 396; 1804-1808, p. 315
Moore, Christopher
Assessment Book 1800, p. 54; 1804-1808, p. 279
Moore, Daniel
1798, p. 131; 1799-1801, p. 211
Moore, David
1798, p. 32; 1799-1800, p. 202; Assessment Book 1800, p. 65; 1801-1803, p. 235; 1804-1808, p. 280
Moore, George W.
Assessment Book 1800, p. 65; 1804-1808, p. 280
Moore, Henry
1799-1800, p. 198; Assessment Book 1800, p. 19; 1801-1803, p. 232; 1804-1808, p. 319
Moore, Jacob
1798, pp. 15, 21; 1799-1800, p. 197; 1801-1803, p. 232
Moore, Jacob, Sr.
1799-1800, p. 406
Moore, James
1804-1808, p. 521
Moore, Jehu
1798, p. 163; 1799-1800, p. 410; Assessment Book 1800, p. 247; 1801-1803, p. 258; 1804-1808, p. 300
Moore, John
Assessment Book 1800, p. 349; 1804-1808, p. 314
Moore, John (rigger)
1801-1803, p. 264
Moore Johnson & Giles
1799-1800, p. 221; Assessment Book 1800, p. 359; 1801-1803, p. 248
Moore, Nicholas R., Capt.
1798, p. 100; 1799-1800, p. 408; Assessment Book 1800, p. 117; 1801-1803, p. 256; 1804-1808, p. 285
Moore, Philip
1799-1800, p. 215; Assessment Book 1800, p. 359; 1804-1808, p. 316
Moore, Robert
Assessment Book 1800, p. 143; 1804-1808, p. 287
Moore, Robert, Dr.
Assessment Book 1800, p. 337; 1804-1808, p. 312
Moore, Samuel
Assessment Book 1800, p. 143; 1804-1808, p. 287
Moore, Thomas
1798, pp. 39, 196; 1799-1800, pp. 204, 255; Assessment Book 1800, p. 60; 1801-1803, p. 237; 1804-1808, p. 280
Moore, Thomas, Capt.
Assessment Book 1800, p. 353; 1801-1803, p. 251; 1804-1808, pp. 315, 321

Moore, William
1799-1800, p. 213; Assessment Book 1800, pp. 117, 245; 1804-1808, pp. 285, 320
Moore, William (mulatto)
1798, p. 102; 1799-1800, p. 408; 1801-1803, p. 256
Moore, William (rigger)
1799-1800, p. 228
Moore, William L.
1798, p. 119; 1799-1800, p. 209; 1801-1803, p. 241
Moore, William S.
Assessment Book 1800, p. 173; 1804-1808, p. 291
Moores, Daniel, Dr.
1801-1803, p. 242
Morange & Hardevillier (Hariwillier)
1798, p. 240; 1799-1800, p. 227; 1801-1803, p. 179
Moransey, Joseph
1799-1800, p. 214
Mordecai, Isaac
Assessment Book 1800, p. 271; 1804-1808, p. 305
Mordecai, Rebecca
Assessment Book 1800, p. 271
Morel (say Monett)
1799-1800, p. 205
Moreton, Catharine
Assessment Book 1800, p. 297; 1804-1808, p. 308
Moreton, John A.
Assessment Book 1800, p. 224; 1801-1803, p. 245; 1804-1808, p. 297
Moreton, Polly
1798, p. 209
Morgan (Morgon), James
1798, p. 227; 1799-1800, p. 220; Assessment Book 1800, p. 318; 1801-1803, p. 248; 1804-1808, p. 310
Morgan, Jesse
Assessment Book 1800, p. 268; 1804-1808, p. 304
Morgan, Joel
Assessment Book 1800, p. 278; 1804-1808, p. 306
Morgan, John
1798, p. 217; 1799-1800, p. 413; Assessment Book 1800, p. 184; 1801-1803, p. 261; 1804-1808, p. 292
Morgan, Joseph
1801-1803, p. 265
Morgan, Mrs.
Assessment Book 1800, p. 342; 1804-1808, p. 313
Morgan, Thomas
1798, pp. 180, 232; 1799-1800, pp. 219, 222, 227; Assessment Book 1800, p. 279; 1801-1803, p. 253; 1804-1808, p. 306
Morgan, William
1798, p. 157; 1799-1800, pp. 221, 410; Assessment Book 1800, p. 341; 1801-1803, p. 258; 1804-1808, p. 313
Morphelius, Henry
Assessment Book 1800, p. 82; 1804-1808, p. 282
Morrell, L.
1798, p. 50
Morrin (Morren), James
1799-1800, p. 312; 1804-1808, p. 305

Morrin, Mrs.
Assessment Book 1800, p. 350; 1804-1808, p. 314
Morrin, Paul
1801-1803, p. 398
Morris, Thomas
1798, p. 229; 1799-1800, p. 222; Assessment Book 1800, p. 318; 1801-1803, p. 249; 1804-1808, p. 310
Morrison, Benjamin
1798, p. 182; 1799-1800, p. 411; Assessment Book 1800, p. 268; 1801-1803, p. 259; 1804-1808, p. 304
Morrison, James
1798, p. 96; 1799-1800, p. 201; Assessment Book 1800, p. 107; 1801-1803, p. 235; 1804-1808, p. 284
Morrow, John
1798, p. 141; 1799-1800, p. 213; Assessment Book 1800, p. 240; 1801-1803, p. 244; 1804-1808, p. 298
Morrow, Thomas
1798, p. 141; 1799-1800, p. 213; 1801-1803, p. 243
Morrow, William
1798, p. 136; 1799-1800, p. 212; Assessment Book 1800, p. 209; 1804-1808, p. 295
Morse, Abraham
1798, p. 245; Assessment Book 1800, p. 331; 1804-1808, p. 312
Morse, David
Assessment Book 1800, p. 369; 1804-1808, p. 318
Morsell, Benjamin
1798, p. 10; Assessment Book 1800, p. 54; 1801-1803, p. 231; 1804-1808, p. 279
Mortimer, Robert
Assessment Book 1800, p. 357; 1804-1808, p. 316
Mortimer, Thomas
1798, p. 48; Assessment Book 1800, pp. 75, 155; 1801-1803, p. 410; 1804-1808 , p. 289
Mortimer, Thomas, Capt.
1799-1800, p. 203; 1801-1803, p. 236
Mortimore, Thomas
1804-1808, p. 281
Morton (Mortan) & Bedford
1799-1800, p. 22; 1801-1803, p. 46
Morton, John
1799-1800, pp. 216, 226
Morton, John A.
1798, p. 156; 1799-1800, p. 216
Morton (Moreton), Nathaniel
1798, p. 72; 1799-1800, p. 407; 1801-1803, p. 255
Morton, Polly
1799-1800, p. 413
Mosher & Donnell
1804-1808, p. 107
Mosher (Moshier), James
1798, p. 85; 1799-1800, p. 194; Assessment Book 1800, p. 49; 1801-1803, p. 229; 1804-1808, p. 278
Mosher, James & Donell, John
Assessment Book 1800, p. 133; 1804-1808, p. 107

Mosher, Philip
1798, p. 140; 1799-1800, p. 213; Assessment Book 1800, p. 291; 1801-1803, p. 244; 1804-1808, p. 319
Mosin, Benjamin
1799-1800, p. 196
Moss, Abraham
1799-1800, p. 219; 1801-1803, p. 247
Moubray, James
1798, p. 98; 1804-1808, p. 285
Mouchet
1799-1800, p. 220
Mouchet, Henry
1801-1803, p. 248
Mouchet, John
1798, p. 208
Mouchet, Walter
1804-1808, p. 278
Moule, Ann
Assessment Book 1800, p. 233; 1804-1808, p. 298
Moule, James & Joseph
1798, p. 35; 1799-1800, p. 406; 1801-1803, p. 255
Mouscay, Catharine
1801-1803, p. 251
Mouscay, Mrs.
1799-1800, p. 224
Mouschet (Mouchet), Walter
Assessment Book 1800, p. 46; 1801-1803, p. 398; 1804-1808, p. 315
Mowbray (Moubray), James
Assessment Book 1800, p. 110; 1801-1803, p. 256
Muckleroy, James
1799-1800, p. 410; 1801-1803, p. 257
Mudy, Henry, Dr.
Assessment Book 1800, p. 349
Muhlenberger (Muhtengerger), Widow (Mrs.)
1798, p. 239; 1799-1800, p. 414; 1801-1803, p. 262
Mujot, Mrs.
1798, p. 158; 1799-1800, p. 410; 1801-1803, p. 258
Mullen, Patrick
1798, p. 165; 1799-1800, p. 223; Assessment Book 1800, p. 248; 1801-1803, p. 250; 1804-1808, p. 300
Muller, George H.
1804-1808, p. 523
Mulliken, Benjamin H.
Assessment Book 1800, p. 165; 1801-1803, p. 410; 1804-1808, p. 290
Mummy & Smith
Assessment Book 1800, p. 22
Mummy, Thomas
1798, p. 21; 1799-1800, p. 406; Assessment Book 1800, p. 20; 1801-1803, p. 255; 1804-1808, p. 275
Munch, Philip H.
Assessment Book 1800, p. 237; 1801-1803, p. 266; 1804-1808, p. 298
Munchin, John (estate of)
Assessment Book 1800, p. 281
Mundel (Mundell, Mundle), William
1798, p. 235; Assessment Book 1800, p. 336; 1801-1803, p. 249; 1804-1808, p. 312

Mundy (Munday), William
1798, p. 24; 1799-1800, p. 199; Assessment Book 1800, p. 26; 1801-1803, p. 233; 1804-1808, p. 276
Muney, James (say Murry)
1799-1800, p. 223
Mungee, Samuel
1799-1800, p. 201
Munkur (Munker), William
1799-1800, p. 221; 1801-1803, p. 263
Munn, John, Capt.
Assessment Book 1800, p. 241; 1804-1808, p. 299
Munnickhuysen (Munickhuysen), John
1798, p. 123; 1799-1800, p. 207; Assessment Book 1800, p. 288; 1801-1803, p. 239; 1804-1808, p. 307
Muns, Hannah
1798, p. 184; 1799-1800, p. 412; 1801-1803, p. 260
Munson, Joel (M.)
1798, p. 4; 1799-1800, p. 404; Assessment Book 1800, p. 3; 1801-1803, p. 254; 1804-1808, p. 273
Murkens, David
1798, p. 233
Murphey, James
1801-1803, p. 263
Murphey, John, Capt.
Assessment Book 1800, p. 343; 1804-1808, p. 313
Murphey, John (constable)
Assessment Book 1800, p. 339
Murphey (Murphy), William
1798, p. 118; 1799-1800, p. 208; 1801-1803, p. 240
Murphy, David (Daniel)
1798, p. 182; 1799-1800, p. 412; 1801-1803, p. 259
Murphy (Murphey), John
1798, pp. 76, 208; 1799-1800, pp. 225, 407; 1801-1803, p. 251; 1804-1808, p. 313
Murphy, Joseph, Mrs.
1801-1803, p. 262
Murphy (Murphey), Mary
1798, p. 105; 1799-1800, p. 409; Assessment Book 1800, p. 120; 1801-1803, p. 257; 1804-1808, p. 286
Murray (Murry), Daniel
Assessment Book 1800, p. 270; 1804-1808, p. 305
Murry
1804-1808, p. 286
Murry, Francis
1798, p. 145; 1799-1800, p. 409; Assessment Book 1800, p. 208; 1801-1803, p. 257; 1804-1808, p. 295
Murry, James
1798, p. 110
Murry, John
1804-1808, p. 311
Murry, John (Philadelphia Road)
Assessment Book 1800, p. 323
Murry, Mathew
1798, p. 109; 1799-1800, p. 409; Assessment Book 1800, p. 157; 1801-1803, p. 257; 1804-1808, p. 289

Murry, Mrs.
Assessment Book 1800, p. 121
Mushberger, David
1798, p. 20; 1799-1800, p. 198; Assessment Book 1800, p. 55; 1801-1803, p. 232
Musho, Joseph
Assessment Book 1800, p. 36; 1804-1808, p. 277
Muskey, Catherine
1798, p. 210
Myers, Barbara
1798, p. 34
Myers, Benjamin
1798, p. 226; 1799-1800, p. 413; Assessment Book 1800, p. 325; 1801-1803, p. 261; 1804-1808, p. 311
Myers, Charles
1798, p. 132; Assessment Book 1800, p. 271; 1804-1808, p. 305
Myers, Christian
1798, p. 165; Assessment Book 1800, p. 267; 1804-1808, p. 303
Myers, Henry
1798, p. 56; Assessment Book 1800, p. 84
Myers, Jacob
1798, pp. 34, 39; 1801-1803, p. 255; 1804-1808, p. 281
Myers, Jacob (baker)
1799-1800, p. 406; Assessment Book 1800, p. 70
Myers, Jacob (tobacconist)
Assessment Book 1800, p. 173; 1801-1803, p. 267
Myers, Jeremiah
Assessment Book 1800, p. 35; 1804-1808, p. 276
Myers, John
Assessment Book 1800, p. 71; 1804-1808, p. 281
Myers, Mrs.
Assessment Book 1800, p. 143; 1804-1808, p. 287
Myers, Philip
1798, p. 178; 1804-1808, p. 301
Myers, Philip (baker)
Assessment Book 1800, p. 253
Myers, William
1798, p. 16; Assessment Book 1800, p. 37; 1804-1808, p. 277
Myles, Daniel
1804-1808, p. 311
Myles, John
Assessment Book 1800, p. 83; 1804-1808, p. 282
Myles, Susannah
1801-1803, p. 396
Myles, Zachariah
Assessment Book 1800, p. 6
Myrick, Joseph, Capt.
1798, p. 218; Assessment Book 1800, p. 318; 1801-1803, p. 248; 1804-1808, p. 310
Myring, Joseph
Assessment Book 1800, p. 209; 1804-1808, p. 295

Nadow
1799-1800, p. 231

Nagle, Henry
1798, p. 58; 1799-1800, p. 231; Assessment Book 1800, p. 98; 1801-1803, p. 269; 1804-1808, p. 323
Namara, Thomas
1799-1800, p. 233
Nance, Henry
1798, p. 213; 1799-1800, p. 417; 1804-1808, p. 326
Nance, Henry (estate of)
Assessment Book 1800, p. 359; 1801-1803, p. 271
Nash, Charles
1798, p. 6; 1799-1800, p. 416; Assessment Book 1800, p. 90; 1801-1803, p. 270; 1804-1808, p. 323
Neagle, Edmond
1798, p. 90, 161; 1799-1800, p. 416
Neal, Hugh
1804-1808, p. 322
Neal, John
Assessment Book 1800, p. 209; 1804-1808, p. 325
Neale, Abner
Assessment Book 1800, p. 166; 1801-1803, p. 269; 1804-1808, p. 324
Neale, Edward
1798, p. 90; 1799-1800, p. 230
Neale, Edward (estate of)
Assessment Book 1800, p. 179; 1801-1803, p. 268; 1804-1808, p. 325
Neale, Hugh
1798, p. 22; 1799-1800, p. 230; Assessment Book 1800, p. 22; 1801-1803, p. 268
Needles, Stephen
1798, p. 140; 1799-1800, p. 416
Neighbours, Henry
1798, p. 234; 1799-1800, p. 233; 1801-1803, p. 270
Neille, Abner
1799-1800, p. 231
Neille (Neill), John
1798, p. 146; 1799-1800, p. 232; 1801-1803, p. 269
Neille, Mrs.
1799-1800, p. 234
Neille (Neill), Thomas
1798, p. 108; 1799-1800, p. 232
Neilson, James
1804-1808, p. 525
Neilson, Robert
1799-1800, p. 233
Neilson, Thomas
1804-1808, p. 326
Neilson, Thomas, Capt.
1799-1800, p. 233; Assessment Book 1800, p. 247; 1801-1803, p. 270
Neilson, Valentine
1801-1803, p. 271
Nelms, Noah
Assessment Book 1800, p. 55; 1801-1803, p. 272; 1804-1808, p. 322
Nelson, Robert
1798, p. 185
Nelson, Thomas
1798, p. 237

Nelson, Valentine
1798, p. 56; 1799-1800, p. 416
Nemeyer (Neimeyer), Harman
Assessment Book 1800, p. 93; 1804-1808, p. 323
Nepper, George
1799-1800, p. 234
Nesbit, Mary
1801-1803, p. 273
Newburn, James
Assessment Book 1800, p. 162; 1804-1808, p. 324
Newcomer, John (Joseph Osburne)
1798, p. 16; 1799-1800, p. 230; 1801-1803, p. 268
Newcomer, Mrs.
1799-1800, p. 234
Newman, Edward
1801-1803, p. 273
Newman, Henry
1799-1800, p. 232
Newman, William
1799-1800, p. 231
Newnon, Edward
Assessment Book 1800, p. 358; 1804-1808, p. 326
Newton, William
1798, p. 33; 1799-1800, p. 231; Assessment Book 1800, p. 157; 1801-1803, p. 269; 1804-1808, p. 324
Newton, William (painter)
1799-1800, p. 234
Nicholas, Person
1804-1808, p. 525
Nicholas, T.N.
1801-1803, p. 273
Nicholls (Nichols, Nicols), Henry
1798, p. 84; 1799-1800, p. 231; Assessment Book 1800, p. 241; 1801-1803, p. 269; 1804-1808, p. 325
Nichols, Richard
Assessment Book 1800, p. 135; 1804-1808, p. 323
Nicholson, John
1798, p. 88; 1799-1800, p. 230; Assessment Book 1800, p. 140; 1801-1803, p. 268; 1804-1808, p. 323
Nicholson, Joseph H.
1804-1808, p. 327
Nicholson, Rebecca
Assessment Book 1800, p. 127; 1804-1808, p. 323
Nickerson, Mrs.
1804-1808, p. 327
Nicols (Niccols, Nichols), Warren L.
1798, p. 221; 1799-1800, p. 417; Assessment Book 1800, p. 308; 1801-1803, p. 271
Nielson, James C.
1801-1803, p. 272
Nightmyer, Harryman
1801-1803, p. 271
Ninde, James
Assessment Book 1800, pp. 305, 338; 1804-1808, p. 326

Nipper, John
Assessment Book 1800, p. 363; 1804-1808, p. 327
Nipperd, George
1798, p. 174; 1801-1803, p. 270
Norbury, George
Assessment Book 1800, p. 49; 1801-1803, p. 272; 1804-1808, p. 322
Norman, Henry
1798, p. 8; 1799-1800, p. 230; 1801-1803, p. 268; 1804-1808, p. 322
Norman, Henry (estate of)
Assessment Book 1800, p. 52
Norris, Abraham
1798, p. 177; 1799-1800, p. 234; 1801-1803, p. 270
Norris & Tyson
Assessment Book 1800, p. 191; 1801-1803, p. 272; 1804-1808, p. 325
Norris, Benjamin
1798, p. 246; 1799-1800, p. 417; 1801-1803, p. 271
Norris, Jacob
Assessment Book 1800, p. 208; 1804-1808, p. 325
Norris, James
1804-1808, p. 327
Norris (Norres), John
1798, p. 209; 1799-1800, p. 233
Norris, John (estate of)
1801-1803, p. 271
Norris, Lloyd
1801-1803, p. 272
Norris, Nicholas
Assessment Book 1800, p. 172; 1801-1803, p. 273; 1804-1808, p. 324
Norris, William
Assessment Book 1800, pp. 149, 185; 1801-1803, p. 272;
1804-1808, pp. 324, 325
Norris, William, Jr.
1804-1808, p. 327
Norwood, Ruthy
1799-1800, p. 232
Nowland, Dennis
Assessment Book 1800, p. 146; 1804-1808, p. 324
Nowland, Michael
1799-1800, p. 232
Nuckle, David
1801-1803, p. 273
Nuckle, William
1799-1800, p. 233; Assessment Book 1800, p. 365; 1804-1808, p. 327
Nurcer (Nurser), Jacob
1798, p. 12; 1799-1800, p. 232; Assessment Book 1800, p. 42; 1801-1803,
p. 269; 1804-1808, p. 322
Nurcer, Jacob, Sr.
1801-1803, p. 270
Nurcer (Nusser), Sebastian
1798, p. 20; 1799-1800, p. 230; Assessment Book 1800, p. 17; 1801-1803,
p. 268; 1804-1808, p. 322
Nutter, Dinah
Assessment Book 1800, p. 341; 1804-1808, p. 326

Oakerman, George
1799-1800, p. 237
Oates, William
1798, p. 216; 1799-1800, p. 415
Oates, William (estate of)
Assessment Book 1800, p. 329; 1801-1803, p. 277; 1804-1808, p. 332
O'Brian, Charles
1798, p. 8; 1799-1800, p. 235; Assessment Book 1800, p. 50; 1801-1803, p. 275; 1804-1808, p. 328
O'Brian, Michael (Fells Point)
1798, p. 15; 1799-1800, p. 235; Assessment Book 1800, pp. 13, 348; 1801-1803, pp. 275, 278; 1804-1808, pp. 328, 332
O'Brian, Thomas
Assessment Book 1800, p. 278; 1804-1808, p. 331
Ockerman, George
1798, p. 173
O'Conner, Catharine
Assessment Book 1800, p. 313; 1804-1808, p. 332
O'Conner, Miss & Tyson, Henry
Assessment Book 1800, p. 46
O'Donnell & Smith
1799-1800, p. 430
O'Donnell, Dennis
Assessment Book 1800, p. 348; 1804-1808, p. 332
O'Donnell (O'Donnel), John
1798, p. 9; 1799-1800, p. 235; Assessment Book 1800, p. 47; 1801-1803, p. 275; 1804-1808, p. 328
O'Donnell (O'Donnel), John & Smith, Job
1799-1800, p. 305; Assessment Book 1800, p. 60; 1801-1803, p. 343
O'Donnell, John & Smith, Samuel
Assessment Book 1800, p. 160; 1804-1808, p. 330
O'Donnell, Mrs.
1804-1808, p. 526
Ogleby & Winchester
1798, p. 123; 1799-1800, p. 235; Assessment Book 1800, p. 370; 1801-1803, p. 275; 1804-1808, p. 333
Ogleby, James
1798, p. 13; 1799-1800, p. 236; 1801-1803, p. 276
Ogsden, John
1804-1808, p. 526
O'Kiefe (O'Keife), Patrick
1798, p. 247; 1799-1800, p. 416; 1801-1803, p. 278
Oldden, David
Assessment Book 1800, p. 135; 1804-1808, p. 330
Oldfather, Henry
1798, p. 172; 1799-1800, p. 237; 1801-1803, p. 277
Oldham, Edward
1804-1808, p. 331
Oldham, Edward, Col.
1798, p. 184; 1799-1800, p. 415; 1801-1803, p. 277
Oldham, Edward (estate of)
Assessment Book 1800, p. 285
Oldham, John
1798, p. 73; 1799-1800, p. 236; Assessment Book 1800, p. 86; 1801-1803, p. 276; 1804-1808, p. 329

Oliver, Robert
1798, p. 116; 1799-1800, p. 236; Assessment Book 1800, p. 186; 1801-1803, p. 276; 1804-1808, pp. 331, 332, 526
Oliver, Robert (blackman)
Assessment Book 1800, p. 244
O'Neill, Bernard (Barnard)
1798, p. 120; 1799-1800, p. 236; 1801-1803, p. 276
Onion, Thomas B.
1804-1808, p. 526
Oram, John
1798, p. 192; 1799-1800, p. 415; Assessment Book 1800, p. 297; 1801-1803, p. 277; 1804-1808, p. 331
O'Reilly (O'Reiley), Robert
Assessment Book 1800, p. 131; 1801-1803, p. 278; 1804-1808, p. 330
O'Rourke, Patrick
Assessment Book 1800, p. 147; 1804-1808, p. 300
Orrick, Nicholas
Assessment Book 1800, p. 180; 1804-1808, p. 330
Ort
Assessment Book 1800, p. 94; 1804-1808, p. 329
Osburn (Osburne), Catharine
1798, p. 216; 1799-1800, p. 415; Assessment Book 1800, p. 311; 1801-1803, p. 377; 1804-1808, p. 331
Osburn, James
1799-1800, p. 237
Osburn (Osburne), John
1798, p. 216; 1799-1800, p. 416; 1801-1803, p. 278
Osburne, Joseph
Assessment Book 1800, p. 28; 1804-1808, p. 328
Osburne, Joshua
Assessment Book 1800, p. 10; 1804-1808, p. 328
Osburne, William
Assessment Book 1800, p. 93; 1801-1803, p. 278; 1804-1808, p. 329
Ott, Mathias
1798, p. 57; 1799-1800, p. 414
Ottee, Ann
1798, p. 162; 1799-1800, p. 415
Otterbine, William, Rev.
1798, p. 43; 1799-1800, p. 235; Assessment Book 1800, p. 101; 1801-1803, p. 275; 1804-1808, p. 329
Otto, Anthony
1798, p. 150; 1799-1800, p. 236; 1801-1803, p. 276
Ottoson, Mr.
Assessment Book 1800, p. 243; 1804-1808, p. 333
Owen, John, Dr.
1801-1803, p. 274
Owen, Kenedy
1804-1808, p. 526
Owens, Joseph
1804-1808, p. 526
Owens, William
1798, p. 66; 1799-1800, p. 415
Owings, Beal
1798, p. 51; 1799-1800, pp. 236, 237; 1801-1803, p. 276; 1804-1808, pp. 330, 332

Owings, Beal (estate of)
Assessment Book 1800, p. 146
Owings, Beal & Richard
1804-1808, p. 331
Owings, Beal & Richard (estate of)
Assessment Book 1800, p. 176
Owings, Nicholas
Assessment Book 1800, p. 128; 1804-1808, p. 329
Owings, Richard & Beal
1804-1808, p. 331
Owings, Richard & Beal (estate of)
Assessment Book 1800, p. 176
Owings, Samuel
1798, p. 32; Assessment Book 1800, p. 72; 1801-1803, p. 277; 1804-1808, p. 328
Owings, Samuel (County)
1798, p. 99; 1799-1800, pp. 235, 237
Owings, Samuel (miller)
1801-1803, p. 275
Owings, William
Assessment Book 1800, p. 111; 1804-1808, p. 329
Owings, William (of Samuel)
1801-1803, p. 278
Oyster, George
1798, p. 56; 1799-1800, p. 237

Page, Daniel
1801-1803, p. 413
Page, John
Assessment Book 1800, p. 356; 1804-1808, p. 353
Paillotet (Paillottet), Joseph
1798, p. 104; Assessment Book 1800, p. 119; 1801-1803, p. 281; 1804-1808, p. 340
Paker, Providence
Assessment Book 1800, p. 192
Pallen (Pallon), Charles
1798, p. 117; 1799-1800, p. 244; 1801-1803, p. 284
Pamphilian (Pamphilion), Thomas
1799-1800, p. 248; Assessment Book 1800, p. 328; 1801-1803, p. 287; 1804-1808, p. 351
Pannell (Pennell), Edward
1798, p. 119; 1799-1800, p. 244; Assessment Book 1800, p. 180
Pannell, John
1798, p. 197; 1799-1800, p. 247
Pannell, John, Capt.
1799-1800, p. 248
Pannel, P.
1799-1800, p. 249
Pannerman, John
Assessment Book 1800, p. 129
Paris, Prince
1799-1800, p. 253; 1801-1803, p. 290
Parker, Capt.
1799-1800, p. 247; 1801-1803, p. 286

Parker, James, Capt.
1798, p. 245
Parker, John
Assessment Book 1800, p. 28; 1801-1803, p. 290; 1804-1808, p. 335
Parker, Mrs.
1804-1808, p. 351
Parker, Robert
1798, p. 97; 1799-1800, p. 240
Parker, Widow
Assessment Book 1800, p. 337
Parkinson, William
1799-1800, p. 245
Parks, Abraham
1804-1808, p. 528
Parks, Andrew
1801-1803, p. 295
Parks (Parkes), Archibald
1798, p. 239; 1799-1800, p. 421; Assessment Book 1800, p. 368; 1801-1803, p. 293; 1804-1808, p. 354
Parks (Parkes), Frederick
1798, p. 213; 1799-1800, p. 250; Assessment Book 1800, p. 367; 1801-1803, p. 288; 1804-1808, p. 354
Parks (Parkes), John
1798, pp. 25, 154, 240; 1799-1800, pp. 246, 250, 417; Assessment Book 1800, pp. 237, 279, 364; 1801-1803, p. 288; 1804-1808, pp. 345, 347, 353
Parks, John (merchant)
1801-1803, p. 285
Parks (Parkes), Nathan
1798, p. 240; 1799-1800, p. 421; 1801-1803, p. 293
Parks, Nathaniel
Assessment Book 1800, p. 357; 1804-1808, p. 353
Parks (Parkes), William
1798, p. 238; 1799-1800, p. 249; Assessment Book 1800, p. 354; 1801-1803, p. 288; 1804-1808, p. 352
Paris, Prince
1798, p. 23
Parret, Thomas (estate of)
Assessment Book 1800, p. 230
Parrish, John
1804-1808, p. 528
Parrish (Parrs), Nicholas
1798, pp. 29, 195; 1799-1800, p. 421; 1801-1803, p. 293
Parrott, Abner
1804-1808, p. 333
Parrott, Abner, Capt.
Assessment Book 1800, p. 353
Parrott, Richard
1799-1800, p. 245
Parsons, John
Assessment Book 1800, p. 156; 1804-1808, p. 341
Parsons, William
1799-1800, p. 250; Assessment Book 1800, p. 300; 1804-1808, p. 349
Pascault, Louis (Lewis)
1798, p. 10; 1799-1800, p. 243; Assessment Book 1800, p. 114; 1801-1803, p. 283; 1804-1808, p. 339

Pasmore, Rebecca
Assessment Book 1800, p. 206; 1804-1808, p. 354
Pasum, Capt.
1799-1800, p. 242
Patrick
1801-1803, p. 296
Patrick, John
Assessment Book 1800, p. 95; 1804-1808, p. 338
Patridge, Job
Assessment Book 1800, p. 286; 1804-1808, p. 348
Patrige, William
1799-1800, p. 252
Patten, Mrs.
1804-1808, p. 351
Patten, Widow
Assessment Book 1800, p. 337
Patterson & Smith
1798, p. 127; 1801-1803, p. 414
Patterson, James
Assessment Book 1800, p. 243; 1804-1808, p. 346
Patterson, John
1798, p. 26; 1799-1800, p. 417; 1801-1803, p. 291
Patterson, Robert
1804-1808, p. 527
Patterson, Samuel
Assessment Book 1800, p. 274; 1804-1808, p. 347
Patterson, William
1798, pp. 109, 111; 1799-1800, p. 242; Assessment Book 1800, pp. 69, 285; 1801-1803, pp. 283, 289; 1804-1808, pp. 337, 348, 497
Patterson, William (cabinet maker)
1801-1803, p. 295
Patterson, William (oatmaker)
1799-1800, p. 251
Patterson, William, Jr.
1804-1808, p. 333
Patterson, William & Smith, Samuel, Gen.
1799-1800, p. 284; 1801-1803, p. 327
Patton, Jones & Co.
1798, p. 65
Pauley, John
1799-1800, p. 247
Pawley, John
Assessment Book 1800, p. 61; 1801-1803, p. 296; 1804-1808, p. 337
Pawson, Mathew (Matthew), (Capt.)
1798, p. 6; Assessment Book 1800, p. 90; 1801-1803, p. 283; 1804-1808, p. 355
Paxon, Widow (Mrs.)
1798, p. 138; 1799-1800, p. 420; 1801-1803, p. 293
Payson & May
1799-1800, p. 209; Assessment Book 1800, p. 176; 1801-1803, p. 241; 1804-1808, p. 342
Payson, Henry
1798, p. 41; 1799-1800, p. 241; Assessment Book 1800, p. 143; 1801-1803, p. 282; 1804-1808, p. 341

Peaca, John
1804-1808, p. 529
Peachy, William (T.)
1798, p. 89; 1799-1800, p. 238; 1801-1803, p. 279
Peakcock, Mary, Miss
1798, p. 193; 1799-1800, p. 420
Peakcock, Mary, Miss (name now changed by marriage)
1801-1803, p. 296
Peake, Robert
1798, p. 196; 1799-1800, p. 421
Peal (Peale), William
Assessment Book 1800, p. 344; 1804-1808, p. 352
Pearce, Mrs.
1804-1808, p. 349
Pearce, Richard
1798, p. 95; 1799-1800, p. 419; Assessment Book 1800, p. 164; 1801-1803, p. 292; 1804-1808, p. 341
Pearson, David
1798, p. 212
Pease, Dennis
1798, p. 34; 1799-1800, p. 418; 1801-1803, p. 291
Pechin, William
Assessment Book 1800, p. 196; 1804-1808, p. 343
Peck, Heill (Heil)
Assessment Book 1800, p. 316; 1801-1803, p. 294; 1804-1808, p. 350
Peck, Thomas
Assessment Book 1800, p. 260; 1804-1808, p. 347
Pedemont, Ann
1798, p. 185; 1799-1800, p. 420
Peduza, Peter
Assessment Book 1800, p. 327; 1804-1808, p. 350
Peirce & Starr
1801-1803, p. 341
Peirce, Charles
Assessment Book 1800, p. 112; 1801-1803, p. 292; 1804-1808, p. 339
Peirce, Humphrey
Assessment Book 1800, p. 154
Peirce, Israel
1798, p. 66; Assessment Book 1800, p. 165; 1804-1808, p. 341
Peirce, John
1804-1808, p. 351
Peirce, John (constable)
Assessment Book 1800, p. 339
Peirce, Mrs.
Assessment Book 1800, p. 312
Peirce, Thomas
1798, p. 214; 1799-1800, p. 248; 1801-1803, p. 287
Peirpoint, Thomas
1799-1800, p. 239; 1801-1803, p. 280
Pelch
1801-1803, p. 287
Pelch (Annapolis)
1798, p. 208
Pelch, Capt.
1799-1800, p. 248

Pelch, James
1804-1808, p. 352
Pelch, Mr.
See Richard Collins
Pence, Henry
Assessment Book 1800, p. 297; 1804-1808, p. 349
Pennell, Edward
1801-1803, p. 284; 1804-1808, p. 342
Pennell (Pennel), John (estate of)
Assessment Book 1800, p. 309; 1801-1803, p. 286; 1804-1808, p. 349
Pennington & Tagart
1798, p. 140; 1799-1800, p. 245; Assessment Book 1800, p. 200; 1801-1803, p. 285; 1804-1808, p. 343
Pennington, Henry
1804-1808, p. 528
Pennyman, Mr.
Assessment Book 1800, p. 242; 1804-1808, p. 345
Pensinger
1804-1808, p. 338
Pensinger & others
Assessment Book 1800, p. 70
Pepper, Francis
Assessment Book 1800, p. 40; 1801-1803, p. 294; 1804-1808, p. 336
Perigo, Joseph
1799-1800, p. 251
Perigo, Joseph (estate of)
1801-1803, p. 289
Perkins, Thomas
1804-1808, p. 528
Perpoint, John
1799-1800, p. 253
Perrie (Perrier), Peter
1798, pp. 30, 154; 1799-1800, p. 241; 1801-1803, p. 281
Perrigo, Daniel
Assessment Book 1800, p. 268; 1804-1808, p. 347
Perrigo, Joseph
1798, p. 182
Perry, Nicholas
1799-1800, p. 241; 1801-1803, p. 281
Perryman, Isaac
1798, p. 86; 1799-1800, p. 419; Assessment Book 1800, p. 30; 1801-1803, p. 292; 1804-1808, p. 336
Peterkin, William, Capt.
Assessment Book 1800, p. 350; 1801-1803, p. 295; 1804-1808, p. 352
Peters & Johnson
1798, p. 187; 1799-1800, p. 250; Assessment Book 1800, p. 286; 1801-1803, p. 288; 1804-1808, p. 233
Peters, Conrod
1799-1800, p. 445; 1801-1803, p. 294
Peters, Daniel
1799-1800, p. 244
Peters, Daniel (estate of)
1798, p. 132; 1801-1803, p. 284
Peters, George
1798, p. 21; 1799-1800, p. 239; Assessment Book 1800, p. 19; 1801-1803, p. 280; 1804-1808, p. 335

Peters, Henry
1799-1800, p. 443; Assessment Book 1800, p. 4; 1801-1803, p. 282; 1804-1808, p. 334
Peters, Henry (guardian of E. German)
Assessment Book 1800, p. 29; 1804-1808, p. 354
Peters, Jacob
Assessment Book 1800, p. 269; 1801-1803, p. 296; 1804-1808, p. 347
Peters (Peter), John
1798, p. 188; 1799-1800, p. 251; Assessment Book 1800, p. 298; 1801-1803, p. 289; 1804-1808, p. 349
Peters, Michael
1798, p. 188; 1799-1800, p. 247; Assessment Book 1800, p. 292; 1801-1803, p. 286; 1804-1808, p. 348
Peters, Mrs.
1799-1800, p. 242
Peters, Simon
Assessment Book 1800, p. 25; 1804-1808, p. 335
Peters, Thomas
1798, p. 187; 1799-1800, p. 250; Assessment Book 1800, p. 287; 1801-1803, p. 288; 1804-1808, p. 348
Peters, William
1798, p. 48
Pettis, William
1801-1803, p. 295
Petus, Henry (guardian E. German)
1801-1803, p. 294
Pew, Jacob
Assessment Book 1800, p. 45; 1801-1803, p. 413; 1804-1808, p. 355
Pherson, Jesse
1799-1800, p. 246; Assessment Book 1800, p. 70; 1804-1808, p. 337
Pherson, Jesse, Capt.
1801-1803, p. 286
Philippe (Phillipe), Joseph
1798, p. 88; 1799-1800, p. 238; 1801-1803, p. 279
Philips, Bethiah
1798, p. 96; 1799-1800, p. 240; Assessment Book 1800, p. 107; 1801-1803, p. 281; 1804-1808, p. 339
Philips, Isaac & Co.
Assessment Book 1800, p. 31; 1804-1808, p. 336
Philips, Isaac, Capt.
1801-1803, p. 280; 1804-1808, p. 350
Philips, James
1799-1800, p. 240
Philips, James, Capt.
Assessment Book 1800, p. 322
Philips, William
1804-1808, p. 527
Phillepon, Mons.
1798, p. 223; 1799-1800, p. 421; 1801-1803, p. 294
Phillippee, Mrs.
Assessment Book 1800, p. 198; 1804-1808, p. 354
Phillips, James Isaac
1798, p. 221
Philpots (Philpot), Brian
1798, p. 192; 1799-1800, p. 251; Assessment Book 1800, p. 292; 1801-1803, p. 289; 1804-1808, p. 348

Phoebe (blackwoman)
Assessment Book 1800, p. 366; 1804-1808, p. 354
Pickhaver (Pickhaven), Jonathan
1798, p. 12; 1799-1800, p. 239; Assessment Book 1800, p. 40; 1801-1803, p. 280; 1804-1808, p. 337
Pierce, Charles
1798, p. 113
Pierce, Charles (carpenter)
1799-1800, p. 420
Pierce, Humphrey
1798, p. 66; 1799-1800, p. 243; 1801-1803, p. 283; 1804-1808, p. 355
Pierce, Israel
1799-1800, p. 243; 1801-1803, p. 284
Pierce, John
1799-1800, p. 249; 1801-1803, p. 296
Pierpoint, Joseph
Assessment Book 1800, p. 65; 1801-1803, p. 413; 1804-1808, p. 337
Pierpoint, Thomas
1798, p. 11
Pierson, David
1799-1800, p. 249
Pike, Abraham
Assessment Book 1800, p. 12; 1804-1808, p. 334
Pilch, James
Assessment Book 1800, p. 343
Pilgrim, Joseph
1799-1800, p. 240; 1801-1803, p. 381; 1804-1808, p. 339
Pillock, Elias
1799-1800, p. 252
Pindle, Charles
Assessment Book 1800, p. 279; 1804-1808, p. 348
Pineau, Mrs. (Madam)
1798, p. 103; 1799-1800, p. 246; Assessment Book 1800, p. 119; 1804-1808, p. 340
Pinkerton, James
1804-1808, p. 528
Piotte, Joseph
1799-1800, p. 240
Piper, James
1799-1800, p. 243
Piscler, David
1798, p. 17
Pitt, Thomas
1798, p. 22; 1799-1800, p. 239; Assessment Book 1800, p. 22; 1801-1803, p. 280; 1804-1808, p. 335
Pitt, William, Capt.
1798, p. 216; 1799-1800, p. 247; Assessment Book 1800, p. 322; 1801-1803, p. 286; 1804-1808, p. 350
Pixler (Pixter), David
1799-1800, p. 239; 1801-1803, p. 280
Plaisted (Plastead), Mordecai
1798, p. 8; 1799-1800, p. 238
Pleasants, Israel
Assessment Book 1800, p. 20; 1801-1803, p. 295; 1804-1808, p. 335
Pleasants, John P.
1798, p. 14; 1799-1800, p. 242; 1801-1803, p. 282

Plock, Andrew
1799-1800, p. 252
Plumers (estate of)
1799-1800, p. 241
Poe, David
1798, p. 27; 1799-1800, p. 241; 1801-1803, p. 282
Poe, George
1798, p. 26; 1799-1800, p. 238; Assessment Book 1800, p. 129; 1801-1803, p. 279; 1804-1808, pp. 340, 529
Poe, Jacob
Assessment Book 1800, p. 10; 1804-1808, p. 334
Pogue, James
1798, p. 24; 1799-1800, p. 242; 1801-1803, p. 283; 1804-1808, p. 338
Pogue, James (estate of)
Assessment Book 1800, p. 81
Points, James
1798, p. 24; 1799-1800, p. 253; 1801-1803, p. 290
Poley, Jacob
1798, p. 173; 1799-1800, p. 251
Poley, Jacob (estate of)
1801-1803, p. 289
Polk, Charles F.
1799-1800, p. 243
Polk, Gillis (estate of)
Assessment Book 1800, p. 16
Polk, Gillis W., Dr.
1801-1803, p. 296; 1804-1808, p. 334
Polkinhorn, Henry
Assessment Book 1800, p. 125; 1804-1808, p. 340
Pollock, Elias
1798, p. 181; Assessment Book 1800, p. 268; 1801-1803, p. 289; 1804-1808, p. 347
Pollock, Susanna
Assessment Book 1800, p. 132; 1804-1808, p. 341
Pomphilion, Thomas
1798, p. 215
Pompino, Mons.
1798, p. 30; 1799-1800, p. 418
Ponsell
1799-1800, p. 246
Pontier
1799-1800, p. 246; 1801-1803, p. 285
Pontier, Anthony
1798, p. 135; Assessment Book 1800, p. 217; 1804-1808, p. 344
Pool, Rezin
Assessment Book 1800, p. 170; 1804-1808, p. 342
Porter, Alexander, Capt.
Assessment Book 1800, p. 249; 1804-1808, p. 346
Porter, David
1798, p. 109; 1799-1800, p. 420; 1801-1803, p. 292
Porter, Perry
Assessment Book 1800, p. 212; 1804-1808, p. 344
Porter, Robert
Assessment Book 1800, p. 212; 1804-1808, p. 344

Porter, William
Assessment Book 1800, p. 208; 1804-1808, p. 344
Potter, Nathaniel (Dr.)
Assessment Book 1800, p. 187; 1801-1803, p' 295; 1804-1808, p. 342
Pottinger, Mrs.
1804-1808, p. 527
Poultenay (Pounteny, Poultney), Thomas
1798, p. 87; 1799-1800, p. 238; Assessment Book 1800, p. 129; 1801-1803, p. 279; 1804-1808, p. 340
Powel, James
1799-1800, p. 242
Powell, John
Assessment Book 1800, p. 344; 1804-1808, p. 352
Power, James
1798, p. 108; Assessment Book 1800, p. 141; 1801-1803, p. 282; 1804-1808, p. 341
Power, John
1804-1808, p. 528
Powley, George
Assessment Book 1800, p. 263
Pradere (Predere), Mons.
Assessment Book 1800, p. 339; 1804-1808, p. 351
Pratt
1801-1803, p. 412
Pratt, Frederick
1798, p. 66; 1799-1800, p. 244
Pratt, Frederick (estate of)
1801-1803, p. 284
Pratt, Henry
Assessment Book 1800, p. 146; 1804-1808, p. 333
Preistley, Edward
1804-1808, pp. 495, 529
Prendeville (Prendevall), Garrit (Garrett)
1798, p. 201; 1799-1800, p. 247; Assessment Book 1800, p. 304; 1801-1803, p. 286; 1804-1808, p. 349
Prentice, Alexander
1799-1800, p. 245
Presbury (Prestbury), George G. (C.)
1798, p. 151; 1799-1800, p. 246; Assessment Book 1800, p. 219; 1801-1803, p. 285; 1804-1808, p. 344
Presbury (Pressbury, Prestbury), Joseph
1798, p. 209; 1799-1800, p. 249; Assessment Book 1800, p. 355; 1801-1803, p. 287; 1804-1808, p. 353
Press, Mrs.
1799-1800, p. 248; 1801-1803, p. 287
Press, Widow
1798, p. 232
Prestbyterian Congregation
Assessment Book 1800, p. 241; 1804-1808, pp. 342, 345
Prestlin
1804-1808, p. 494
Prestman (Presstman), George
1798, p. 60; 1799-1800, p. 240; Assessment Book 1800, p. 98; 1801-1803, p. 281; 1804-1808, p. 339

Prestman, Thomas
Assessment Book 1800, p. 343; 1804-1808, p. 352
Prestman, William
Assessment Book 1800, p. 116; 1804-1808, p. 339
Preston & Heaton
1798, p. 74; 1799-1800, p. 419
Preston, Mrs.
Assessment Book 1800, p. 23; 1804-1808, p. 335
Preston, Widow
1798, p. 22
Preston, William (estate of)
1799-1800, p. 241; 1801-1803, p. 282
Prian
1799-1800, p. 250
Price & Lee
1804-1808, p. 493
Price & Starr
Assessment Book 1800, p. 327; 1804-1808, p. 351
Price, Andrew
Assessment Book 1800, p. 207; 1804-1808, p. 343
Price, Daniel
Assessment Book 1800, p. 96; 1804-1808, p.338
Price, Frederick
1804-1808, p. 527
Price, Hannibal
Assessment Book 1800, p. 361; 1804-1808, p. 353
Price, Hezekiah
1798, p. 176; 1799-1800, p. 252; Assessment Book 1800, p. 214; 1801-1803, p. 290; 1804-1808, p. 344
Price, Israel
1799-1800, p. 252; Assessment Book 1800, p. 254; 1804-1808, p. 346
Price, James
1798, p. 44; 1799-1800, p. 418; 1801-1803, p. 291
Price, Samuel
1798, p. 169; 1799-1800, p. 252; Assessment Book 1800, p. 254; 1801-1803, p. 290; 1804-1808, p. 346
Price, Sarah
Assessment Book 1800, p. 192; 1804-1808, p. 343
Price, Thomas
1798, p. 45; 1799-1800, p. 418
Price, Warrick
1798, p. 169; 1799-1800, p. 253; Assessment Book 1800, p. 254; 1801-1803, p. 290; 1804-1808, p. 346
Price, William
1798, p. 229; 1799-1800, pp. 228, 446; Assessment Book 1800, p. 30; 1801-1803, pp. 287, 294; 1804-1808, pp. 336, 350, 529
Price, William, Capt.
Assessment Book 1800, p. 316
Prien, Peter
1798, p. 241; 1799-1800, p. 421
Priest, Henry
1798, p. 42; 1799-1800, p. 418
Priestly (Priestley), James
1798, p. 32; 1799-1800, p. 418; Assessment Book 1800, p. 130; 1801-1803, p. 291; 1804-1808, p. 333

Priestman (Preastman), Thomas
1798, p. 210; 1799-1800, p. 249; 1801-1803, p. 288
Prill, Frederick
1798, p. 131; 1799-1800, p. 245; Assessment Book 1800, p. 233; 1801-1803, p. 285; 1804-1808, p. 345
Prince, John
Assessment Book 1800, p. 364; 1804-1808, p. 353
Prine, Haranhappuck (Harranhappuck)
1798, p. 187; 1799-1800, p. 420; 1801-1803, p. 293
Prine, Peter
1801-1803, p. 293
Prine, Simon
1798, p. 58; 1799-1800, p. 419; Assessment Book 1800, p. 95; 1801-1803, p. 292; 1804-1808, p. 338
Pringle, Mark
1798, p. 65; 1799-1800, p. 243; Assessment Book 1800, p. 190; 1801-1803, p. 283; 1804-1808, p. 342
Prishew, Mrs.
Assessment Book 1800, p. 121; 1804-1808, p. 340
Probart, James
Assessment Book 1800, p. 320; 1804-1808, p. 350
Proctor, Isaac (Izac)
1798, p. 2; 1799-1800, p. 253; Assessment Book 1800, p. 4; 1804-1808, p. 334
Proud, John G.
Assessment Book 1800, p. 244; 1804-1808, p. 346
Provard, James
1799-1800, p. 251
Puder
1799-1800, p. 238
Puder & Roger
Assessment Book 1800, p. 30
Puder, John
Assessment Book 1800, p. 31; 1801-1803, p. 412; 1804-1808, p. 336
Puder, Leonard
1798, p. 23; Assessment Book 1800, p. 4; 1801-1803, p. 279; 1804-1808, p. 334
Pue, Arthur, Dr.
Assessment Book 1800, p. 235; 1804-1808, p. 345
Pue, Joseph
1799-1800, p. 239; 1801-1803, p. 279
Pue, Mary, Mrs.
1804-1808, p. 527
Pugh, Joseph
1798, p. 11
Pupp, John
1798, p. 26; 1799-1800, p. 417; Assessment Book 1800, p. 29; 1801-1803, p. 291; 1804-1808, p. 336
Purcell, Henry
1801-1803, p. 292
Purcell, John
1798, p. 74; 1799-1800, p. 419
Purden, Joseph
Assessment Book 1800, p. 202; 1804-1808, p. 343

Purnall, Isaac
1804-1808, p. 527
Purpeir, Charles
Assessment Book 1800, p. 75; 1804-1808, p. 338
Purse, Thomas
1799-1800, p. 244
Purviance & Dorsey
1804-1808, p. 493
Purviance, James
Assessment Book 1800, p. 54; 1801-1803, p. 412; 1804-1808, p. 337
Purviance, John
1798, p. 120; 1799-1800, p. 244; Assessment Book 1800, p. 234; 1801-1803, p. 284; 1804-1808, p. 345
Purviance, Robert
1798, p. 130; 1799-1800, p. 245; Assessment Book 1800, p. 196; 1801-1803, p. 285; 1804-1808, p. 343
Puryrere & Berough
1799-1800, p. 23
Putnam, Widow (Mrs.)
1798, p. 58; 1799-1800, p. 419; 1801-1803, p. 291

Quail, Robert
1798, p. 97; 1799-1800, p. 254; Assessment Book 1800, p. 110; 1801-1803, p. 297; 1804-1808, p. 355
Quaker Society
1799-1800, p. 254
Quay, Thomas
Assessment Book 1800, p. 278; 1804-1808, p. 355
Quay, William
1799-1800, p. 254; Assessment Book 1800, p. 331; 1801-1803, p. 297; 1804-1808, p. 355
Quinn (Quim), David
1798, p. 112; 1799-1800, p. 253; 1801-1803, p. 297
Quishard, Mark
Assessment Book 1800, p. 269

Raab (Raal), Deitrick (Detrick)
Assessment Book 1800, p. 325; 1801-1803, p. 313; 1804-1808, p. 372
Raborg, Christopher
1798, p. 70; 1799-1800, p. 260; Assessment Book 1800, p. 167; 1801-1803, p. 303; 1804-1808, p. 365
Raborg, Christopher, Jr.
1801-1803, p. 315; 1804-1808, p. 531
Raborg (Raborge), William
1798, p. 87; 1799-1800, p. 254; Assessment Book 1800, p. 127; 1801-1803, p. 298; 1804-1808, p. 376
Ramsay, William
1798, p. 13
Ramsey & Gist
1798, p. 243; 1799-1800, p. 267; 1801-1803, p. 307
Ramsey, Elizabeth
Assessment Book 1800, p. 112; 1804-1808, p. 361

Ramsey (Ramsay), Isaac
Assessment Book 1800, pp. 327, 347; 1801-1803, p. 313; 1804-1808, p. 373
Ramsey, James
1804-1808, p. 532
Ramsey, Nathaniel, Col.
1799-1800, p. 260; 1801-1803, p. 303
Ramsey (Ramsay), Thomas (estate of)
1798, p. 98; 1799-1800, p. 262; 1801-1803, p. 304
Randal, Elisha
1804-1808, p. 532
Randall, Beal
Assessment Book 1800, p. 48; 1804-1808, p. 358
Randall, John
Assessment Book 1800, p. 65; 1804-1808, p. 359
Randall, Thomas
1799-1800, p. 255
Randle (Randall), Thomas B.
1798, p. 84; 1799-1800, p. 264; Assessment Book 1800, p. 269; 1801-1803, p. 299; 1804-1808, p. 369
Raney, William
1804-1808, p. 377
Rapee, William
1801-1803, p. 313
Rapp, Elizabeth
1798, p. 1; 1801-1803, p. 299; 1804-1808, p. 356
Rapp, Mrs.
1799-1800, p. 256; Assessment Book 1800, p. 19
Ratien, Richard
1798, p. 89; 1799-1800, p. 254; Assessment Book 1800, p. 139; 1801-1803, p. 298; 1804-1808, p. 363
Rattiken, Mrs.
Assessment Book 1800, p. 366; 1804-1808, p. 375
Rattoone, Elijah D., Rev.
Assessment Book 1800, p. 287; 1804-1808, p. 370
Raven, Thomas
Assessment Book 1800, p. 338; 1804-1808, p. 373
Ray, John
Assessment Book 1800, p. 175; 1804-1808, p. 366
Rayman (Raymond), Daniel
1798, p. 23; 1799-1800, p. 256; Assessment Book 1800, p. 25; 1801-1803, p. 300; 1804-1808, p. 357
Rea, George
1798, p. 28; 1799-1800, p. 258; Assessment Book 1800, p. 151; 1801-1803, p. 301; 1804-1808, p. 364
Read, John
1804-1808, p. 377
Read, John M.
1804-1808, p. 530
Readle, John
1798, p. 136; 1799-1800, p. 263; Assessment Book 1800, p. 210; 1801-1803, p. 305; 1804-1808, p. 367
Readle, Robert
1801-1803, p. 305

Ream, Catherine
1798, p. 101; 1799-1800, p. 423
Redmond, Elisha
1801-1803, p. 313
Reed, Honor
Assessment Book 1800, p. 118; 1804-1808, p. 362
Reed, James
1798, p. 200; 1799-1800, p. 264; 1801-1803, p. 305
Reed, Joseph
Assessment Book 1800, p. 358; 1804-1808, p. 375
Reed, Luke
Assessment Book 1800, p. 269; 1804-1808, p. 376
Reed, Neilson (Nelson), Rev.
1798, p. 43; 1799-1800, p. 257; Assessment Book 1800, p. 65; 1801-1803, p. 300; 1804-1808, p. 359
Reed, Mrs.
1799-1800, p. 257; 1801-1803, p. 300
Reed, Thomas
1801-1803, p. 312
Reed, Widow
1798, p. 102
Reed, William
1798, p. 70; 1799-1800, p. 260; 1801-1803, p. 303
Rees, Frederick (estate of)
1799-1800, p. 256
Rees, John
Assessment Book 1800, p. 36
Reese, Adam
1798, p. 221; 1799-1800, p. 265; 1801-1803, p. 306
Reese, George
1798, pp. 218, 240; 1799-1800, p. 264; Assessment Book 1800, p. 323; 1801-1803, p. 306; 1804-1808, p. 372
Reese, George (waterman)
1799-1800, p. 269; Assessment Book 1800, p. 360; 1801-1803, p. 309; 1804-1808, p. 375
Reese, Jacob
1798, p. 221; 1799-1800, p. 265; 1801-1803, p. 306
Reese, Jacob & Fields, William
1801-1803, p. 312
Reese, John
1798, p. 62; 1804-1808, p. 357
Reese, John (of Frederick)
1799-1800, p. 422; 1801-1803, p. 310
Reese, John E.
1798, p. 94; 1799-1800, p. 258
Reese, John E. (estate of)
Assessment Book 1800, p. 109; 1801-1803, p. 301; 1804-1808, p. 361
Reese, Mrs.
Assessment Book 1800, p. 322
Reeves, Anthony
1798, p. 235; 1799-1800, p. 266; 1801-1803, p. 306
Reeves, Mrs.
Assessment Book 1800, p. 334; 1804-1808, pp. 373, 376
Regan, David
1801-1803, p. 316

Reid, Mrs.
1801-1803, p. 300
Reily (Reiley, Reilly), William
1798, p. 82; 1799-1800, p. 263; 1801-1803, p. 305
Rein, George
1798, p. 124
Rein, George (estate of)
Assessment Book 1800, p. 188; 1804-1808, p. 366
Rein, John
1799-1800, p. 269; 1801-1803, p. 309
Reinagle & Wignell
1799-1800, p. 333; 1801-1803, p. 314
Reinhart, Philip
1799-1800, p. 259; 1801-1803, p. 302
Reinicker (Reinecker) & Fite
1798, p. 64; 1799-1800, pp. 101, 422; Assessment Book 1800, p. 6; 1801-1803, p. 114; 1804-1808, p. 139
Reinicker (Reinecker), Conrad (Conrod)
1798, p. 47; 1799-1800, p. 258; Assessment Book 1800, p. 9; 1801-1803, p. 301; 1804-1808, p. 356
Reinicker (Reinecker), George
1798, p. 11; 1799-1800, p. 258; Assessment Book 1800, p. 41; 1801-1803, p. 301; 1804-1808, p. 357
Reise, Frederick (estate of)
1798, p. 17
Reister (Reistie), John
Assessment Book 1800, p. 49; 1801-1803, p. 312; 1804-1808, p. 358
Reister, Mrs.
1798, p. 11; 1801-1803, p. 298
Renaw (Renau, Reneau, Renew), Margarett (Mrs.)
1798, p. 29; 1799-1800, p. 269; Assessment Book 1800, p. 150; 1801-1803, p. 309; 1804-1808, p. 364
Renew, Julian
1798, p. 188; 1799-1800, p. 424; 1801-1803, p. 311
Renn, Brian
1798, p. 211
Renna, John
1799-1800, p. 258
Renno
1799-1800, p. 262
Renshaw, James
1798, p. 170; Assessment Book 1800, p. 283; 1801-1803, p. 308; 1804-1808, p. 370
Repold (Reypold), George
1798, p. 89; 1799-1800, p. 254; Assessment Book 1800, p. 128; 1801-1803, p. 298
Repold, Martin
1799-1800, p. 260
Repp, John
1798, p. 48; 1799-1800, p. 422; 1801-1803, p. 314
Reticker, Adam
1798, p. 236; Assessment Book 1800, p. 326; 1801-1803, p. 306; 1804-1808, p. 372
Retid, Adam
1799-1800, p. 265

Reynell, Richard
Assessment Book 1800, p. 193; 1804-1808, p. 366
Reynolds, Isaac
1804-1808, p. 531
Reynolds, Joshua
1799-1800, p. 266; Assessment Book 1800, p. 345; 1801-1803, p. 306; 1804-1808, p. 374
Reypold, George
1804-1808, p. 363
Reynolds, William
1804-1808, p. 530
Rhider, Benjamin
1798, p. 241; 1799-1800, p. 425; 1801-1803, p. 311
Riccard & Barrol
Assessment Book 1800, pp. 174, 273; 1804-1808, p. 30
Rice, Eleanor
1798, p. 196; 1799-1800, p. 268; 1801-1803, p. 308
Rice, James
1798, p. 65; 1799-1800, p. 423; Assessment Book 1800, p. 164; 1801-1803, p. 310; 1804-1808, p. 365
Rice, Joseph
1798, p. 69; 1799-1800, p. 423; 1801-1803, p. 310
Rich, Mathias, Capt.
1804-1808, p. 532
Richards, Lewis, Rev.
1798, p. 181; 1799-1800, p. 268; Assessment Book 1800, p. 273; 1801-1803, p. 308; 1804-1808, p. 370
Richardson & Blackiston
1799-1800, p. 355; Assessment Book 1800, p. 174; 1801-1803, p. 314; 1804-1808, p. 30
Richardson & Merryman
Assessment Book 1800, p. 318; 1804-1808, p. 372
Richardson & Woods
Assessment Book 1800, p. 235; 1801-1803, p. 390; 1804-1808, p. 469
Richardson, Arnold
Assessment Book 1800, p. 215; 1801-1803, p. 315; 1804-1808, p. 368
Richardson, Ignatius
Assessment Book 1800, p. 49; 1804-1808, p. 358
Richardson, Robert R.
1799-1800, p. 259; Assessment Book 1800, p. 139; 1804-1808, p. 363
Richardson, William
1798, p. 33; 1799-1800, p. 422; Assessment Book 1800, p. 141; 1801-1803, p. 309; 1804-1808, p. 364
Richstein, John
Assessment Book 1800, p. 74; 1804-1808, p. 359
Richter, Joseph
1804-1808, p. 530
Riddle, Robert
1798, p. 145; 1799-1800, p. 263; Assessment Book 1800, p. 124; 1804-1808, p. 362
Riddlemoser, Michael
1798, p. 9; 1799-1800, p. 255; Assessment Book 1800, p. 8; 1801-1803, p. 298; 1804-1808, p. 356
Rider, John
1799-1800, p. 266

Ridgeley (Ridgely) & McDonald
Assessment Book 1800, p. 80; 1804-1808, p. 318
Ridgeley, Charles
1798, p. 195; 1804-1808, p. 368
Ridgeley (Ridgely), Charles (Blackhead)
1799-1800, p. 269; Assessment Book 1800, p. 252; 1801-1803, p. 309
Ridgeley (Ridgely), Charles, Gen.
1798, p. 117; 1799-1800, p. 263; Assessment Book 1800, p. 212; 1801-1803, p. 304; 1804-1808, p. 367
Ridgeley, Charles Sterrett
Assessment Book 1800, p. 313; 1804-1808, p. 371
Ridgeley, James
Assessment Book 1800, p. 238; 1804-1808, p. 368
Ridgeley, Mrs.
Assessment Book 1800, p. 58; 1804-1808, p. 359
Ridgeley, Noah
Assessment Book 1800, p. 244; 1804-1808, p. 368
Ridgeley, Sarah
Assessment Book 1800, p. 166; 1804-1808, p. 365
Ridgely, Edward
1798, p. 49; 1799-1800, p. 422
Ridgely (Ridgeley), John
1798, p. 61; 1799-1800, p. 260; Assessment Book 1800, p. 98; 1801-1803, p. 303; 1804-1808, p. 361
Ridgely, Mrs. (widow of Capt.)
1799-1800, p. 258
Ridgely (Ridgeley), Nicholas
1798, p. 52; 1799-1800, p. 259; Assessment Book 1800, p. 79; 1801-1803, p. 302; 1804-1808, pp. 360, 530
Ridgely (Ridgeley), Rebecca (widow of Charles)
1799-1800, p. 263; 1801-1803, p. 301
Ridley, John
1804-1808, p. 531
Ridley, Mathew
1799-1800, p. 259
Ridley, Mathew (estate of)
1801-1803, p. 302
Ridley, Widow
1798, p. 41
Riecker, Mr.
Assessment Book 1800, p. 362
Rien, George
1799-1800, p. 261
Rien, George (estate of)
1801-1803, p. 304
Rien, John
1798, p. 4
Rife, John
Assessment Book 1800, p. 252; 1804-1808, p. 369
Rigby, Alexander
Assessment Book 1800, p. 355; 1801-1803, p. 316; 1804-1808, p. 374
Rigby (or Riley), William
Assessment Book 1800, p. 338; 1804-1808, p. 373
Riggin, David
Assessment Book 1800, p. 337; 1804-1808, p. 373

Right, William
1799-1800, p. 265
Riley, John
1798, p. 139; 1799-1800, p. 267; Assessment Book 1800, p. 200; 1801-1803, p. 308; 1804-1808, p. 367
Riley, William
Assessment Book 1800, p. 232; 1804-1808, pp. 368, 377
Riley (or Rigby), William
Assessment Book 1800, p. 338
Rind, Brian
1799-1800, p. 266; 1801-1803, p. 307
Rinehart (Rinehard), Philip
1798, p. 57; Assessment Book 1800, p. 85; 1804-1808, p. 360
Ring, Thomas
1804-1808 , p. 532
Ringold, Thomas
1799-1800, p. 268
Rinnow (Rinnon), John
1798, p. 196; 1799-1800, p. 424; 1801-1803, p. 311
Rinshaw, James
1799-1800, p. 268
Riper, Mrs.
Assessment Book 1800, p. 359; 1804-1808, p. 375
Rister, Mrs.
1799-1800, p. 255
Ritchie & Campbell
1804-1808, p. 97
Roach, Hannah
Assessment Book 1800, p. 269; 1804-1808, p. 369
Robb, John
1804-1808, p. 364
Robb, John, Capt.
1798, p. 35; 1799-1800, p. 422; Assessment Book 1800, p. 144; 1801-1803, p. 310
Robb, William
1798, p. 103; 1799-1800, p. 262; Assessment Book 1800, p. 147; 1804-1808, p. 376
Robedet (Roberdet), James
1799-1800, p. 424; Assessment Book 1800, p. 199; 1801-1803, p. 310; 1804-1808, p. 367
Roberts, George (estate of)
1798, p. 13; 1799-1800, p. 255; Assessment Book 1800, p. 11; 1801-1803, p. 299; 1804-1808, p. 356
Roberts, John (of James Broom)
1804-1808, p. 377
Roberts, Owen
1798, p. 11; 1799-1800, p. 255; 1801-1803, p. 299
Roberts, Richard
1798, p. 95; 1799-1800, p. 423
Roberts, William
Assessment Book 1800, p. 300; 1804-1808, p. 377
Robertson, Samuel, Dr.
Assessment Book 1800, p. 294
Robinett, Mrs.
1799-1800, p. 261

Robinson, Alexander
1798, p. 106; Assessment Book 1800, p. 124; 1801-1803, p. 300; 1804-1808, p. 362
Robinson, Ann (Elijah's estate)
1799-1800, p. 264
Robinson, Archibald
1799-1800, p. 257
Robinson, Charles
1798, p. 140; 1799-1800, p. 262; Assessment Book 1800, p. 179; 1801-1803, p. 304; 1804-1808, p. 366
Robinson, Charles or George
1799-1800, p. 423
Robinson, Elijah, Col. (estate of)
1798, p. 206; Assessment Book 1800, p. 315; 1801-1803, p. 305; 1804-1808, p. 371
Robinson, Ephraim (estate of)
1801-1803, p. 299; 1804-1808, p. 356
Robinson, Epream (Ephraim)
1798, p. 15; 1799-1800, p. 256; Assessment Book 1800, p. 19
Robinson, George & William
Assessment Book 1800, p. 350; 1804-1808, p. 374
Robinson, George or Charles
1799-1800, p. 423
Robinson, John
1798, p. 17; 1799-1800, p. 266; Assessment Book 1800, pp. 43, 53; 1801-1803, p. 307; 1804-1808, pp. 357, 359
Robinson, John (blackman)
1801-1803, p. 312
Robinson, Samuel
1798, p. 94; 1799-1800, p. 256; Assessment Book 1800, p. 13; 1801-1803, pp. 299, 315; 1804-1808, pp. 356, 371
Robinson, Samuel (estate of)
Assessment Book 1800, p. 109; 1804-1808, p. 361
Robinson, Thomas
1799-1800, p. 261
Robinson, William, Capt.
Assessment Book 1800, p. 323; 1801-1803, p. 315; 1804-1808, p. 372
Robinson, William & George
Assessment Book 1800, p. 350; 1804-1808, p. 374
Roche, John
1804-1808, p. 532
Roche, Joseph
Assessment Book 1800, p. 177; 1804-1808, p. 366
Roddy, Eleanor
Assessment Book 1800, p. 52
Roddy, Patrick
1798, p. 8; 1799-1800, p. 255
Roddy, Patrick (estate of)
1801-1803, p. 298
Rode, Moritz
1799-1800, p. 265
Rodes, Thomas
1798, p. 54; 1799-1800, p. 259; 1801-1803, p. 302
Roe, Walter
1798, p. 27; 1799-1800, p. 261

Roede
Assessment Book 1800, p. 77; 1804-1808, p. 360
Rofell, Charles
1801-1803, p. 310
Roger & Puder
Assessment Book 1800, p. 30
Rogers, Alexander, Maj.
1804-1808, p. 530
Rogers, Charles
1804-1808, p. 363
Rogers, Charles (Baltimore County)
Assessment Book 1800, p. 138
Rogers, Edward
1798, p. 241; 1799-1800, p. 424; 1801-1803, p. 311
Rogers, Elijah
1804-1808, p. 367
Rogers, Elisha
Assessment Book 1800, p. 211
Rogers (Rodgers), Jacob
1798, p. 119; 1799-1800, p. 261; Assessment Book 1800, p. 180; 1801-1803, p. 304; 1804-1808, p. 366
Rogers, Mrs.
Assessment Book 1800, p. 94; 1804-1808, p. 360
Rogers, Nicholas
1798, p. 107; 1799-1800, p. 256; Assessment Book 1800, p. 125; 1801-1803, p. 300; 1804-1808, p. 363
Rogers, Philip
1798, p. 40; 1799-1800, p. 260; Assessment Book 1800, p. 115; 1801-1803, p. 303; 1804-1808, p. 361
Rogers, Richard & William
Assessment Book 1800, p. 270; 1801-1803, p. 314; 1804-1808, p. 369
Rogers, Richard, Jr.
Assessment Book 1800, p. 270; 1804-1808, p. 369
Rogers, Richard, Sr.
Assessment Book 1800, p. 270; 1804-1808, p. 369
Rogers, Robert
Assessment Book 1800, p. 294; 1801-1803, p. 314; 1804-1808, p. 371
Rogers, Thomas
1804-1808, p. 530
Rogers, William & Richard
Assessment Book 1800, p. 270; 1801-1803, p. 314; 1804-1808, p. 369
Rollison (Rollisson)
Assessment Book 1800, p. 45; 1804-1808, p. 358
Rollison, James
1804-1808, p. 531
Romain, Alexis (Alexander)
Assessment Book 1800, p. 125; 1804-1808, p. 363
Roman Catholic Society
1799-1800, p. 269
Root, Peter
1799-1800, p. 267; Assessment Book 1800, p. 335; 1804-1808, p. 373; 1804-1808, p. 373
Roreworth
Assessment Book 1800, p. 93

Rose, Dinah
1799-1800, p. 257
Rose, Joseph
1799-1800, p. 268; Assessment Book 1800, p. 294; 1804-1808, p. 371
Rose, Mrs. (Frenchwoman)
Assessment Book 1800, p. 270; 1804-1808, p. 376
Rosell (Roselle), Charles
1798, p. 184; 1799-1800, p. 424; Assessment Book 1800, p. 285; 1804-1808, p. 370
Rosinsteel (Rosensteel), George
1799-1800, p. 444; Assessment Book 1800, p. 40; 1804-1808, p. 357
Ross, Adam
Assessment Book 1800, p. 360
Ross, John (estate of)
1798, p. 159; 1799-1800, p. 264; 1801-1803, p. 305; 1804-1808, p. 368
Ross, Mary
Assessment Book 1800, p. 155; 1804-1808, p. 364
Ross, Molly
1801-1803, p. 315
Ross, Mrs.
Assessment Book 1800, p. 231
Ross, Robert
1798, p. 217; 1799-1800, p. 265; 1801-1803, p. 306
Ross, William
1804-1808, p. 532
Roth, Morris
1798, p. 247; 1799-1800, p. 425; 1801-1803, p. 311
Rouse (Rowse), Margaret
1798, p. 241; 1799-1800, p. 266; Assessment Book 1800, p. 360; 1801-1803, p. 307; 1804-1808, p. 375
Rousseau, Charles
1798, p. 98; 1799-1800, p. 423
Rowe, John K.
1804-1808, p. 531
Rowland, Thomas, Dr.
Assessment Book 1800, p. 326; 1804-1808, p. 372
Rowse, John
Assessment Book 1800, p. 361; 1801-1803, p. 316; 1804-1808, p. 375
Rowse, Peter
1798, p. 240; 1799-1800, p. 424; 1801-1803, p. 311
Roy & Slater
1804-1808, p. 425
Roy, John
Assessment Book 1800, p. 206; 1804-1808, p. 367
Roy, Madam
Assessment Book 1800, p. 295; 1804-1808, p. 371
Royall, Jonathan Samuel
Assessment Book 1800, p. 157; 1804-1808, p. 364
Rucker, Samuel
Assessment Book 1800, p. 43; 1804-1808, p. 358
Ruckle, John
Assessment Book 1800, p. 63; 1804-1808, p. 359
Ruckle, John & Paul
1798, p. 53; 1799-1800, p. 259; Assessment Book 1800, p. 81; 1801-1803, p. 302; 1804-1808, p. 360

Ruckle, Thomas
Assessment Book 1800, p. 43; 1801-1803, p. 312; 1804-1808, p. 358
Ruff, Daniel
Assessment Book 1800, p. 121; 1804-1808, p. 362
Rupart, Martin
1798, p. 61; 1801-1803, p. 302
Rupert, John
Assessment Book 1800, p. 160; 1804-1808, p. 365
Rusk, John
1798, p. 184; 1799-1800, p. 267; Assessment Book 1800, p. 282; 1801-1803, p. 308; 1804-1808, p. 370
Rusk, Robert
Assessment Book 1800, p. 282; 1801-1803, p. 314; 1804-1808, p. 370
Russell & Curson
1799-1800, p. 442; 1801-1803, p. 315; 1804-1808, p. 97
Russell, Alexander
1798, p. 6; 1799-1800, p. 269; 1801-1803, p. 309
Russell (Russel), George
1798, p. 104; 1799-1800, p. 257; Assessment Book 1800, p. 122; 1801-1803, p. 300; 1804-1808, p. 362
Russell, John
1804-1808, p. 377
Russell, Mrs.
Assessment Book 1800, p. 41; 1804-1808, p. 357
Russell (Russel), Richard
1798, p. 102; 1799-1800, p. 257; Assessment Book 1800, p. 117; 1801-1803, p. 301; 1804-1808, p. 362
Russell, Rebecca, Mrs.
1799-1800, p. 442
Russell, William
Assessment Book 1800, p. 107; 1804-1808, p. 361
Rust, John
1798, p. 184; 1799-1800, p. 267
Ruth, Peter
1798, p. 236; 1801-1803, p. 307
Rutter, Edward
1798, p. 128; 1799-1800, p. 262
Rutter, Jonathan
1798, p. 165; 1799-1800, p. 263; 1801-1803, p. 304
Rutter, Richard
Assessment Book 1800, p. 347; 1804-1808, p. 374
Rutter, Solomon
1799-1800, p. 262; Assessment Book 1800, p. 171; 1804-1808, p. 365
Rutter, Thomas
1799-1800, p. 268; 1801-1803, p. 308
Rutter, Thomas, Jr.
1798, p. 179
Rux, Peter
1799-1800, p. 267
Ryan, Michael
Assessment Book 1800, p. 260; 1804-1808, p. 376
Ryder, John
Assessment Book 1800, p. 356; 1804-1808, p. 374
Rye, John
1801-1803, p. 313

Ryland, John
1799-1800, p. 264
Ryland, Richard
1801-1803, p. 312
Ryland, William
1798, p. 80; 1799-1800, p. 261; Assessment Book 1800, p. 173; 1801-1803, p. 303; 1804-1808, p. 365
Rynde, Bryan
Assessment Book 1800, p. 341; 1804-1808, p. 374

Sabard, Mr.
1798, p. 26
Sable, John
1798, p. 232; 1799-1800, p. 432; 1801-1803, p. 339
Sadler, Thomas
1799-1800, p. 282
Sadler, Thomas (estate of)
Assessment Book 1800, p. 170; 1801-1803, p. 327; 1804-1808, p. 398
St. Peter's Church Vestry
Assessment Book 1800, p. 101
Sagerson, Margaret
Assessment Book 1800, p. 197
Sakater, Mrs.
1799-1800, p. 271
Salisbury, Mathew
Assessment Book 1800, p. 155; 1804-1808, p. 396
Salmon, George
1798, p. 95; 1799-1800, p. 276; Assessment Book 1800, p. 102; 1801-1803, p. 322; 1804-1808, pp. 390, 425
Salmon, John
1798, p. 227; 1799-1800, p. 303; Assessment Book 1800, p. 217; 1801-1803, p. 341; 1804-1808, p. 405
Samback, Henry
1799-1800, p. 279; 1801-1803, p. 325
Sammon, Jonathan (say Selman)
1799-1800, p. 303
Sampson, Jacob
1798, p. 224; 1799-1800, p. 301; Assessment Book 1800, p. 363; 1801-1803, p. 340; 1804-1808, pp. 403, 404, 423
Sampson, Joseph
1798, p. 234; 1799-1800, p. 296; Assessment Book 1800, p. 320; 1801-1803, p. 337; 1804-1808, p. 417
Samuelt, Frederick
1799-1800, p. 272
Sancase, Mons.
1799-1800, p. 429; 1801-1803, p. 337
Sanderlin, Mrs.
1804-1808, p. 425
Sanders, Valentine
1804-1808, p. 537
Sanderson, Francis
1798, p. 75; 1799-1800, p. 428; 1801-1803, p. 336
Sanderson, M.
Assessment Book 1800, p. 190; 1804-1808, p. 400

Sanderson, Margaret (Margarett)
1798, p. 81; 1799-1800, p. 288; Assessment Book 1800, p. 205; 1801-1803, p. 331
Sanderson, Margaret, Jr.
Assessment Book 1800, p. 205
Sanderson, Mathew
1801-1803, p. 343
Sanderson, Thomas
1799-1800, p. 289
Sandford, Joseph, Capt.
Assessment Book 1800, p. 310; 1804-1808, p. 415
Sands
Assessment Book 1800, p. 49
Sands, Benjamin
1804-1808, p. 384
Sands, Robert
1798, p. 104; 1799-1800, p. 429; Assessment Book 1800, p. 151; 1801-1803, p. 337; 1804-1808, p. 395
Sanger, Seth (Capt.)
1799-1800, p. 245; Assessment Book 1800, p. 234; 1801-1803, p. 328; 1804-1808, p. 407
Sappington, Jacob
1799-1800, p. 288
Savage, Dennis
Assessment Book 1800, p. 158; 1801-1803, p. 340; 1804-1808, p. 396
Savage, George
Assessment Book 1800, p. 293; 1801-1803, p. 342; 1804-1808, p. 413
Savage, Patrick
Assessment Book 1800, p. 177; 1801-1803, p. 343; 1804-1808, p. 399
Saveroy, William
1799-1800, p. 297; Assessment Book 1800, p. 266; 1801-1803, p. 338; 1804-1808, p. 411
Say, Henry
Assessment Book 1800, p. 94; 1804-1808, p. 390
Sayres, John B.
Assessment Book 1800, p. 201; 1804-1808, p. 403
Scent, Henry
1799-1800, p. 302
Schaeffer (Scheffer, Schaffer), Baltzer
1798, p. 135; 1799-1800, p. 285; Assessment Book 1800, p. 221; 1801-1803, p. 329; 1804-1808, p. 305
Schaeffer (Shaeffer, Schaffer, Shaffer), Frederick
1798, p. 89; 1799-1800, p. 270; Assessment Book 1800, p. 214; 1801-1803, p. 317; 1804-1808, pp. 404, 537
Schaeffer, George
1798, p. 134; 1801-1803, p. 329; 1804-1808, p. 407
Schaffer, George (estate of)
Assessment Book 1800, p. 236
Schaffer (Schaeffer), Jacob
1798, p. 217; Assessment Book 1800, p. 314; 1801-1803, p. 336; 1804-1808, p. 416
Schaffer & Littig
1804-1808, p. 424
Scheler, John
1798, p. 155; 1799-1800, p. 290; Assessment Book 1800, p. 223; 1801-1803, p. 333; 1804-1808, p. 405

Schenick, Jacob
1801-1803, p. 414
Schley, John
1798, p. 135; Assessment Book 1800, p. 236; 1804-1808, p. 407
Schligh, John
1799-1800, p. 287; 1801-1803, p. 330
Schmidt, William
1804-1808, p. 536
Schnauber, George
Assessment Book 1800, p. 148; 1804-1808, p. 395
Schomberg (Schomburg), Henry
Assessment Book 1800, p. 71; 1804-1808, p. 387
Schragley (Schreagley), Michael
1799-1800, p. 293; 1801-1803, p. 335
Schrike, Dederick
Assessment Book 1800, p. 263; 1804-1808, p. 411
Schrimm, John
1804-1808, p. 405
Schroeder, Henry
1798, p. 106; Assessment Book 1800, p. 45; 1801-1803, p. 322; 1804-1808, p. 383
Schultz
1804-1808, p. 535
Schultz, John (Market [Street])
1801-1803, p. 326
Schultz, John
Assessment Book 1800, p. 78
Schultz, John M.
Assessment Book 1800, p. 17; 1804-1808, p. 379
Schultz, John M. (saddler)
1801-1803, p. 320
Schwartzow (Schwartzaur, Schwartzer), Philip (at Fort)
Assessment Book 1800, p. 323; 1801-1803, p. 337; 1804-1808, p. 417
Schwathe, Christ
1804-1808, p. 425
Scimmins (Scimmines), Samuel
Assessment Book 1800, p. 358; 1804-1808, p. 422
Scott & Dent
1799-1800, p. 77; 1801-1803, p. 83
Scott, Andrew
1798, p. 179; 1799-1800, p. 304
Scott, John
Assessment Book 1800, pp. 137, 363; 1804-1808, pp. 394, 423
Scott, John (rigger)
Assessment Book 1800, p. 334; 1804-1808, p. 419
Scott, Joseph
1798, p. 12; 1799-1800, pp. 426, 430; 1801-1803, p. 338
Scott, Joseph (Scott, William)
1801-1803, p. 343
Scott, Joseph, Jr.
1798, p. 166
Scott, Margaret
Assessment Book 1800, p. 42; 1804-1808, p. 382
Scott, Michael
1798, p. 147; 1799-1800, p. 289; 1801-1803, p. 332

Scott, Robert
1798, p. 7; 1799-1800, p. 272; 1801-1803, p. 318
Scott, Rositter (Rossitter)
Assessment Book 1800, p. 253; 1804-1808, p. 409
Scott, William
1799-1800, p. 298
Scrogs (Scroggs), Alexander
1799-1800, p. 297; Assessment Book 1800, p. 270; 1801-1803, p. 338;
1804-1808, p. 412
Scrogs, Elisha
1798, p. 173
Scrogs, John
1799-1800, p. 279
Scroggs, John
1798, p. 36
Scroggs, John (estate of)
1801-1803, p. 324
Scroggs, Mrs.
Assessment Book 1800, p. 57; 1804-1808, p. 384
Scure, Edmond
1799-1800, p. 295
Seabrooks, Richard
Assessment Book 1800, p. 14; 1804-1808, p. 379
Seaque, Thomas
Assessment Book 1800, p. 336
Searight, James
Assessment Book 1800, p. 77; 1804-1808, p. 388
Sears, George
1798, p. 41; 1799-1800, p. 277
Sears, George (estate of)
1801-1803, p. 323
Sears, John
1798, p. 27; 1799-1800, p. 277; 1801-1803, p. 323
Sears, Mrs.
Assessment Book 1800, p. 85; 1804-1808, p. 388
Seecamp (Seekamp), Albert
1798, p. 106; 1799-1800, p. 276; Assessment Book 1800, p. 123; 1801-1803,
p. 322; 1804-1808, p. 393
Segar, Mons.
Assessment Book 1800, p. 88; 1804-1808, p. 389
Segin
1799-1800, p. 283
Segin, John
1801-1803, p. 327
Seidenstricker, Daniel
1799-1800, p. 298; 1801-1803, p. 338
Sellars, John
1799-1800, p. 280
Sellers, Abraham
1799-1800, p. 281; Assessment Book 1800, p. 166;
1801-1803, pp. 326, 344; 1804-1808, p. 397
Sellers, Mrs.
Assessment Book 1800, p. 75; 1804-1808, p. 387
Sellers, Widow (Agnes)
1798, p. 48; 1799-1800, p. 427

Sellers, William
1799-1800, pp. 295, 304
Sellman (Selman), Jonathan
1798, p. 188; Assessment Book 1800, p. 201; 1801-1803, p. 341; 1804-1808, p. 403
Sellman, Peter
Assessment Book 1800, p. 151; 1804-1808, p. 395
Sellman, William
1798, p. 225; 1799-1800, p. 302; Assessment Book 1800, p. 355; 1801-1803, p. 340; 1804-1808, p. 421
Selman, Johnsee
1798, p. 46; 1799-1800, p. 427
Semering, John
1804-1808, p. 390
Sergerson, Margaret
1799-1800, p. 287; 1801-1803, p. 330; 1804-1808, p. 401
Serronsen (Serenson), Peter, Capt.
Assessment Book 1800, p. 345; 1801-1803, p. 341; 1804-1808, p. 420
Sewall, Thomas
1801-1803, p. 342
Sewall, William
Assessment Book 1800, p. 145; 1804-1808, p. 395
Sexton, Charles
1804-1808, p. 537
Seyman, Thomas
Assessment Book 1800, p. 369
Shade, John
1799-1800, p. 283
Shake, Mrs.
1798, p. 228; 1799-1800, p. 432
Shanaberger (Shaneberger), John
1798, p. 11; Assessment Book 1800, p. 45; 1801-1803, p. 318; 1804-1808, p. 383
Shane, Peter
1798, p. 47; 1799-1800, p. 279; Assessment Book 1800, p. 75; 1801-1803, p. 325; 1804-1808, p. 387
Shaneman, John
1801-1803, p. 340
Shanley, Dr.
Assessment Book 1800, p. 289; 1801-1803, p. 414; 1804-1808, p. 413
Shapell, Michael
1799-1800, p. 276
Sharp, Jacob
1798, p. 20
Sharp, John
1798, p. 20
Sharp, Peter
1799-1800, p. 292; 1801-1803, p. 335
Sharp, William
1799-1800, p. 287
Sharpe, Peter, Capt. (estate of)
1798, p. 198; Assessment Book 1800, p. 309; 1804-1808, p. 415
Sharrick, Peter
1798, p. 101; 1799-1800, p. 428

Shartle, William
1798, p. 4; 1804-1808, p. 383
Shartle, William (pumpmaker)
1799-1800, p. 425; Assessment Book 1800, p. 44
Shartree, John
Assessment Book 1800, p. 120; 1804-1808, p. 392
Shaunaker, Ignatius
1799-1800, p. 276
Shaw & Elliott
1799-1800, p. 100
Shaw, Agness
1799-1800, p. 299
Shaw, Archibald
1798, p. 210; 1799-1800, p. 296; Assessment Book 1800, p. 340; 1801-1803, p. 337; 1804-1808, p. 420
Shaw, Catharine
Assessment Book 1800, p. 267; 1804-1808, p. 411
Shaw, John
1798, p. 240; 1799-1800, p. 303; Assessment Book 1800, p. 362; 1801-1803, p. 341; 1804-1808, p. 423
Sheddan (Shedden), John
1798, p. 71; 1799-1800, p. 281; Assessment Book 1800, p. 217; 1801-1803, p. 326; 1804-1808, p. 404
Shedel, John
Assessment Book 1800, p. 348; 1804-1808, p. 421
Sheetz, Joseph
Assessment Book 1800, p. 26; 1801-1803, p. 344
Sheetz, Joseph & Co.
1798, p. 25; 1799-1800, p. 426
Sheffer, George
1799-1800, p. 286
Sheffer, Jacob
1799-1800, p. 294
Shepard (Shepherd, Sheppard), Thomas
1798, pp. 168, 216; 1799-1800, pp. 292, 305; Assessment Book 1800, pp. 147, 328; 1801-1803, p. 334; 1804-1808, pp. 395, 418
Shepard, Thomas (Fells Point)
1801-1803, p. 342
Shepherd
1799-1800, p. 278
Shepherd & Mitchell
1799-1800, p. 207; Assessment Book 1800, p. 85; 1801-1803, p. 239; 1804-1808, p. 389
Shepherd, Moses
1798, p. 32; 1799-1800, p. 427
Shepherd, Moses (Dr. Way)
1801-1803, p. 344
Sheppard (Shepherd), William
Assessment Book 1800, p. 251; 1804-1808, p. 409
Sherlock, John
1798, p. 161; 1799-1800, p. 284; Assessment Book 1800, p. 190; 1801-1803, p. 328; 1804-1808, p. 400
Sherman, Conrad
Assessment Book 1800, p. 32; 1804-1808, p. 381

Sherred, Philip
1798, p. 231; 1801-1803, p. 339
Sherwood, Philip
Assessment Book 1800, p. 334; 1804-1808, p. 419
Shetz, Joseph
1804-1808, p. 381
Shields & McKim
1798, p. 64; 1799-1800, p. 428; Assessment Book 1800, p. 73; 1801-1803, p. 336; 1804-1808, p. 281
Shields, David
1798, p. 150; 1799-1800, p. 289; Assessment Book 1800, p. 217; 1801-1803, p. 332; 1804-1808, p. 405
Shields, Solomon
Assessment Book 1800, p. 327; 1801-1803, p. 414; 1804-1808, p. 418
Shields, Thomas
Assessment Book 1800, p. 165; 1804-1808, p. 397
Shields, Thomas, Jr.
1798, p. 66; 1799-1800, p. 281; 1801-1803, p. 326
Shievely, John
1799-1800, p. 303
Shilling, Michael
1798, p. 173; 1799-1800, p. 297
Shilling, Michael (estate of)
1801-1803, p. 338
Shinefleugh, Conrad
Assessment Book 1800, p. 255; 1804-1808, p. 410
Shinnock, Jacob
Assessment Book 1800, p. 363; 1804-1808, p. 423
Shipley, Richard
Assessment Book 1800, p. 134; 1804-1808, pp. 394, 425
Shirewood, Philip
1799-1800, p. 300
Shirock
1799-1800, p. 280
Shiteower (Shitower), Henry
1798, p. 100; Assessment Book 1800, p. 113; 1801-1803, p. 343; 1804-1808, p. 391
Shock, Henry
Assessment Book 1800, p. 118; 1804-1808, p. 392
Shoemaker, Ignatius
1798, p. 101; Assessment Book 1800, p. 118; 1804-1808, p. 391
Shoemaker, Jacob
Assessment Book 1800, p. 91; 1804-1808, p. 389
Shoeneberger
1799-1800, p. 272
Sholly, Adam
1798, p. 57; 1799-1800, p. 280; Assessment Book 1800, p. 87; 1801-1803, p. 325; 1804-1808, p. 389
Sholly, John
1798, p. 57; 1799-1800, p. 428; Assessment Book 1800, p. 84; 1801-1803, p. 336; 1804-1808, p. 388
Sholly, William (say Stewart)
1798, p. 47; 1799-1800, p. 280
Shomburg, Henry
1798, p. 47

Shong, Anthony
1798, p. 208; 1799-1800, p. 431
Shorbe (Shorb), Andrew
Assessment Book 1800, p. 17; 1804-1808, p. 379
Shorbe (Shorb), Jacob
Assessment Book 1800, p. 18; 1804-1808, p. 380
Shorbe (Shorb), John
Assessment Book 1800, p. 18; 1804-1808, p. 380
Shorp, Jacob
1799-1800, p. 273; 1801-1803, p. 320
Shorp, John
1799-1800, p. 273; 1801-1803, p. 320
Shoute, Henry
1804-1808, p. 412
Shreigler, Michael
1798, p. 246
Shreike, Frederick
1799-1800, p. 298
Shriack, Dederick
1798, p. 167; 1799-1800, p. 430; 1801-1803, p. 338
Shrim, John
1798, p. 155; Assessment Book 1800, p. 222; 1801-1803, p. 332
Shrite, Henry
1798, p. 179; 1799-1800, p. 431; 1801-1803, p. 338
Shriver, Andrew
Assessment Book 1800, p. 67; 1804-1808, p. 386
Shriver, David
1798, p. 6; 1799-1800, p. 425; 1801-1803, p. 343
Shriver, John
1799-1800, p. 300; Assessment Book 1800, pp. 53, 158;
1804-1808, pp. 396, 424
Shroeder, Henry
1799-1800, p. 276
Shroute, Henry
Assessment Book 1800, p. 277
Shroyer (Shryer), Louis (Lewis, Lanis)
1798, p. 76; Assessment Book 1800, p. 66; 1801-1803, p. 326; 1804-1808, p. 386
Shroyoch, John
1799-1800, p. 299
Shryack, John
Assessment Book 1800, p. 277; 1804-1808, p. 413
Shryer, Louis
1799-1800, p. 282
Shryer, Ludwick
1799-1800, p. 305
Shryner, Peter
Assessment Book 1800, p. 150; 1804-1808, p. 395
Shultz, John
1798, pp. 20, 65; 1804-1808, p. 388
Shultz, John (Market Street)
1799-1800, p. 281
Shultz, John N.
1799-1800, p. 274

Shultzer, Rudolph
1799-1800, p. 298
Shutte, August & Fool (Tool), John
Assessment Book 1800, p. 252; 1804-1808, p. 409
Sidenstrickee (Sidenstricker), Daniel
1798, p. 183; Assessment Book 1800, p. 268; 1804-1808, p. 412
Sidler, Mathias
1798, p. 15
Simmering (Simering), John
1799-1800, p. 280; Assessment Book 1800, p. 94
Simmon, Jacob
1798, p. 56; 1799-1800, p. 427; 1801-1803, p. 344
Simmons, Peter
Assessment Book 1800, p. 338; 1804-1808, p. 420
Simpson, James
1798, p. 235; 1799-1800, p. 432; 1801-1803, p. 339
Simpson, Mr.
1804-1808, p. 419
Simpson, Mrs.
Assessment Book 1800, p. 333
Simpson, Walter
1798, p. 37; 1799-1800, p. 275; Assessment Book 1800, p. 58; 1801-1803, p. 321; 1804-1808, p. 385
Sinale (Sindle), Philip
1798, p. 197; 1799-1800, p. 293
Sinclair (Sinclaire), John
Assessment Book 1800, p. 133; 1801-1803, p. 344; 1804-1808, p. 393
Sinclair (Sinclaire, Sinklair), Robert
1798, p. 13; 1799-1800, p. 272; Assessment Book 1800, p. 48; 1801-1803, p. 319; 1804-1808, p. 383
Sindle, Philip
Assessment Book 1800, p. 308; 1801-1803, p. 335; 1804-1808, p. 415
Sindle, Samuel
1801-1803, p. 342
Singer, Abraham
Assessment Book 1800, p. 128; 1801-1803, p. 345; 1804-1808, p. 393
Singleton, William
1798, p. 147; 1799-1800, p. 289; 1801-1803, p. 332; 1804-1808, p. 404
Singleton, William (estate of)
Assessment Book 1800, p. 210
Sinker, Capt. (say Simpson)
1799-1800, p. 300
Sinker, William
1799-1800, p. 300
Sinners, Elijah R.
1799-1800, p. 291; Assessment Book 1800, p. 167; 1804-1808, p. 397
Sisson, Richard, Capt.
1798, p. 110
Sitler & Smith
1798, p. 77; 1799-1800, p. 278
Sitler, Abraham
1798, p. 15; 1799-1800, p. 274
Sitler, Jacob
Assessment Book 1800, p. 81; 1804-1808, p. 424

Sitler, Mathias (Matthias)
1799-1800, p. 273; Assessment Book 1800, p. 13; 1801-1803, p. 415; 1804-1808, p. 378
Sitten, Ealsey
1798, p. 185; 1801-1803, p. 341
Sitzinger, George
1798, p. 4
Skerret (Skerrett), Clemment (Clement), Capt.
1799-1800, p. 295; Assessment Book 1800, p. 325; 1804-1808, p. 417
Skipper, John
Assessment Book 1800, p. 263; 1804-1808, p. 410
Skipper, Thomas
1798, p. 170; Assessment Book 1800, p. 266; 1801-1803, p. 344; 1804-1808, p. 411
Slade, Mrs.
1799-1800, p. 290
Slagle, Christian
1799-1800, p. 282
Slagle, Christian (estate of)
1801-1803, p. 327
Slagle, Mrs.
Assessment Book 1800, p. 171; 1804-1808, p. 398
Slater & Roy
1804-1808, p. 425
Slater, Tembleton (Pembleton)
Assessment Book 1800, p. 254; 1804-1808, p. 410
Slater, William
1798, p. 118; 1799-1800, p. 282; Assessment Book 1800, p. 185; 1801-1803, p. 327; 1804-1808, p. 400
Sleppy (Slippy), Jacob
1798, p. 24; 1799-1800, p. 275; 1801-1803, p. 322
Slimer, Christian
Assessment Book 1800, p. 289; 1801-1803, p. 343; 1804-1808, p. 413
Slimmer, Valentine
1798, p. 195; 1799-1800, p. 431; 1801-1803, p. 339
Slingluff, Jessee
Assessment Book 1800, p. 18; 1804-1808, p. 379
Sloan (Sloane), James W.
Assessment Book 1800, p. 11; 1801-1803, p. 344; 1804-1808, p. 378
Sloane (Sloan), James
1798, p. 69; 1799-1800, p. 286; Assessment Book 1800, p. 167; 1801-1803, p. 329; 1804-1808, p. 398
Sluby (Slubey), Nicholas
1798, p. 181; 1799-1800, p. 284; Assessment Book 1800, p. 268; 1801-1803, p. 327; 1804-1808, p. 411
Sluby, Nicholas & Co.
1799-1800, p. 293
Smachtenberger, Peter
1804-1808, p. 535
Small, Jacob
1798, p. 37; 1799-1800, p. 277; Assessment Book 1800, p. 58; 1801-1803, p. 323
Small, Jacob (estate of)
1798, p. 46; 1799-1800, p. 427; Assessment Book 1800, p. 58; 1801-1803, p. 344; 1804-1808, p. 385

Small, John
1804-1808, p. 535
Small, Michael
1798, p. 11; 1799-1800, p. 426; Assessment Book 1800, p. 38; 1801-1803, p. 343; 1804-1808, p. 382
Smallwood, William
1798, p. 135; 1799-1800, p. 286; Assessment Book 1800, p. 226; 1801-1803, p. 329; 1804-1808, p. 406
Smell, Margaret
Assessment Book 1800, p. 121; 1804-1808, p. 392
Smell, Peter
1798, p. 104; 1799-1800, p. 429; Assessment Book 1800, p. 121; 1804-1808, p. 392
Smell, Peter (or Criss)
1801-1803, p. 337
Smick, Mary
1798, p. 46; 1801-1803, p. 344
Smick, Mrs.
Assessment Book 1800, p. 73; 1804-1808, p. 387
Smith
Assessment Book 1800, p. 85; 1804-1808, p. 388
Smith & Carson
1799-1800, p. 365
Smith & Gittings
1799-1800, p. 123
Smith & Hollins
1799-1800, p. 391; 1801-1803, p. 174
Smith & Mummy
Assessment Book 1800, p. 22
Smith & O'Donnell
1798, p. 160; 1799-1800, p. 430
Smith & Patterson
1801-1803, p. 414
Smith & Sitler
1799-1800, p. 278
Smith & Steene
Assessment Book 1800, p. 99; 1804-1808, p. 390
Smith & Williams
1798, p. 90; 1799-1800, p. 279
Smith, Amos
Assessment Book 1800, p. 247; 1804-1808, p. 408
Smith, Arnold
1804-1808, p. 537
Smith, Bazil (Basil)
1798, p. 225; 1799-1800, p. 302; Assessment Book 1800, p. 350; 1801-1803, p. 340; 1804-1808, p. 421
Smith, Caleb
1798, p. 148; 1799-1800, p. 289; Assessment Book 1800, p. 213; 1801-1803, p. 332; 1804-1808, p. 404
Smith, Casper
Assessment Book 1800, p. 92; 1801-1803, p. 344; 1804-1808, p. 390
Smith, Christian
1798, p. 213; 1799-1800, p. 292; Assessment Book 1800, p. 325; 1801-1803, p. 334; 1804-1808, p. 417

Smith, Daniel
1798, p. 223; 1799-1800, p. 296; 1801-1803, p. 337
Smith, David
1804-1808, p. 421
Smith, (Richard) David (tailor)
Assessment Book 1800, p. 346; 1801-1803, p. 341
Smith, Dennis
Assessment Book 1800, p. 243; 1804-1808, p. 408
Smith, Dorman
Assessment Book 1800, p. 50; 1804-1808, p. 384
Smith, Edward
1798, p. 246; 1799-1800, p. 433; 1801-1803, p. 340
Smith, Eleanor
1798, p. 141; 1799-1800, p. 287; Assessment Book 1800, p. 250; 1801-1803, p. 331; 1804-1808, p. 409
Smith, Ephram
1804-1808, p. 537
Smith, George
1798, pp. 16, 207; 1799-1800, pp. 273, 291; Assessment Book 1800, pp. 19, 248; 1801-1803, pp. 319, 333; 1804-1808, pp. 380, 382
Smith, George & James
1799-1800, p. 297
Smith, Isaac
1798, pp. 47, 92; 1799-1800, p. 271; 1801-1803, p. 318
Smith, James
1798, pp. 87, 133, 208; Assessment Book 1800, p. 236
Smith, James (Bond and Fell Streets)
1799-1800, p. 304
Smith, James (butcher)
1799-1800, p. 286; 1801-1803, p. 329; 1804-1808, p. 424
Smith, James, Dr.
Assessment Book 1800, p. 136; 1801-1803, p. 345; 1804-1808, p. 394
Smith, James (estate of)
Assessment Book 1800, p. 21; 1801-1803, p. 342
Smith, James (poor house)
1799-1800, p. 274; 1801-1803, p. 321; 1804-1808, p. 380
Smith, James (tavern)
1799-1800, p. 270; 1801-1803, p. 317
Smith, James & George
1799-1800, p. 297
Smith, Jane
1804-1808, p. 418
Smith, Jane (widow)
Assessment Book 1800, p. 328
Smith, Job
1798, pp. 110, 220; 1799-1800, pp. 275, 304; Assessment Book 1800, pp. 106, 329; 1801-1803, p. 321; 1804-1808, pp. 391, 418, 425
Smith, Job (Fells Point)
1801-1803, p. 342
Smith, Job & O'Donnell (O'Donnel), John
1798, p. 220; 1799-1800, p. 305; Assessment Book 1800, p. 60; 1801-1803, p. 343
Smith, John
1798, pp. 126, 237; 1799-1800, pp. 284, 303; 1801-1803, p. 328; 1804-1808, p. 424

Smith, John & Byas, James
1798, p. 203; 1799-1800, p. 31
Smith, John & Hollins, John
Assessment Book 1800, p. 139; 1804-1808, p. 198
Smith, John, Capt.
1798, p. 220; 1799-1800, p. 431; Assessment Book 1800, p. 329; 1801-1803, p. 339; 1804-1808, p. 418
Smith, John (carpenter)
1801-1803, p. 341
Smith, John (Riesters' Town)
1798, p. 10; 1799-1800, p. 425
Smith, John D., Dr.
1801-1803, p. 342
Smith, John H.
Assessment Book 1800, p. 328; 1804-1808, p. 418
Smith, Joseph
1798, p. 180; 1801-1803, p. 341; 1804-1808, p. 397
Smith, Joseph, Capt.
1799-1800, p. 304; Assessment Book 1800, pp. 165, 273; 1801-1803, p. 342; 1804-1808, p. 412
Smith, Lambert
1798, p. 122; 1799-1800, p. 284; Assessment Book 1800, p. 191; 1801-1803, p. 327; 1804-1808, p. 401
Smith, Levy
Assessment Book 1800, p. 34; 1804-1808, p. 382
Smith, Margaret
1798, p. 44; 1801-1803, p. 325
Smith, Mary
1804-1808, p. 420
Smith (or Smick), Mary
1799-1800, p. 427
Smith, Mary (widow of Richard)
Assessment Book 1800, p. 342
Smith, Mr.
1798, p. 45
Smith, Mrs.
1799-1800, p. 280; Assessment Book 1800, p. 69; 1804-1808, p. 386
Smith, Nancy
Assessment Book 1800, p. 49; 1804-1808, p. 384
Smith, Peter
1798, p. 89; 1799-1800, p. 270; Assessment Book 1800. p. 140; 1801-1803, p. 317; 1804-1808, p. 394
Smith, Philip
1798, p. 213; 1799-1800, p. 292; 1801-1803, p. 334
Smith, Philip (estate of)
Assessment Book 1800, p. 359; 1804-1808, p. 422
Smith, Ralph
1804-1808, p. 534
Smith, Richard
1798, p. 207; 1799-1800, p. 291; 1801-1803, pp. 333, 414
Smith, Robert
1798, p. 98; 1799-1800, p. 277; Assessment Book 1800, p. 103; 1801-1803, p. 323; 1804-1808, p. 391
Smith, Robert H.
1804-1808, p. 534

Smith, Samuel
 1798, p. 22; 1799-1800, p. 273
Smith, Samuel, Gen.
 1798, p. 121; 1799-1800, p. 283; Assessment Book 1800, p. 182; 1801-1803, p. 327; 1804-1808, p. 399
Smith, Samuel, Gen. & Patterson, William
 1799-1800, p. 284; 1801-1803, p. 327
Smith, Samuel R.
 1798, p. 32; 1799-1800, p. 426; Assessment Book 1800, p. 142; 1801-1803, p. 344; 1804-1808, p. 394
Smith, Samuel & O'Donnell, John
 Assessment Book 1800, p. 160; 1804-1808, p. 330
Smith, Solomon (estate of)
 1799-1800, p. 271; Assessment Book 1800, p. 130; 1801-1803, p. 317; 1804-1808, p. 393
Smith, Thorowgood
 1798, p. 120; 1804-1808, p. 414
Smith, Torrence
 1799-1800, p. 284
Smith, Widow (of Solomon)
 1798, p. 88
Smith, William
 1798, pp. 231, 241; 1799-1800, pp. 275, 299; Assessment Book 1800, pp. 59, 361; 1801-1803, p. 321; 1804-1808, p. 385
Smith, William (blacksmith)
 Assessment Book 1800, p. 335; 1801-1803, p. 339; 1804-1808, p. 419
Smith, William, Capt.
 Assessment Book 1800, p. 316; 1801-1803, p. 341; 1804-1808, p. 416
Smith, William (ropewalk)
 1799-1800, p. 302; 1801-1803, p. 341; 1804-1808, p. 422
Smith, William R.
 1799-1800, p. 281
Smith, William S.
 1798, p. 93
Smith, Zachariah
 Assessment Book 1800, p. 155; 1801-1803, p. 345; 1804-1808, p. 396
Smull, Conrod, Dr.
 1798, p. 226; 1799-1800, p. 300; Assessment Book 1800, p. 325; 1801-1803, p. 339; 1804-1808, p. 417
Smull, Jacob
 1799-1800, p. 294
Smythe, James, Dr.
 Assessment Book 1800, p. 244; 1804-1808, p. 408
Smythe (Smyth), Samuel
 1798, p. 17; Assessment Book 1800, p. 34; 1801-1803, p. 319; 1804-1808, p. 381
Snider, Dr.
 Assessment Book 1800, p. 64
Snider, Mrs.
 1799-1800, p. 291
Snyder (Snider), Andrew
 1798, p. 47; 1799-1800, p. 279; Assessment Book 1800, pp. 71, 139; 1801-1803, p. 325; 1804-1808, p. 387
Snyder (Snider), Felty (Valentine)
 1798, p. 47; 1799-1800, p. 279; 1801-1803, p. 324

Snyder, John
1798, p. 216
Snyder, John (Capt.)
1799-1800, p. 293; Assessment Book 1800, pp. 152, 312; 1801-1803, p. 335; 1804-1808, pp. 396, 416
Snyder, John, Dr.
1804-1808, p. 385
Snyder, Lewis
1804-1808, p. 534
Sollers, Basil
Assessment Book 1800, p. 228; 1804-1808, p. 407
Sollers, Joseph
Assessment Book 1800, p. 35; 1804-1808, p. 382
Sollers, William
1798, p. 219; Assessment Book 1800, p. 339; 1801-1803, p. 336; 1804-1808, p. 420
Solomon, Catharine
Assessment Book 1800, p. 204; 1804-1808, p. 403
Solomon, Elkin
1798, p. 130; 1799-1800, p. 285; Assessment Book 1800, p. 192; 1801-1803, p. 328; 1804-1808, p. 401
Solomon, George
1798, p. 148; 1799-1800, p. 289
Solomon, George (estate of)
1801-1803, p. 332
Solomon, Isaac & Levi
1799-1800, p. 288; 1801-1803, p. 331
Solomon, Levy
1798, p. 82; Assessment Book 1800, p. 204; 1804-1808, p. 403
Solomon, Myer
1798, p. 82; 1799-1800, p. 288
Solomon, Myer (estate of)
1801-1803, p. 331
Somax, Milly
Assessment Book 1800, p. 362; 1804-1808, p. 422
Somerkamp, Philip C.
Assessment Book 1800, p. 226; 1804-1808, p. 406
Somers (Sommers), Laurence (Lawrence)
1798, p. 88; 1799-1800, p. 270; 1801-1803, p. 317
Somers, Martin
1798, p. 136; 1799-1800, p. 286; Assessment Book 1800, p. 226; 1801-1803, p. 330; 1804-1808, p. 406
Somerviell (Somervill, Somerveille), James
1798, p. 142; 1799-1800, p. 288; Assessment Book 1800, p. 133; 1801-1803, p. 331; 1804-1808, p. 393
Somwalt
1799-1800, p. 305
Somwalt, Philip
1799-1800, p. 282
Southard, William
Assessment Book 1800, p. 112; 1804-1808, p. 391
Sowerwine, Peter
1798, p. 23; 1799-1800, p. 275; Assessment Book 1800, p. 26; 1801-1803, p. 321; 1804-1808, p. 381

Sowers, Samuel
1798, p. 21; 1799-1800, p. 426; Assessment Book 1800, p. 1; 1801-1803, p. 344; 1804-1808, p. 378
Spalding, Standish
Assessment Book 1800, p. 79; 1804-1808, p. 388
Spalding, William
1798, p. 20; 1799-1800, p. 274; 1801-1803, p. 320; 1804-1808, p. 379
Spalding, William (estate of)
Assessment Book 1800, p. 17
Spear, Joseph
1798, p. 116; 1799-1800, p. 429; Assessment Book 1800, p. 191; 1801-1803, p. 337; 1804-1808, p. 400
Spears, John (estate of)
1798, p. 236; 1799-1800, p. 432; 1801-1803, p. 340
Specers & Meyers (estate of)
Assessment Book 1800, p. 200; 1804-1808, p. 402
Speck, Henry
1798, p. 161; 1799-1800, p. 282
Speck, Henry (estate of)
1801-1803, p. 326
Spellecy, John (McClinch)
Assessment Book 1800, p. 194
Spellecy, Mrs.
1804-1808, p. 401
Spencer, Benjamin
1798, p. 207; 1799-1800, p. 291; Assessment Book 1800, p. 335; 1801-1803, p. 334; 1804-1808, p. 419
Spencer, William
Assessment Book 1800, p. 250; 1804-1808, p. 409
Spicer & Beckley
1798, p. 139; 1799-1800, p. 430; 1801-1803, p. 337
Spies, John P.
1804-1808, p. 534
Sprigg, Thomas, Capt.
Assessment Book 1800, p. 249; 1804-1808, p. 408
Sprung, George
1804-1808, p. 535
Spurrier, Thomas
1799-1800, p. 446; 1801-1803, p. 340
Srim, John
1799-1800, p. 290
Stables, William
Assessment Book 1800, p. 126; 1804-1808, p. 393
Stacy, William
1799-1800, p. 296
Stacy, William (estate of)
1801-1803, p. 337
Stafford, Capt.
1799-1800, p. 301
Stafford, Patrick, Capt.
1798, p. 223; Assessment Book 1800, p. 317; 1801-1803, p. 339; 1804-1808, p. 416
Stalid, William
1798, p. 223
Stall, George
1799-1800, p. 295

Stanley, Polly, Miss
1804-1808, p. 536
Stanley, Robert
1798, p. 235; 1799-1800, p. 432; Assessment Book 1800, p. 321; 1801-1803, p. 339
Stanley, Robert, Capt.
1804-1808, p. 417
Stansberry (Stansburry) & Brown
1799-1800, p. 26; 1801-1803, p. 22
Stansberry, Mrs.
1799-1800, p. 302
Stansbury (Stansburry) & Edwards
1799-1800, p. 100; Assessment Book 1800, p. 247; 1801-1803, p. 106; 1804-1808, p. 408
Stansbury, Charles
Assessment Book 1800, p. 302; 1804-1808, p. 414
Stansbury, Daniel
1798, p. 245; 1799-1800, p. 432; Assessment Book 1800, p. 343; 1801-1803, p. 340; 1804-1808, p. 420
Stansbury (Stansberry), Elijah
1798, p. 205; 1799-1800, p. 297; 1801-1803, p. 338
Stansbury, Jacob
1798, p. 176; 1799-1800, p. 292; Assessment Book 1800, p. 250; 1801-1803, p. 334; 1804-1808, p. 409
Stansbury, Rachel
1798, p. 204; 1801-1803, p. 340
Stansbury, Solomon (yellow man)
Assessment Book 1800, p. 362; 1804-1808, p. 422
Stansbury, Thomas
Assessment Book 1800, p. 263; 1804-1808, p. 410
Stansbury, Tobias (of the County)
1798, p. 220; 1799-1800, p. 295; Assessment Book 1800, p. 180; 1801-1803, p. 336; 1804-1808, p. 398
Stansbury, Uriah
Assessment Book 1800, p. 271; 1804-1808, p. 412
Stansbury, William
1804-1808, p. 537
Staple, William
1798, p. 107; 1799-1800, p. 429; 1801-1803, p. 337
Stapleton, John
1799-1800, p. 425; 1801-1803, p. 343
Stapleton, Joshua
Assessment Book 1800, p. 264; 1804-1808, p. 411
Stapleton, Thomas
1799-1800, p. 290
Starling
Assessment Book 1800, p. 28
Starr & Peirce
1801-1803, p. 341
Starr & Price
Assessment Book 1800, p. 327; 1804-1808, p. 351
Starr, Obediah
1799-1800, p. 299
Staver, Daniel
1798, p. 178

Steel (Steele), John
1798, pp. 57, 230; 1799-1800, p. 301; Assessment Book 1800, p. 165; 1801-1803, p. 340; 1804-1808, p. 397
Steel, Peter
1799-1800, p. 300
Steele, John, Capt.
1799-1800, p. 428; Assessment Book 1800, p. 317; 1801-1803, p. 336; 1804-1808, p. 416
Steele, John B.
Assessment Book 1800, p. 370; 1804-1808, p. 423
Steele, Mrs.
1804-1808, p. 535
Steele, Thomas B.
1801-1803, p. 342
Steene & Smith
Assessment Book 1800, p. 99; 1804-1808, p. 390
Steene, Matthew
Assessment Book 1800, p. 338; 1804-1808, p. 419
Steer & Coler
1799-1800, p. 69
Steer, Daniel
1801-1803, p. 343
Stegman, Henry & Kimprobt
1799-1800, p. 302
Steiger, Jacob
Assessment Book 1800, p. 199; 1801-1803, p. 331; 1804-1808, p. 402
Steiger, John
1804-1808, p. 378
Steigers (Steiger), John
1798, p. 13; 1799-1800, p. 272; Assessment Book 1800, p. 11; 1801-1803, p. 319
Steigers, Mathias
1799-1800, p. 299
Steinback (Steinbeck), John G.
Assessment Book 1800, p. 13; 1801-1803, p. 319; 1804-1808, p. 378
Steinbeck, John
1798, p. 14
Steinhouse, Henry
Assessment Book 1800, p. 197; 1804-1808, p. 401
Stenson, William
Assessment Book 1800, p. 184; 1804-1808, p. 400
Stephens, James
1798, p. 42; 1799-1800, p. 278; 1801-1803, p. 324
Stephens, Mrs.
1799-1800, p. 270
Stephens, Richard
1799-1800, p. 291; 1801-1803, p. 333
Stephenson, Dr.
1799-1800, p. 304; 1804-1808, p. 536
Sterling
1804-1808, p. 381
Sterling, James
1798, p. 133; 1799-1800, p. 287; 1801-1803, p. 330
Sterling, William
1804-1808, p. 408

Sterrett, James
1804-1808, p. 399
Sterrett (Sterett), James (estate of)
1798, p. 121; 1799-1800, p. 283; Assessment Book 1800, p. 183; 1801-1803, p. 327
Sterrett (Sterett), Joseph
1798, p. 121; 1799-1800, p. 283; Assessment Book 1800, p. 182; 1801-1803, p. 327; 1804-1808, p. 399
Sterrett, Samuel
Assessment Book 1800, p. 183; 1801-1803, p. 341; 1804-1808, p. 399
Sterting, James
1804-1808, p. 406
Stevens, Hugh
1801-1803, p. 414
Stevens, John, Capt.
Assessment Book 1800, p. 346; 1801-1803, p. 342; 1804-1808, p. 421
Stevens, Mrs.
Assessment Book 1800, p. 144; 1804-1808, p. 394
Stevens, Richard, Capt.
1798, p. 207; Assessment Book 1800, p. 296; 1804-1808, p. 414
Stevenson, Edward
1798, p. 22; 1799-1800, p. 275; Assessment Book 1800, p. 22; 1801-1803, p. 321; 1804-1808, p. 380
Stevenson, Henry
Assessment Book 1800, pp. 178, 350; 1804-1808, p. 421
Stevenson, Henry, Dr.
1801-1803, p. 342; 1804-1808, p. 398
Stevenson, Joshua (estate of)
Assessment Book 1800, p. 257; 1804-1808, p. 410
Stevenson, Josias
Assessment Book 1800, p. 284; 1804-1808, p. 413
Stever (Stevers), Daniel
1799-1800, p. 298; Assessment Book 1800, p. 256; 1801-1803, p. 339
Stever, George W.
Assessment Book 1800, p. 275; 1804-1808, p. 412
Stevers, Daniel
1804-1808, p. 410
Stewart & Buchannan
Assessment Book 1800, p. 5; 1804-1808, p. 13
Stewart, Archibald
1798, p. 115; 1799-1800, p. 283; Assessment Book 1800, p. 172; 1801-1803, p. 327; 1804-1808, p. 399
Stewart, Charles
1798, p. 7; 1799-1800, p. 272; Assessment Book 1800, p. 52; 1801-1803, p. 318; 1804-1808, p. 384
Stewart, David
1798, p. 129; 1799-1800, p. 285; Assessment Book 1800, p. 234; 1801-1803, p. 328; 1804-1808, p. 407
Stewart, David & Sons
1798, p. 129; 1799-1800, p. 429; 1801-1803, p. 329
Stewart (Steward), Hugh
1798, p. 191; 1799-1800, p. 294; Assessment Book 1800, p. 297; 1801-1803, p. 336; 1804-1808, p. 414
Stewart, James
1799-1800, p. 292; Assessment Book 1800, pp. 44, 123;
1801-1803, p. 338; 1804-1808, p. 383

Stewart, James, Capt.
Assessment Book 1800, p. 309; 1804-1808, p. 415
Stewart (Stuart), James, Dr.
1798, p. 130; 1799-1800, p. 285; 1801-1803, p. 328; 1804-1808, p. 392
Stewart, James (Fells Point)
1801-1803, p. 334
Stewart, James C.
1798, p. 202
Stewart, Mrs.
1798, p. 157; 1799-1800, p. 430
Stewart, Peter
Assessment Book 1800, p. 223; 1804-1808, p. 406
Stewart, Richardson
1798, p. 5; 1799-1800, p. 271; Assessment Book 1800, p. 51; 1801-1803, p. 318; 1804-1808, p. 384
Stewart, Robert
1798, p. 137; 1799-1800, p. 294; Assessment Book 1800, p. 178; 1801-1803, p. 336; 1804-1808, pp. 398, 424
Stewart, Thomas
1804-1808, p. 534
Stewart (Steward), William
1798, p. 57; Assessment Book 1800, pp. 87, 202; 1801-1803, pp. 325, 345; 1804-1808, pp. 389, 403
Stewart, William, Dr.
Assessment Book 1800, p. 295; 1801-1803, p. 344; 1804-1808, p. 414
Stiar, John
1798, p. 186; 1799-1800, p. 431; 1801-1803, p. 338
Stickney, John
Assessment Book 1800, p. 200; 1801-1803, p. 345; 1804-1808, p. 402
Stickney, John & Co.
Assessment Book 1800, p. 200; 1804-1808, p. 402
Stiger, Jacob
1798, p. 141; 1799-1800, p. 288
Stiles & Chase
1801-1803, p. 76; 1804-1808, p. 89
Stiles, George, Capt.
1798, p. 229; 1799-1800, p. 301; Assessment Book 1800, p. 315; 1801-1803, p. 339; 1804-1808, p. 416
Stiles, George & Chase, T., Capt.
Assessment Book 1800, p. 311
Stilvin, John
1799-1800, p. 294
Stineback, John
1799-1800, p. 273
Stinecke, Charles F.
1801-1803, p. 343
Stirling, James
Assessment Book 1800, p. 227
Stirling, William
Assessment Book 1800, p. 237
Stitcher, David
Assessment Book 1800, p. 219; 1804-1808, p. 405
Stitcher, Jacob
1798, p. 21; 1799-1800, p. 274
Stitcher, Jacob (estate of)
Assessment Book 1800, p. 18; 1801-1803, p. 320; 1804-1808, p. 380

Stivers, Thomas
1804-1808, p. 536
Stockeett (Stockett, Stocket), Henry, Capt.
1798, p. 220; 1799-1800, p. 431; Assessment Book 1800, p. 302; 1801-1803, p. 339; 1804-1808, p. 414
Stoddar (Stoddart, Stoddard), David
1798, p. 244; 1799-1800, p. 293; Assessment Book 1800, p. 310; 1801-1803, p. 335; 1804-1808, p. 415
Stoddart (Stoddard) & Forrest
1799-1800, p. 380; 1801-1803, p. 124
Stokes, Mrs.
1799-1800, p. 301
Stoltz, John
1798, p. 58; 1799-1800, p. 286; 1801-1803, p. 330
Stonal, William
1799-1800, p. 294
Stone, David
1799-1800, p. 295
Stone, Edward
1798, p. 181; 1799-1800, p. 290; 1801-1803, p. 332
Stopher (Stouffer), Henry
1799-1800, p. 274; Assessment Book 1800, p. 17; 1801-1803, p. 320; 1804-1808, p. 379
Story, Robert
1804-1808, p. 536
Stouffer, Henry
1798, p. 20
Stouffer, John
1804-1808, p. 534
Stout, George
1799-1800, p. 299
Stran, John
1798, p. 221
Strand, George (say John)
1799-1800, p. 296
Strebeck & Jones
1799-1800, p. 162; Assessment Book 1800, p. 71; 1801-1803, p. 184; 1804-1808, p. 387
Strebeck, Peter
1798, p. 136; 1799-1800, p. 287; Assessment Book 1800, p. 197; 1801-1803, p. 330; 1804-1808, p. 401
Streeback, William
1804-1808, p. 535
Stricker, John, Col.
1798, p. 78; 1799-1800, p. 276; Assessment Book 1800, p. 123; 1801-1803, p. 322; 1804-1808, p. 392
Strikes (Strike, Striker), Nicholas
1798, p. 169; 1799-1800, p. 430; Assessment Book 1800, p. 161; 1801-1803, p. 338; 1804-1808, p. 347
Struthrop (Struthroff, Strouthrop), Barney (Barnard, Baney)
1798, p. 157; 1799-1800, p. 290; Assessment Book 1800, p. 225; 1801-1803, p. 333; 1804-1808, p. 406
Stump, John
1798, p. 35; 1799-1800, p. 278; Assessment Book 1800, p. 63; 1801-1803, p. 324; 1804-1808, p. 385
Stump, John (Deer Creek)
1799-1800, p. 281

Stump, Samuel
Assessment Book 1800, p. 66; 1804-1808, p. 386
Stupoy (Stupey), Peter
1798, p. 190; 1799-1800, p. 301; 1801-1803, p. 340
Stupy, Peter & David, John
1799-1800, p. 305
Suire, Edmond
1798, p. 219
Suire, Edmond (estate of)
1801-1803, p. 336
Sullivan, Owen
1798, p. 236; 1799-1800, p. 293; Assessment Book 1800, p. 360; 1801-1803, p. 335; 1804-1808, p. 422
Sullivan, William
Assessment Book 1800, p. 365; 1804-1808, p. 423
Suman & Lamb
Assessment Book 1800, p. 200; 1801-1803, p. 345; 1804-1808, pp. 261, 402
Suman, William
Assessment Book 1800, p. 200; 1804-1808, p. 402
Sumvault (Sumvalt), Baltzer
1798, p. 56; 1799-1800, p. 428; 1801-1803, p. 336
Sumwalt (Sumvalt), Frederick
1798, p. 11; Assessment Book 1800, p. 44; 1801-1803, p. 319; 1804-1808, p. 383
Sumwalt (Sumvalt), George
1798, p. 36; 1799-1800, p. 278; Assessment Book 1800, p. 90; 1801-1803, p. 324; 1804-1808, p. 389
Sumwalt (Sumvalt), Godfrey
1798, p. 240; Assessment Book 1800, p. 159; 1801-1803, p. 342; 1804-1808, p. 396
Sumwalt (Sumvalt), Philip
1798, p. 114; Assessment Book 1800, p. 184; 1801-1803, p. 327; 1804-1808, p. 400
Sunderland, John
1804-1808, p. 536
Supper, John
1798, p. 128; 1799-1800, p. 285
Susat, Dr.
Assessment Book 1800, p. 108; 1804-1808, p. 391
Sutton, Ales (Alesy)
1799-1800, p. 303; Assessment Book 1800, p. 286; 1804-1808, p. 413
Sutton, Isaac
1798, p. 196; 1799-1800, p. 296; Assessment Book 1800, p. 311; 1801-1803, p. 337; 1804-1808, p. 415
Swan & McKean
1799-1800, p. 271
Swan, John, Gen.
1798, p. 91; 1799-1800, p. 277; Assessment Book 1800, p. 102; 1801-1803, p. 323; 1804-1808, p. 390
Swan, John B.
1799-1800, p. 298
Swan, Joseph, Maj.
1798, p. 83; 1799-1800, p. 271; 1801-1803, p. 318

Swan, Matthew (estate of)
Assessment Book 1800, p. 5; 1804-1808, p. 378
Swan, Mrs.
1804-1808, p. 381
Swan, Samuel
1798, p. 165; 1801-1803, p. 338
Swan, Widow (of Joseph)
Assessment Book 1800, p. 33
Swartz (Swarts), August
1798, p. 89; 1799-1800, p. 270; Assessment Book 1800, p. 67; 1801-1803, p. 317; 1804-1808, p. 386
Swartz (Swarts), Charles
1798, p. 30; 1799-1800, p. 277; 1801-1803, p. 323
Swartz, Dr.
Assessment Book 1800, p. 65; 1804-1808, p. 386
Swartz, Peter
Assessment Book 1800, p. 213; 1804-1808, p. 404
Swatsour, Dr.
1798, p. 219
Swatzour
1799-1800, p. 297
Swatzour, Daniel
1804-1808, p. 538
Sweeny (Sweeney), Hugh
1798, p. 18; 1799-1800, p. 426; 1801-1803, p. 343; 1804-1808, p. 382
Sweeny, Richard
Assessment Book 1800, p. 229; 1804-1808, p. 407
Sweeting, Thomas
Assessment Book 1800, p. 58; 1804-1808, p. 385

Tagart & Pennington
1799-1800, p. 245; Assessment Book 1800, p. 200; 1801-1803, p. 285; 1804-1808, p. 343
Tagart, Mrs.
Assessment Book 1800, p. 31; 1804-1808, p. 427
Tagart, William
1799-1800, p. 443; 1801-1803, p. 356
Talbot, John
Assessment Book 1800, p. 225; 1804-1808, p. 434
Tall, William
1801-1803, p. 358
Tandiell, Joseph
1804-1808, p. 442
Tanner, Peirce L.
1799-1800, p. 311; 1804-1808, p. 539
Tardieu, Joseph
Assessment Book 1800, p. 118
Tardine, Mons.
1801-1803, p. 358
Tare, Daniel, Capt.
1804-1808, p. 441
Tarleton, Jeremiah
Assessment Book 1800, p. 366; 1804-1808, p. 441
Tarr, Jacob, Jr.
1804-1808, p. 436

Tarr, Jacob, Sr.
1804-1808, p. 436
Tarr, Levin S.
1799-1800, p. 312; Assessment Book 1800, p. 122; 1801-1803, p. 359;
1804-1808, p. 431
Taylor, George
Assessment Book 1800, p. 185; 1804-1808, p. 433
Taylor, James
Assessment Book 1800, pp. 174, 273, 337, 344;
1804-1808, pp. 433, 440
Taylor, James (blacksmith)
1801-1803, p. 357
Taylor, John
1798, pp. 194, 246; 1799-1800, pp. 434, 435; 1801-1803, p. 359
Taylor, Lemuel
Assessment Book 1800, p. 64; 1804-1808, p. 429
Taylor, Robert (estate of)
Assessment Book 1800, p. 116; 1804-1808, p. 431
Taylor, Samuel
1798, p. 175; 1799-1800, p. 434; 1801-1803, p. 355
Taylor, Thomas
Assessment Book 1800, p. 177; 1801-1803, p. 359; 1804-1808, p. 433
Taylor, William
1798, pp. 95, 154; 1799-1800, p. 307; Assessment Book 1800, pp. 38, 102;
1801-1803, p. 347; 1804-1808, pp. 427, 430
Taylor, William (hatter)
1799-1800, p. 312; 1801-1803, p. 351
Taylor, William (Howard Street)
1801-1803, p. 357
Telly, Catharine
Assessment Book 1800, p. 77; 1804-1808, p. 429
Telly, Mrs.
1801-1803, p. 354
Telly, Widow
1799-1800, p. 317
Tenant (Tennant), Thomas (Capt.)
1798, p. 228; 1799-1800, p. 315; Assessment Book 1800, p. 314; 1801-1803,
p. 352; 1804-1808, p. 439
Tennant, Thompson, Biays & Chase
1804-1808, p. 90
Tenoch, James
Assessment Book 1800, p. 178; 1804-1808, p. 434
Tentsfield, Zachariah
1804-1808, p. 443
Teren, John
1798, p. 152; 1799-1800, p. 433; 1801-1803, p. 355
Thecker, Walter
Assessment Book 1800, p. 187; 1804-1808, p. 442
Thomas & Caldcleugh (Calddleugh)
1801-1803, p. 77
Thomas, Benjamin
1799-1800, p. 314
Thomas, Capt.
1804-1808, p. 440
Thomas, Capt. (Eastern Shore)
Assessment Book 1800, p. 346

Thomas, John
1798, p. 149; 1799-1800, p. 317; Assessment Book 1800, pp. 126, 194; 1801-1803, p. 354; 1804-1808, pp. 434, 442, 539
Thomas, John & Dickson, William
1799-1800, p. 81; Assessment Book 1800, p. 206; 1801-1803, p. 85; 1804-1808, p. 111
Thomas, Jonah
1798, p. 162; 1799-1800, p. 316
Thomas, Jonah (estate of)
1801-1803, p. 353
Thomas, Luke
Assessment Book 1800, p. 134; 1804-1808, pp. 432, 443
Thomas, Philip E.
Assessment Book 1800, p. 204; 1801-1803, p. 359; 1804-1808, p. 441
Thomas, Richard
1804-1808, p. 441
Thomas, Richard (blackman)
Assessment Book 1800, p. 368
Thomas, Richard S.
1798, p. 33; 1799-1800, p. 308; Assessment Book 1800, p. 298; 1804-1808, p. 438
Thompson & Barry
1798, p. 149; 1799-1800, p. 312; 1801-1803, p. 350
Thompson & Capoot
1798, p. 72; 1799-1800, p. 433
Thompson, Alexander
Assessment Book 1800, p. 155; 1804-1808, p. 432
Thompson, Alexander (estate of)
1798, p. 160
Thompson, Andrew
1799-1800, p. 312; Assessment Book 1800, p. 252; 1804-1808, p. 436
Thompson, Andrew (estate of)
Assessment Book 1800, p. 230; 1801-1803, p. 351; 1804-1808, p. 435
Thompson, Ann
Assessment Book 1800, p. 291; 1804-1808, p. 437
Thompson, Capt. or Gash, Rachel
Assessment Book 1800, p. 308
Thompson, George
1798, p. 173; 1799-1800, p. 311
Thompson, George (estate of)
1801-1803, p. 350
Thompson, Henry
1801-1803, p. 357
Thompson, Hugh
1798, p. 131; 1799-1800, p. 310; Assessment Book 1800, p. 234; 1801-1803, p. 350; 1804-1808, p. 435
Thompson, James
Assessment Book 1800, pp. 84, 259; 1801-1803, p. 356; 1804-1808, pp. 430, 436
Thompson, John
1798, pp. 72, 149, 190; 1799-1800, p. 311; Assessment Book 1800, p. 230; 1801-1803, p. 350; 1804-1808, p. 434
Thompson, John (estate of)
1801-1803, p. 353

Thompson, John (carpenter)
    1799-1800, p. 316
Thompson, John (cooper)
    1799-1800, p. 309; 1801-1803, p. 349
Thompson, John, Capt.
    Assessment Book 1800, p. 307; 1804-1808, p. 438
Thompson, Nathaniel
    1798, p. 216; 1799-1800, p. 313; 1801-1803, p. 351; 1804-1808, p. 438
Thompson, Mrs. (Wolf Street)
    1801-1803, p. 359
Thompson, Robert
    1798, pp. 163, 210; 1799-1800, pp. 315, 316; 1801-1803, pp. 352, 353
Thompson, Robert (estate of)
    Assessment Book 1800, p. 354; 1804-1808, p. 440
Thompson, Sarah
    1804-1808, p. 441
Thompson, Thomas
    1799-1800, p. 311
Thompson, William
    1798, pp. 9, 133; 1799-1800, pp. 310, 317; Assessment Book 1800, pp. 47, 237; 1801-1803, pp. 350, 354; 1804-1808, pp. 428, 435
Thornburg, Francis
    Assessment Book 1800, p. 249; 1804-1808, p. 435
Thornburg (Thornburgh), George
    1798, p. 35; 1804-1808, p. 429
Thornburgh, Joseph
    1798, p. 1; 1799-1800, p. 306; Assessment Book 1800, p. 1; 1801-1803, p. 346; 1804-1808, p. 427
Thornell, Jane
    1798, p. 177; 1799-1800, p. 434; 1801-1803, p. 355
Thorp (Thorpe), Thomas
    1798, p. 13; 1799-1800, p. 306; 1801-1803, p. 346
Thorpe, John
    Assessment Book 1800, p. 48; 1804-1808, p. 428
Thorpe, Mrs.
    Assessment Book 1800, p. 42; 1804-1808, p. 428
Thweits, John
    1798, p. 218; 1799-1800, p. 434; 1801-1803, p. 355
Tibbett, James
    1798, p. 197
Tibbetts (Tibbett), James (estate of)
    Assessment Book 1800, p. 307; 1801-1803, p. 358; 1804-1808, p. 438
Tiernan, Luke
    1798, p. 107; 1799-1800, p. 307; Assessment Book 1800, p. 52; 1801-1803, p. 347; 1804-1808, p. 442
Tifton, William
    1799-1800, p. 314
Tilghman (estate of) (deceased)
    1799-1800, p. 311
Tilyard, William
    1798, p. 97; 1799-1800, p. 307; Assessment Book 1800, p. 112; 1801-1803, p. 346; 1804-1808, p. 431
Timmis (Timmes), John
    1798, p. 211; 1799-1800, p. 315; Assessment Book 1800, p. 354; 1801-1803, p. 352; 1804-1808, p. 441

Timons, James
1801-1803, p. 357
Tinge, John (estate of)
Assessment Book 1800, p. 119; 1801-1803, p. 349
Tinges, Charles
1798, p. 115; 1799-1800, p. 310; Assessment Book 1800, p. 284; 1801-1803, p. 349; 1804-1808, p. 437
Tinges, John
1798, p. 114; 1799-1800, p. 309
Tinges, John (estate of)
1804-1808, p. 431
Tinker, Thomas
Assessment Book 1800, p. 315; 1804-1808, p. 439
Tinker, William
1798, p. 186
Tinker, William (estate of)
1801-1803, p. 357
Tippett, James
1799-1800, p. 313
Tison, Elisha
1799-1800, p. 307
Tison, Nathan
1799-1800, p. 307
Tittle, John
1798, p. 100; 1799-1800, p. 433; 1801-1803, p. 354
Tivest (Tives, Tivis), Daniel
1798, p. 14; Assessment Book 1800, p. 13; 1799-1800, p. 306; 1801-1803, p. 346; 1804-1808, p. 427
Tobin, John
1804-1808, p. 539
Todd, Capt.
1799-1800, p. 314
Todd, Christopher
1804-1808, p. 439
Todd, Christopher, Dr.
1801-1803, p. 352
Todd, Dr. & Capt.
Assessment Book 1800, p. 331
Todd, George W.
Assessment Book 1800, p. 170; 1804-1808, p. 433
Todd, Hugh
1799-1800, p. 313
Todd, William
1798, p. 230
Todds, Joseph
1799-1800, p. 314
Toelle, Dr.
Assessment Book 1800, p. 242; 1804-1808, p. 435
Toepkin, Gerrard
Assessment Book 1800, p. 176; 1804-1808, p. 433
Toldiner, George, Rev.
1798, p. 115; 1799-1800, p. 310; 1801-1803, p. 349
Tolly, George
1804-1808, p. 437

Tomalty (Tomelty, Tomally), Henry
1798, p. 178; 1799-1800, p. 316; Assessment Book 1800, p. 257; 1801-1803, p. 353; 1804-1808, p. 436
Tool, James (estate of)
1798, p. 243; 1799-1800, p. 435; 1801-1803, p. 356
Tool, John & Shutte, August
1804-1808, p. 409
Tool, Thomas
1798, p. 55; 1799-1800, p. 308; Assessment Book 1800, p. 83; 1801-1803, p. 348; 1804-1808, p. 430
Torrence, Charles
1798, p. 132; 1799-1800, p. 311; Assessment Book 1800, p. 80; 1801-1803, p. 350; 1804-1808, p. 429
Towers & Badger
1798, p. 74; 1799-1800, p. 433
Towers, John, Capt.
1798, p. 189; 1799-1800, p. 316; 1801-1803, p. 353
Townsend & Tyson
1799-1800, p. 433; 1801-1803, p. 354
Townsend, J. or England, Elisha
Assessment Book 1800, p. 364
Townsend, Joseph
1798, p. 164; 1799-1800, p. 312; Assessment Book 1800, p. 227; 1801-1803, pp. 351, 355; 1804-1808, p. 442
Townsend, Joseph (for Nicholas Wall's heirs)
1799-1800, p. 434
Towson, Jacob T.
1799-1800, p. 309
Towson, Mrs.
1798, p. 101; 1799-1800, p. 307; Assessment Book 1800, p. 113; 1801-1803, p. 347; 1804-1808, p. 431
Towson, Thomas
Assessment Book 1800, p. 298; 1804-1808, p. 437
Toy, Isaac
1799-1800, p. 312
Travers, Henry, Capt.
Assessment Book 1800, p. 330; 1804-1808, p. 439
Travers, Mathew
1798, p. 228; 1799-1800, p. 315; 1801-1803, p. 352
Travers, Priscilla
1798, p. 243; 1799-1800, p. 435; 1801-1803, p. 356
Travis, James
Assessment Book 1800, p. 156; 1804-1808, p. 432
Travis, Matthew
Assessment Book 1800, p. 330; 1804-1808, p. 439
Trenton, Anthony
1798, p. 38; 1801-1803, p. 348
Trimble, Isaac
1799-1800, p. 445; Assessment Book 1800, p. 33; 1801-1803, p. 356
Trimble, John
Assessment Book 1800, p. 292; 1804-1808, p. 437
Trimble, Richard
Assessment Book 1800, p. 89; 1804-1808, p. 430
Trimble, William
1798, p. 215; 1799-1800, p. 313; Assessment Book 1800, p. 327; 1801-1803, p. 351; 1804-1808, p. 439

Trimlole, Isaac
1804-1808, p. 427
Triplett, John
1799-1800, p. 316
Tripp, Edward
1798, p. 32; 1799-1800, p. 308; Assessment Book 1800, p. 146; 1801-1803, p. 347; 1804-1808, p. 442
Tripp, William
1799-1800, p. 317; 1801-1803, p. 353
Tripper, Nathan
1801-1803, p. 358
Troupe, Mrs. (H. Nicols Agt.)
Assessment Book 1800, p. 196; 1804-1808, p. 434
Trumbo, John
1799-1800, p. 306
Trumbo, Mrs. (widow)
1798, p. 12; Assessment Book 1800, p. 41; 1801-1803, p. 358; 1804-1808, p. 427
Trump, Henry
Assessment Book 1800, p. 85; 1801-1803, p. 356; 1804-1808, p. 430
Trunker, Anthony
1799-1800, p. 308
Trustin, Septimus
1799-1800, p. 313
Tschudy, Morton (Martin)
1798, p. 49; 1799-1800, p. 308; Assessment Book 1800, p. 88; 1801-1803, p. 348; 1804-1808, p. 430
Tschudy, M. (in the County)
Assessment Book 1800, p. 88; 1804-1808, p. 431
Tschudy, Nicholas
1798, p. 87; 1799-1800, p. 306; Assessment Book 1800, p. 138; 1801-1803, p. 346; 1804-1808, p. 432
Tucker, David
1798, p. 210; 1799-1800, p. 315; 1801-1803, p. 352
Tucker, Richard
1798, p. 238; 1799-1800, p. 434; 1801-1803, p. 355
Tucker, William A., Capt.
1804-1808, p. 539
Tull, Briget (Bridget)
1798, p. 122; 1799-1800, p. 310; Assessment Book 1800, p. 183; 1801-1803, p. 349; 1804-1808, p. 433
Tull, Joshua
Assessment Book 1800, p. 306; 1801-1803, p. 357; 1804-1808, p. 438
Tull, William
1799-1800, p. 309
Tumbleson (Tumblinson), William
1798, p. 217; 1799-1800, p. 314; Assessment Book 1800, p. 314; 1801-1803, p. 351; 1804-1808, p. 438
Tunstell (Tunstells) (estate of), (C. Hewitt)
1798, p. 5; 1799-1800, p. 306; Assessment Book 1800, p. 11; 1804-1808, p. 434
Tupper, Nathaniel
Assessment Book 1800, p. 291; 1804-1808, p. 437
Turaud (Tureaud), August
1798, p. 125; 1799-1800, p. 310; 1801-1803, p. 349

Turnbull
1799-1800, p. 313
Turner, Alexander
Assessment Book 1800, p. 245; 1804-1808, p. 435
Turner, Joseph
Assessment Book 1800, p. 154; 1801-1803, p. 359; 1804-1808, p. 432
Turner, Nathan
1799-1800, p. 315
Turran, John (Frenchman)
Assessment Book 1800, p. 343; 1804-1808, p. 440
Tuston, Septinuis
1804-1808, p. 436
Twinam (Twynam), William
1798, p. 53; 1799-1800, p. 309; 1801-1803, p. 348
Twisler, James
1798, p. 86
Twist, Levy
Assessment Book 1800, p. 348; 1804-1808, p. 440
Tyson & Norris
Assessment Book 1800, p. 191; 1801-1803, p. 272; 1804-1808, p. 325
Tyson & Townsend
1798, p. 108; 1799-1800, p. 433; 1801-1803, p. 354
Tyson, Elisha
1798, p. 37; Assessment Book 1800, p. 57; 1801-1803, p. 347; 1804-1808, p. 428
Tyson, Henry (Capt.)
1799-1800, p. 314; 1801-1803, p. 358; 1804-1808, p. 428
Tyson, Henry & O'Conner, Miss
Assessment Book 1800, p. 46
Tyson, Isaac
1798, p. 42; 1799-1800, p. 317; Assessment Book 1800, p. 64; 1801-1803, p. 354; 1804-1808, p. 429
Tyson, lyse
1804-1808, p. 443
Tyson, Jesse
1798, p. 32; 1799-1800, p. 309; Assessment Book 1800, p. 145; 1801-1803, p. 348; 1804-1808, p. 432
Tyson, Nathan
1798, p. 37; Assessment Book 1800, p. 60; 1801-1803, p. 347; 1804-1808, p. 428
Tyson, William
Assessment Book 1800, p. 64; 1804-1808, p. 429

Uhler, Erasmus
1798, p. 40; 1799-1800, p. 318; Assessment Book 1800, p. 140; 1801-1803, p. 360; 1804-1808, p. 444
Uhler, Philip
1798, p. 3; 1799-1800, p. 318; Assessment Book 1800, p. 169; 1801-1803, p. 360; 1804-1808, p. 444
Underhill, Amos
1798, p. 180; 1799-1800, p. 318; Assessment Book 1800, p. 175; 1801-1803, p. 360; 1804-1808, p. 444
Underwood, Elisha (Elihu)
1798, p. 178; 1799-1800, p. 319; 1801-1803, p. 361

Underwood, Enoch
Assessment Book 1800, p. 250; 1801-1803, p. 361; 1804-1808, p. 445
Underwood, Hannah
Assessment Book 1800, p. 283; 1804-1808, p. 445
Underwood, Mrs.
Assessment Book 1800, p. 30; 1804-1808, p. 444
Union Bank of Maryland
1804-1808, p. 445
Upperman, Thomas
1798, p. 128; 1799-1800, p. 318; 1801-1803, p. 360
Urie & Lee
Assessment Book 1800, p. 175; 1804-1808, p. 260
Urie, James
Assessment Book 1800, p. 175; 1804-1808, p. 444
Urie, Jeremiah
Assessment Book 1800, p. 176; 1801-1803, p. 361; 1804-1808, p. 444
Usher, James
1798, p. 86; 1799-1800, p. 318; 1801-1803, p. 360
Usher, James (estate of)
Assessment Book 1800, p. 330; 1804-1808, p. 445
Usher, John
1798, p. 42; 1799-1800, p. 435
Usher, Joseph; Usher, Thomas B.; & Johnson, S.
1799-1800, p. 319
Usher, Thomas
1798, p. 1; 1799-1800, p. 318
Usher, Thomas (estate of)
Assessment Book 1800, p. 177; 1801-1803, p. 360; 1804-1808, p. 445
Usher, Thomas B.; Johnson, S.; & Usher, Joseph
1799-1800, p. 319
Valck, Adrian
1798, p. 38; 1799-1800, p. 319; 1801-1803, p. 362
Valckman & Co.
1799-1800, p. 319
Valentine, Catharine
Assessment Book 1800, p. 41; 1804-1808, p. 448
Valiant (Valliant), George
Assessment Book 1800, p. 73; 1804-1808, p. 447
Vallet (Vallette, Vallett), Charles
1798, p. 132; 1799-1800, p. 320; Assessment Book 1800, p. 208; 1801-1803, p. 363; 1804-1808, p. 448
Valt (Valk), John A.
1798, p. 50; 1799-1800, p. 435; Assessment Book 1800, p. 91; 1801-1803, p. 363; 1804-1808, p. 447
Van Bibber & Jolly
1799-1800, p. 394
Van Bibber, Abraham
1798, p. 33; 1799-1800, p. 319; Assessment Book 1800, p. 142; 1801-1803, p. 362; 1804-1808, p. 448
Van Bibber, Andrew
1798, p. 131; 1799-1800, p. 320; Assessment Book 1800, p. 235; 1801-1803, p. 362; 1804-1808, p. 449
Van Bibber, Isaac
1798, p. 62; 1799-1800, p. 320; Assessment Book 1800, p. 61; 1801-1803, p. 362; 1804-1808, p. 447

Van Bibber, Washington
Assessment Book 1800, p. 106; 1804-1808, p. 447
Vance, William
Assessment Book 1800, p. 219; 1801-1803, p. 365; 1804-1808, p. 449
Van Harten, Gerrard
Assessment Book 1800, p. 12
Vankappf (Vonkappff) & Brune
Assessment Book 1800, p. 110; 1804-1808, p. 22
Vankapff, B.J.
1801-1803, p. 365
Vankappff, John
1804-1808, p. 450
Van Wyck & Dorsey
Assessment Book 1800, p. 190; 1804-1808, p. 110
Van Wyck, William
1798, p. 121; 1799-1800, p. 320; Assessment Book 1800, p. 191; 1801-1803, p. 362; 1804-1808, p. 448
Vaughan, Austin
1798, p. 75; 1799-1800, p. 436
Vaughan, David
1798, p. 172; 1799-1800, p. 436; 1801-1803, p. 364
Vaughan, George
1799-1800, p. 321
Vaughan, Isaac
1798, p. 160; 1799-1800, p. 321; 1801-1803, p. 363
Vaughan, William
1798, p. 125; 1799-1800, p. 436; 1801-1803, p. 364
Veal, John
1798, p. 61; 1799-1800, p. 435; 1801-1803, p. 363
Veal, Mary
1798, p. 235; 1799-1800, p. 437; 1801-1803, p. 364
Veale, Nicholas
1799-1800, p. 321
Vealle, A.
1804-1808, p. 447
Vernon & Hanna
1801-1803, p. 365
Vernon, John
Assessment Book 1800, p. 188; 1804-1808, p. 448
Vestry of Saint Peter's Church
1804-1808, p. 449
Veterall (Veterell, Vetrell), Mrs.
1798, p. 103; 1799-1800, p. 436; Assessment Book 1800, p. 120; 1801-1803, p. 364; 1804-1808, p. 447
Vialle, A.
Assessment Book 1800, p. 65
Vice, Felix
1799-1800, p. 321
Vickers, Joel, Capt.
1804-1808, p. 450
Vickery, Daniel (Victory)
1799-1800, p. 320
Vickery, Stephen
1798, p. 187; 1799-1800, p. 321; Assessment Book 1800, p. 201; 1801-1803, p. 363; 1804-1808, p. 448

Viele, Pierce
1799-1800, p. 321
Vigarous, Madam
1798, p. 156; 1799-1800, p. 436; 1801-1803, p. 364
Vincent, James, Capt.
1804-1808, p. 450
Vincent, Samuel
1798, p. 151; 1799-1800, p. 320; Assessment Book 1800, p. 220; 1801-1803, p. 363; 1804-1808, p. 449
Volckman, Peter Adolph
1798, p. 96; 1801-1803, p. 362
Von Harten
1801-1803, p. 365
Von Harter, Gerrard
1804-1808, p. 449
Voyart, Lewis
1798, p. 158; 1799-1800, p. 436; 1801-1803, p. 364

Waddle & Banneman
1801-1803, p. 389
Waddle, John
Assessment Book 1800, p. 346; 1801-1803, p. 387; 1804-1808, p. 480
Waesche, Frederick
1804-1808, p. 541
Wagner, Jacob
1804-1808, p. 541
Walch, Adam
1799-1800, p. 329
Walch, John
1799-1800, p. 329
Walch, Robert
1799-1800, p. 324
Wales & Clopper
1798, p. 79; 1799-1800, p. 438; Assessment Book 1800, p. 174; 1801-1803, p. 384; 1804-1808, p. 76
Walker & Casnave
1799-1800, p. 58
Walker, John
1799-1800, p. 329
Walker, Lewis
Assessment Book 1800, p. 238; 1804-1808, p. 470
Walker, Samuel
1798, p. 82; 1799-1800, p. 333; Assessment Book 1800, p. 205; 1801-1803, p. 375; 1804-1808, p. 468
Walker, Thomas
1798, p. 18; 1799-1800, p. 323; Assessment Book 1800, p. 29; 1801-1803, p. 367; 1804-1808, p. 453
Walker, William
1798, p. 64; 1799-1800, p. 325; Assessment Book 1800, p. 84; 1801-1803, p. 369; 1804-1808, p. 458
Wall, George
Assessment Book 1800, p. 42; 1804-1808, p. 455
Wall, George & Jacob
1798, p. 12; 1799-1800, p. 323; Assessment Book 1800, p. 42; 1801-1803, p. 367; 1804-1808, p. 455

Wall, Jacob
Assessment Book 1800, p. 42; 1804-1808, p. 454
Wall, Jacob & George
1799-1800, p. 323; Assessment Book 1800, p. 42; 1801-1803, p. 367; 1804-1808, p. 455
Wall, John
1798, p. 94; 1799-1800, p. 324; Assessment Book 1800, pp. 21, 60; 1804-1808, p. 456
Wall, John, Jr.
1799-1800, p. 329; 1801-1803, p. 372
Wall, John, Sr.
1798, p. 22; 1801-1803, p. 368; 1804-1808, p. 451
Wall, Nicholas
Assessment Book 1800, p. 268; 1804-1808, p. 473
Wallace, Andrew
1799-1800, p. 325
Wallace, John
1804-1808, p. 540
Wallace, Mrs.
1804-1808, p. 452
Wallace, Mrs. (of Andrew)
Assessment Book 1800, p. 25
Waller, Bazil
Assessment Book 1800, p. 356; 1804-1808, p. 482
Walsh, Adam
Assessment Book 1800, p. 27; 1801-1803, p. 372; 1804-1808, p. 453
Walsh, Jacob, Jr.
Assessment Book 1800, p. 205; 1804-1808, p. 468
Walsh, Jacob, Sr.
1804-1808, p. 466
Walsh, John
1801-1803, p. 372
Walsh, Lucy (widow)
Assessment Book 1800, p. 334
Walsh, Robert
1798, p. 144; Assessment Book 1800, p. 132; 1801-1803, p. 368; 1804-1808, p. 461
Walter, Charles
Assessment Book 1800, p. 23; 1804-1808, p. 452
Walter, Nicholas
1798, p. 25; 1799-1800, p. 344; 1801-1803, p. 382
Walter, Peter
1798, p. 22; 1799-1800, p. 324; Assessment Book 1800, p. 21; 1801-1803, p. 368; 1804-1808, p. 452
Walton, John
1798, p. 7; 1799-1800, p. 344; Assessment Book 1800, p. 91; 1801-1803, p. 382; 1804-1808, p. 459
Wane, John
Assessment Book 1800, p. 254; 1804-1808, p. 472
Ward, Charles
1799-1800, p. 332
Ward, George
Assessment Book 1800, p. 142; 1804-1808, p. 463
Ward, Elizabeth
1801-1803, p. 387

Ward, James, Capt.
1799-1800, p. 337
Ward, Joshua
Assessment Book 1800, p. 76; 1804-1808, p. 457
Ward, Mrs.
1804-1808, p. 479
Ward, Sarah
1798, p. 243; 1799-1800, p. 440; 1801-1803, p. 388
Ward, Thomas
1798, p. 232; 1799-1800, p. 336; 1801-1803, p. 377
Ward, Widow
Assessment Book 1800, p. 336
Ward, William
1798, p. 225; 1799-1800, p. 339; Assessment Book 1800, p. 350; 1801-1803, p. 378; 1804-1808, p. 482
Warfield, George
1799-1800, p. 328
Warfield, George F.
1798, p. 53; Assessment Book 1800, p. 14; 1801-1803, p. 371; 1804-1808, p. 452
Warkinger, Jacob
1804-1808, p. 540
Warkinger, Mary
Assessment Book 1800, p. 17; 1804-1808, p. 451
Warkinger, Mrs.
1798, p. 20; 1801-1803, p. 367
Warley, George
1799-1800, p. 324
Warley, George (estate of)
1801-1803, p. 368
Warley, John (C. Floyd)
1801-1803, p. 386
Warmingham, Jermiah
Assessment Book 1800, p. 284; 1804-1808, p. 474
Warmingham (Wormingham), Richard
1798, p. 49; 1799-1800, p. 331; Assessment Book 1800, p. 42; 1801-1803, p. 374
Warner & Albright
1799-1800, p. 3
Warner & Hanna
Assessment Book 1800, p. 235; 1804-1808, p. 205
Warner, Cuthbut (Cuthbert)
1798, p. 175; 1799-1800, p. 343; Assessment Book 1800, p. 253; 1801-1803, p. 382; 1804-1808, p. 471
Warner, George
1798, p. 58; 1799-1800, p. 437; Assessment Book 1800, p. 10; 1801-1803, p. 383; 1804-1808, p. 451
Warner, Henry
1804-1808, p. 484
Warner, Richard, Dr.
Assessment Book 1800, p. 178; 1804-1808, p. 466
Warner, William
1804-1808, p. 542
Warnheirn, William
1799-1800, p. 328

Warrell, Robert
Assessment Book 1800, p. 288; 1801-1803, p. 416; 1804-1808, p. 476
Warrell, Thomas (blacksmith)
Assessment Book 1800, p. 305
Warren, Nicholas L.
1804-1808, p. 326
Wason, Mrs.
1804-1808, p. 482
Wason, Widow
Assessment Book 1800, p. 357
Waterhouse, William
Assessment Book 1800, p. 146; 1804-1808, p. 464
Waterman, William
Assessment Book 1800, p. 366; 1804-1808, p. 482
Waters, Charles
1798, p. 137; 1799-1800, p. 332; Assessment Book 1800, p. 241; 1801-1803, p. 375; 1804-1808, p. 470
Waters, Edward
Assessment Book 1800, p. 132; 1801-1803, p. 389; 1804-1808, p. 462
Waters, Hezekiah
1798, p. 171; 1799-1800, p. 334; Assessment Book 1800, p. 317; 1801-1803, p. 376; 1804-1808, p. 477
Waters, Hezekiah & Co.
Assessment Book 1800, p. 316; 1804-1808, p. 478
Waters, Mary
1798, p. 146; 1799-1800, p. 333
Waters, Mary (estate of)
1801-1803, p. 375
Waters, Mrs.
1799-1800, p. 444; Assessment Book 1800, p. 33; 1804-1808, p. 454
Waters, Philip
1798, p. 64; 1799-1800, p. 327
Waters, Philip (estate of)
1801-1803, p. 370
Waters, Stephen
Assessment Book 1800, p. 28; 1804-1808, p. 453
Waters, William
Assessment Book 1800, p. 198; 1804-1808, p. 467
Watkins, Archibald
1804-1808, p. 541
Watkins, Gasaway
Assessment Book 1800, p. 70; 1804-1808, p. 457
Watkins, John
Assessment Book 1800, p. 95; 1804-1808, p. 459
Watkins, Thomas
Assessment Book 1800, p. 161; 1801-1803, p. 390; 1804-1808, p. 483
Watson, David
1801-1803, p. 416
Watts, Edward
1799-1800, p. 339
Watts, Ezekiel
Assessment Book 1800, p. 277; 1801-1803, p. 388; 1804-1808, p. 474
Watts, James
Assessment Book 1800, p. 367; 1804-1808, p. 482
Way, Joseph
Assessment Book 1800, p. 146; 1804-1808, p. 464

Weary, Peter
1798, p. 230; 1799-1800, p. 337; Assessment Book 1800, p. 317; 1801-1803, p. 378; 1804-1808, p. 478
Weatherburn, John
1798, p. 185; 1799-1800, p. 340; Assessment Book 1800, p. 282; 1801-1803, p. 379; 1804-1808, p. 474
Weatherby, William
1798, p. 201; 1799-1800, p. 334; Assessment Book 1800, p. 305; 1801-1803, p. 376; 1804-1808, p. 477
Weathered, Lewis
1804-1808, p. 540
Weathered, Samuel L.
Assessment Book 1800, p. 129; 1804-1808, p. 461
Weatherly, Jessee
Assessment Book 1800, p. 222; 1804-1808, p. 469
Weatherstrand, Thomas
1798, p. 10; 1799-1800, p. 344; 1801-1803, p. 382
Weaver, Casper
1798, p. 27; 1799-1800, p. 326; Assessment Book 1800, pp. 77, 152; 1801-1803, p. 369; 1804-1808, pp. 458, 465
Weaver, Daniel
1798, p. 182; 1799-1800, p. 342; 1801-1803, p. 381
Weaver, Jacob
Assessment Book 1800, pp. 201, 312; 1804-1808, pp. 467, 477
Weaver, John
1798, pp. 50, 214; 1799-1800, pp. 328, 335; 1801-1803, p. 371
Weaver, John (Fells Point)
1801-1803, p. 376
Weaver, John & Lewis
1798, p. 182; 1799-1800, p. 439
Weaver, Lewis
1798, p. 100; 1799-1800, p. 325; 1801-1803, p. 369
Weaver, Lewis & John
1798, p. 182; 1799-1800, p. 439
Weaver, Mrs.
1799-1800, p. 328; 1801-1803, p. 371
Weaver, Susannah
Assessment Book 1800, p. 67; 1804-1808, p. 457
Weaver, Widow
1798, p. 44
Weazy, John
Assessment Book 1800, p. 286; 1804-1808, p. 475
Webb, Richard
1798, p. 171; 1799-1800, p. 341; 1801-1803, p. 380
Webster, Isaac L.
1804-1808, p. 542
Webster, James L.
1801-1803, p. 389
Webster, John S.
Assessment Book 1800, p. 54; 1804-1808, p. 456
Wedge, Simon
1801-1803, p. 387
Wedright, James
Assessment Book 1800, p. 145; 1804-1808, p. 464

Weeden, James
1799-1800, p. 337
Weeks, Benjamin
Assessment Book 1800, p. 287; 1804-1808, p. 475
Weeks, Samuel
Assessment Book 1800, p. 43; 1804-1808, p. 455
Weems, Charles, Capt.
Assessment Book 1800, p. 355; 1804-1808, p. 481
Weiart, Lewis
1799-1800, p. 342; 1801-1803, p. 381; 1804-1808, p. 483
Weidner, Henry
1799-1800, p. 331
Weily, Henry
1801-1803, p. 381
Weiner, Philip
1798, p. 153; 1799-1800, p. 334; Assessment Book 1800, p. 229; 1801-1803, p. 376; 1804-1808, p. 469
Weir (Wier), Charles
1798, p. 122; 1799-1800, p. 331; Assessment Book 1800, p. 183; 1801-1803, p. 374; 1804-1808, p. 466
Weis
Assessment Book 1800, p. 89; 1804-1808, p. 459
Weisenthau, A., Dr.
1798, p. 152
Weitner, Mrs.
1801-1803, p. 371
Welch, Catharine
1799-1800, p. 335
Welch, John
1799-1800, p. 336; Assessment Book 1800, p. 286; 1804-1808, pp. 475, 479
Welch, Lucy
1804-1808, p. 479
Weldon (pilot)
Assessment Book 1800, p. 320; 1804-1808, p. 478
Wellmore, Peter G.
Assessment Book 1800, p. 238; 1801-1803, p. 386; 1804-1808, p. 470
Wellmore, Robert
Assessment Book 1800, p. 83; 1801-1803, p. 372; 1804-1808, p. 458
Wellmore, William
Assessment Book 1800, p. 9; 1804-1808, p. 451
Wells, Benjamin
1798, p. 19; 1799-1800, p. 323; 1801-1803, p. 367; 1804-1808, p. 454
Wells, Benjamin (estate of)
Assessment Book 1800, p. 38
Wells, Charles
1798, p. 39; 1799-1800, p. 327; 1801-1803, p. 370
Wells, Cyprian
1798, p. 28; 1799-1800, p. 325; Assessment Book 1800, p. 74; 1801-1803, p. 368; 1804-1808, p. 457
Wells, John (estate of)
1798, p. 86; 1799-1800, p. 326; Assessment Book 1800, p. 131; 1801-1803, p. 369; 1804-1808, p. 461
Wells, John (his widow)
1798, p. 29; 1799-1800, p. 322

Wells, Mrs.
Assessment Book 1800, p. 150; 1801-1803, p. 366; 1804-1808, p. 464
Welsh, Adam
1798, p. 76
Welsh, Jacob, Sr.
Assessment Book 1800, p. 169
Welsh, John
1798, p. 71
Welsh, John (currier)
Assessment Book 1800, p. 338
Werhagen, Conrad De
1799-1800, p. 332
Werts, Jacob
1798, p. 178; 1801-1803, p. 381
Wescoat, William, Capt.
1804-1808, p. 543
Wessells (Wessels), J.F.F. (F.F.J.)
Assessment Book 1800, p. 140; 1804-1808, p. 463
West, Amos
Assessment Book 1800, p. 171; 1804-1808, p. 466
West & Livering
1804-1808, p. 541
West, Henry
1798, p. 247; 1799-1800, p. 440; 1801-1803, p. 386
West, Jacob
1799-1800, p. 342; Assessment Book 1800, p. 261
West, James
1798, p. 3; 1799-1800, p. 322; Assessment Book 1800, p. 5; 1801-1803, p. 366; 1804-1808, pp. 451, 467
West, James (innkeeper)
Assessment Book 1800, p. 195
West, Joel
Assessment Book 1800, p. 300; 1804-1808, p. 477
West, John
Assessment Book 1800, p. 256; 1804-1808, p. 472
West, Thomas (Harford County)
Assessment Book 1800, p. 293; 1804-1808, p. 476
Westby, Hugh
1798, p. 123; 1799-1800, p. 331; Assessment Book 1800, p. 188; 1801-1803, p. 374; 1804-1808, p. 467
Westby, Thomas
Assessment Book 1800, p. 156
Westcott, Capt.
1798, p. 226; 1799-1800, p. 440; 1801-1803, p. 385
Westley, Mrs.
Assessment Book 1800, p. 83; 1804-1808, p. 458
Westrim, Andrew
1799-1800, p. 341; 1801-1803, p. 380
Westurn, Andrew
Assessment Book 1800, p. 281; 1804-1808, p. 474
Westwin, Andrew
1798, p. 171
Westwood, John
1799-1800, p. 342; Assessment Book 1800, p. 259; 1801-1803, p. 381; 1804-1808, p. 473

Westz, Jacob
1804-1808, p. 473
Wetby, Thomas
1804-1808, p. 465
Weyms, Capt.
1799-1800, p. 339
Wheatley, John
Assessment Book 1800, p. 288; 1804-1808, p. 475
Wheeler
1801-1803, p. 389
Wheeler, Capt.
Assessment Book 1800, p. 339; 1804-1808, p. 480
Wheeler, George
1798, p. 83; 1799-1800, p. 329; 1801-1803, p. 372
Wheeler, Isaac
1798, p. 188; 1799-1800, p. 439; Assessment Book 1800, p. 292; 1801-1803, p. 385; 1804-1808, p. 476
Wheeler, Jesse
1799-1800, p. 336; Assessment Book 1800, p. 326; 1801-1803, p. 387; 1804-1808, p. 478
Wheeler, John
1798, p. 124; 1799-1800, p. 438; 1801-1803, p. 384
Wheeler, Leonard
1799-1800, p. 445; Assessment Book 1800, p. 46; 1801-1803, p. 386
Wheeler, Robert
1798, p. 180; 1799-1800, p. 335; Assessment Book 1800, p. 274; 1801-1803, p. 377; 1804-1808, p. 474
Wheeten, James
1798, p. 199; 1799-1800, p. 439; 1801-1803, p. 385
Wheetley, John
1799-1800, p. 340
Whelan, Richard, Capt.
1798, p. 90
Whelan, Richard (estate of)
Assessment Book 1800, p. 27; 1804-1808, p. 453
Wheland, Richard
1799-1800, p. 322; 1801-1803, p. 366
Wheler (Virginia)
1799-1800, p. 325
Wheller, Leonard
1804-1808, p. 455
Wherley, George
1798, p. 23
Whipple, William
1799-1800, p. 333
Whitaker, David
1798, p. 212; 1799-1800, p. 440; Assessment Book 1800, p. 343; 1801-1803, p. 385; 1804-1808, p. 480
Whitaker, Thomas
1804-1808, p. 484
White (house carpenter)
1799-1800, p. 338
White, Benjamin
1798, p. 234; 1799-1800, p. 336; 1801-1803, p. 377

White, Francis
1799-1800, p. 338
White, Griffeth (Griffith)
1798, p. 209; 1799-1800, p. 338; Assessment Book 1800, p. 355; 1801-1803, p. 378; 1804-1808, p. 481
White, John C. (Dr.)
Assessment Book 1800, p. 209; 1801-1803, p. 386; 1804-1808, p. 468
White, Joseph (Capt.)
1798, p. 31; 1799-1800, p. 326; Assessment Book 1800, p. 148; 1801-1803, p. 370; 1804-1808, p. 464
White, Mrs. (of Oliver)
Assessment Book 1800, p. 151; 1804-1808, p. 465
White, Oliver
1798, p. 29; 1799-1800, p. 326; 1801-1803, p. 369
White, Razin
1804-1808, p. 540
White, Samuel, Capt.
1798, p. 247; 1799-1800, p. 440; 1801-1803, p. 386
White, Simon
1798, p. 33; 1799-1800, p. 327
White, Simon (estate of)
Assessment Book 1800, p. 60; 1801-1803, p. 370; 1804-1808, p. 456
Whiteford, David
Assessment Book 1800, p. 251; 1804-1808, p. 471
Whitehead, Rev., Dr.
1804-1808, p. 542
Whitelock, Charles (estate of)
Assessment Book 1800, p. 45; 1804-1808, p. 455
Whitlock
1799-1800, p. 335
Whitely, John
1798, p. 189; 1801-1803, p. 379
Wiant, Peter
1799-1800, p. 323
Wiat, Louis
1798, p. 167
Wickam (Wickham), Peter, Capt.
Assessment Book 1800, p. 293; 1804-1808, p. 476
Widener (Widner), Mrs.
1798, p. 43; 1799-1800, p. 328; Assessment Book 1800, p. 67; 1804-1808, p. 457
Widow
1804-1808, p. 484
Wiespaugh, John
Assessment Book 1800, p. 323; 1804-1808, p. 478
Wignell & Reinagle
1798, p. 147; 1799-1800, p. 333; 1801-1803, p. 314
Wignell, Mrs.
Assessment Book 1800, p. 212; 1804-1808, p. 468
Wild (Wilde), Richard
1798, p. 90; 1799-1800, p. 322; 1801-1803, p. 366
Wiley, George
1799-1800, p. 323
Wiley, Henry
1798, p. 175

Wiley, Mary
1799-1800, p. 343
Wiley, Robert
Assessment Book 1800, p. 351; 1804-1808, p. 481
Wilkins, Henry
Assessment Book 1800, p. 122; 1804-1808, p. 460
Wilkins (Wilkens), Henry, Dr.
1798, p. 65; 1799-1800, p. 437; 1801-1803, p. 383
Wilkins, William
1798, p. 118; Assessment Book 1800, p. 185; 1801-1803, p. 374; 1804-1808, p. 466
Wilkinson, Robert
1798, p. 108; 1799-1800, p. 325; Assessment Book 1800, p. 126; 1801-1803, p. 369; 1804-1808, p. 460
Willet, John
Assessment Book 1800, p. 259; 1804-1808, p. 472
Willey, William
Assessment Book 1800, p. 255; 1804-1808, p. 472
Williams & Low
1798, p. 79; 1799-1800, p. 330; 1801-1803, p. 373
Williams & Smith
1799-1800, p. 279
Williams, Adam
Assessment Book 1800, p. 25; 1804-1808, p. 452
Williams, Amos
Assessment Book 1800, p. 123; 1801-1803, p. 388; 1804-1808, p. 460
Williams, Amos & McKim, Samuel
1804-1808, p. 522
Williams, Benjamin
1798, p. 78; 1799-1800, pp. 330, 333; Assessment Book 1800, pp. 103, 134; 1801-1803, pp. 372, 375; 1804-1808, pp. 459, 462
Williams, Benjamin & Samuel
Assessment Book 1800, p. 132; 1804-1808, pp. 461, 484
Williams, Brian
1798, p. 212; 1799-1800, p. 338; 1801-1803, p. 378; 1804-1808, p. 543
Williams, Charles
1799-1800, p. 343
Williams, Charles (say Willmans)
1799-1800, p. 332
Williams, Christopher
1798, p. 34; 1799-1800, p. 344; 1801-1803, p. 382
Williams, Cumberland D.
Assessment Book 1800, p. 134; 1804-1808, p. 463
Williams, Ennion
Assessment Book 1800, p. 133; 1804-1808, p. 462
Williams, Gen.
1799-1800, p. 332
Williams, Gen. (estate of)
1801-1803, p. 374
Williams, George
Assessment Book 1800, p. 134; 1804-1808, p. 462
Williams, Jacob
Assessment Book 1800, p. 43; 1804-1808, p. 455
Williams, James
1804-1808, p. 542

Williams, Janeet (Janett)
1798, p. 224; 1799-1800, p. 440; 1801-1803, p. 385
Williams, John
1799-1800, p. 338; Assessment Book 1800, p. 280; 1804-1808, p. 474
Williams, John (estate of)
1798, p. 125
Williams, Joseph
1798, p. 160; 1799-1800, p. 330; 1801-1803, p. 373
Williams, Joseph (estate of)
1799-1800, p. 330; Assessment Book 1800, p. 172; 1801-1803, p. 373; 1804-1808, p. 466
Williams, Martha
Assessment Book 1800, p. 134; 1804-1808, p. 463
Williams, Mary
1798, p. 185; 1799-1800, p. 439; 1801-1803, p. 385
Williams, Nathaniel
Assessment Book 1800, p. 134; 1804-1808, p. 463
Williams, Otho, Gen. (estate of)
1798, p. 129; Assessment Book 1800, p. 196; 1804-1808, p. 467
Williams, Samuel
1798, p. 79; 1799-1800, p. 330; Assessment Book 1800, p. 133; 1801-1803, p. 373; 1804-1808, p. 462
Williams, Samuel & Benjamin
Assessment Book 1800, p. 132; 1804-1808, pp. 461, 484
Williams, Susanna (Susannah)
Assessment Book 1800, p. 134; 1804-1808, p. 462
Williams, William
Assessment Book 1800, p. 199; 1804-1808, pp. 467, 485
Williams, William Normand
Assessment Book 1800, p. 356; 1804-1808, p. 482
Williamson, Charles
Assessment Book 1800, p. 252; 1804-1808, p. 471
Williamson, David
1798, p. 62; 1799-1800, p. 328; Assessment Book 1800, p. 104; 1801-1803, p. 371; 1804-1808, p. 460
Williamson, Edward
1804-1808, p. 542
Williamson, James
Assessment Book 1800, p. 53; 1804-1808, p. 456
Williamson, John
Assessment Book 1800, p. 293; 1801-1803, p. 389; 1804-1808, p. 476
Williard, Julius (Julian)
Assessment Book 1800, p. 154; 1801-1803, p. 390; 1804-1808, p. 465
Willing, Mathew (Matthew)
1798, p. 198; 1799-1800, p. 335
Willis & Hollingsworth
1798, p. 93; 1799-1800, p. 438; 1801-1803, p. 384
Willis, Henry
1799-1800, p. 326
Willkins, William
1799-1800, p. 331
Wilmer, Simon
Assessment Book 1800, p. 63; 1801-1803, p. 390
Wilmore, Benjamin
Assessment Book 1800, p. 254; 1804-1808, p. 472

Wilmore, Robert
1798, p. 55; 1799-1800, pp. 329, 441
Wilmore, Simon
1804-1808, p. 457
Wilmore, William
1798, p. 9; 1799-1800, p. 322; 1801-1803, p. 366
Wilms, H.A.
Assessment Book 1800, p. 152; 1804-1808, p. 465
Wilpert (Wilport, Wilpord), George
1798, p. 229; 1799-1800, p. 338; 1801-1803, p. 378
Wilson
Assessment Book 1800, p. 25; 1804-1808, p. 452
Wilson (Willson) & Jones
1798, p. 76; 1799-1800, pp. 163, 438; 1801-1803, p. 384
Wilson & Maris
Assessment Book 1800, p. 170; 1804-1808, p. 291
Willson, Ann
1799-1800, p. 340; 1801-1803, p. 379
Willson, David, Capt.
1799-1800, p. 340; 1801-1803, p. 379
Willson, George (S. Joiner)
1801-1803, p. 377
Willson (Wilson), Hugh
1798, p. 223; 1799-1800, p. 336; 1801-1803, p. 377
Willson, James (carpenter)
1799-1800, p. 343
Willson, Joseph
1799-1800, p. 343
Willson, Stephen
1799-1800, p. 333; 1801-1803, p. 375
Willson (Wilson), Thomas
1798, p. 127; 1799-1800, p. 332
Wilson, Catharine
Assessment Book 1800, p. 272; 1804-1808, p. 473
Wilson (Willson), David
1798, pp. 139, 185; 1799-1800, pp. 342, 343; Assessment Book 1800, p. 203; 1801-1803, p. 380; 1804-1808, p. 468
Wilson, Elizabeth
Assessment Book 1800, p. 159; 1804-1808, p. 465
Wilson (Willson), George
1798, p. 230; 1799-1800, p. 337; Assessment Book 1800, p. 317; 1804-1808, p. 478
Wilson (Willson), Henry
1798, p. 23; 1799-1800, p. 324; Assessment Book 1800, pp. 285, 359; 1804-1808, p. 475
Wilson (Willson), Henry (estate of)
1801-1803, p. 368
Wilson, Henry (of Henry)
1801-1803, p. 388
Wilson, Isaac
Assessment Book 1800, p. 265; 1804-1808, p. 473
Wilson, Isaac & Co.
1801-1803, p. 389
Wilson (Willson), Jacob
1799-1800, p. 337; Assessment Book 1800, p. 338; 1804-1808, pp 479, 540

Wilson (Willson), James
1798, pp. 163, 168; 1799-1800, p. 322; Assessment Book 1800, pp. 248, 258, 353; 1801-1803, p. 366; 1804-1808, pp. 470, 472, 481
Wilson, James (of William)
Assessment Book 1800, p. 242
Wilson (Willson), John
1798, pp. 181, 242; 1799-1800, pp. 334, 336, 341; Assessment Book 1800, pp. 35, 80, 346; 1801-1803, pp. 376, 380; 1804-1808, pp. 454, 458, 480, 494
Wilson, John (James) (carpenter)
1801-1803, p. 382
Wilson, John L.
1798, p. 19; 1799-1800, p. 344
Wilson, John W.
Assessment Book 1800, p. 149; 1804-1808, p. 464
Wilson, Mrs.
1804-1808, p. 481
Wilson, Mrs. (adjoining Dr. Coulters)
Assessment Book 1800, p. 350
Wilson, Nixon
1804-1808, p. 484
Wilson, Rebecca
Assessment Book 1800, p. 340; 1804-1808, p. 480
Wilson (Willson), Robert
1798, p. 114; 1799-1800, p. 439; Assessment Book 1800, p. 177; 1801-1803, p. 384; 1804-1808, p. 483
Wilson (Willson), Samuel
Assessment Book 1800, p. 345; 1801-1803, p. 387; 1804-1808, p. 480
Wilson, Thomas (estate of)
1801-1803, p. 374
Wilson, Widow
1798, p. 235
Wilson (Willson), William
1798, p. 38; 1799-1800, p. 326; Assessment Book 1800, pp. 59, 63; 1801-1803, pp. 370, 390; 1804-1808, pp. 456, 483
Wilson, William, Jr.
1804-1808, p. 542
Wimms, Charles, Capt.
1798, p. 224; 1801-1803, p. 378
Winchester & Ogleby
1799-1800, p. 235; Assessment Book 1800, p. 370; 1801-1803, p. 275; 1804-1808, p. 333
Winchester, James
1798, p. 83; 1799-1800, p. 327; 1801-1803, p. 371
Winchester, Samuel
Assessment Book 1800, p. 206; 1804-1808, p. 468
Winchester, Stephen
1798, p. 39; 1799-1800, p. 344; 1801-1803, p. 383
Winchester, William
1798, p. 62; 1799-1800, p. 340; Assessment Book 1800, p. 39; 1801-1803, p. 379; 1804-1808, p. 454
Windager, Catharine
1799-1800, p. 339
Winder, William H.
Assessment Book 1800, p. 130; 1804-1808, p. 461

Wineman, Henry
1798, p. 237; 1799-1800, p. 334; Assessment Book 1800, pp. 338, 365; 1801-1803, p. 376; 1804-1808, pp. 479, 484
Wineman, Samuel
1798, p. 237; 1799-1800, p. 339; 1801-1803, p. 379
Winemiller, Casper
1798, p. 7; Assessment Book 1800, p. 90; 1801-1803, p. 388; 1804-1808, p. 459
Winstandley, John
Assessment Book 1800, p. 285; 1804-1808, p. 475
Winwood, Thomas
1804-1808, p. 540
Wirgman, Charles (agent for Mr. Selby of New York)
1804-1808, p. 543
Wise, Capt.
1799-1800, p. 338
Wise, William, Capt.
Assessment Book 1800, p. 310; 1801-1803, p. 388; 1804-1808, p. 477
Wisenthall, Andrew, Dr.
1799-1800, p. 334; 1801-1803, p. 375
Wisepaugh, John
1798, p. 219; 1799-1800, p. 335; 1801-1803, p. 377
Wolf
1799-1800, p. 337
Wolf, Benjamin
1798, p. 245; Assessment Book 1800, p. 336; 1804-1808, p. 479
Wolf, Derrick
Assessment Book 1800, p. 92; 1804-1808, p. 459
Wolf, Jacob
Assessment Book 1800, p. 87; 1804-1808, p. 458
Wollerslagle (Woolersalgle), Jacob
1798, p. 25; 1799-1800, p. 327; 1801-1803, p. 370
Wolst, Philip
1798, p. 16; 1799-1800, p. 323; 1801-1803, p. 367
Wood, Charles
1798, p. 159; 1799-1800, p. 341; Assessment Book 1800, p. 231; 1801-1803, p. 380; 1804-1808, p. 469
Wood, Gabriel
1798, p. 114; 1799-1800, p. 331; Assessment Book 1800, p. 15; 1801-1803, p. 373; 1804-1808, p. 483
Wood, John
Assessment Book 1800, p. 249; 1804-1808, p. 471
Wood, John R.
1798, p. 175; 1799-1800, p. 342; 1801-1803, p. 381
Wood, Mr. (cordwainer)
1801-1803, p. 387
Wood, William
1799-1800, p. 341
Wood, (Woods), William H.
1798, p. 68; 1799-1800, p. 437; Assessment Book 1800, p. 112
Woodard, William
Assessment Book 1800, p. 349; 1804-1808, p. 481
Woods & Richardson
Assessment Book 1800, p. 235; 1801-1803, p. 390; 1804-1808, p. 469

Woods, John
1804-1808, p. 483
Woods, William
1798, p. 78; 1799-1800, p. 330; Assessment Book 1800, p. 141; 1801-1803, p. 373; 1804-1808, p. 463
Woods, William, Jr.
1798, p. 78; 1799-1800, p. 438
Woods, William H.
1801-1803, p. 383; 1804-1808, p. 460
Woodyear, Edward
1799-1800, p. 327; Assessment Book 1800, p. 300; 1804-1808, p. 476
Woolen, John
Assessment Book 1800, p. 241; 1804-1808, p. 470
Woolerslager (Woolenslager) (estate of)
Assessment Book 1800, p. 27; 1804-1808, p. 453
Woollen & McGathery
1798, p. 74; 1799-1800, p. 438
Workinger, Mrs.
1799-1800, p. 324
Worman, Andrew
1804-1808, p. 541
Worman, Andrew & Jacob
1798, p. 45; 1799-1800, p. 437; Assessment Book 1800, p. 57; 1801-1803, p. 383; 1804-1808, p. 456
Wormingham, Richard
1804-1808, p. 454
Worrell, Thomas
1804-1808, p. 477
Worth, William
Assessment Book 1800, p. 237; 1801-1803, p. 390; 1804-1808, p. 469
Worthington & Hollingsworth
1804-1808, p. 514
Worthington, Charles
Assessment Book 1800, p. 271; 1804-1808, p. 473
Worthington, Henry
1798, pp. 73, 139; 1799-1800, pp. 341, 437; Assessment Book 1800, p. 248; 1801-1803, pp. 380, 383; 1804-1808, p. 471
Worthington, John Tolley
Assessment Book 1800, p. 130; 1804-1808, p. 461
Worthington, Samuel
1798, p. 166; 1799-1800, p. 439; 1801-1803, p. 384
Worthington, Thomas
1799-1800, p. 340
Worthington, Vachel
Assessment Book 1800, p. 226; 1804-1808, p. 469
Wray, John
Assessment Book 1800, p. 29; 1804-1808, p. 453
Wyant, Peter
1798, p. 10; Assessment Book 1800, p. 10; 1801-1803, p. 367; 1804-1808, p. 451
Wyman, Jacob
Assessment Book 1800, p. 249; 1804-1808, p. 471
Wynand, Jacob
Assessment Book 1800, p. 125; 1804-1808, pp. 460, 541

Yantz, George
1798, p. 136; 1799-1800, p. 441
Yates & Bowley
1798, p. 132; 1799-1800, p. 350; 1801-1803, p. 393
Yates & Campbell
1798, p. 132; 1799-1800, p. 441; 1801-1803, p. 394
Yates, John
1798, p. 82; 1799-1800, p. 348; Assessment Book 1800, p. 281; 1801-1803, p. 392; 1804-1808, p. 489
Yates, Thomas
1798, p. 132; 1799-1800, p. 345; Assessment Book 1800, p. 235; 1801-1803, p. 391; 1804-1808, p. 488
Yearley, Henry
Assessment Book 1800, p. 345; 1804-1808, p. 489
Yeiser, Frederick
1799-1800, p. 349
Yeiser, Frederick (estate of)
1798, p. 145
Yeizer & Craig
Assessment Book 1800, p. 192; 1804-1808, p. 77
Yeizer (Yeiser), Ann, Mrs.
Assessment Book 1800, p. 208; 1804-1808, p. 487
Yeizer, E. & Keener, C.
Assessment Book 1800, p. 142; 1804-1808, pp. 487, 490
Yeizer (Yeiser), Englehard
1798, p. 151; 1799-1800, p. 349; Assessment Book 1800, p. 218; 1801-1803, p. 392; 1804-1808, p. 488
Yeizer (Yeiser), Susannah
1798, p. 145; 1799-1800, p. 441; 1801-1803, p. 393
Yellott (Yelliott), Jeremiah
1798, p. 71; 1799-1800, p. 345; Assessment Book 1800, p. 111; 1801-1803, p. 391; 1804-1808, p. 486
Yerkess, David
Assessment Book 1800, p. 279; 1804-1808, p. 488
Yoe, Benjamin
1804-1808, p. 489
Yoner, Daniel
1799-1800, p. 348
Yoner, Samuel
1799-1800, p. 345; Assessment Book 1800, p. 68; 1801-1803, p. 391; 1804-1808, p. 486
Young & Buchanan
1799-1800, p. 16; 1801-1803, p. 15
Young, Alexander
1798, p. 187; 1799-1800, p. 350; 1801-1803, p. 393
Young, Ann (Miss)
1798, p. 83; 1799-1800, p. 345; Assessment Book 1800, p. 233; 1801-1803, p. 391; 1804-1808, p. 488
Young, Benjamin
1798, p. 26
Young, Charles B.
1798, p. 25; 1799-1800, p. 348; 1801-1803, p. 391
Young, Henry W.
1804-1808, p. 490

Young, Hugh
Assessment Book 1800, p. 98; 1804-1808, p. 486
Young, Hugh, Mrs.
1801-1803, p. 392
Young, Jacob
1798, p. 61; 1799-1800, p. 441; Assessment Book 1800, p. 70; 1801-1803, p. 393; 1804-1808, p. 486
Young, John
1798, p. 187; 1799-1800, p. 345; Assessment Book 1800, pp. 202, 254, 273; 1801-1803, p. 394; 1804-1808, pp. 487, 488
Young, John (joiner)
1799-1800, p. 348
Young, John (merchant)
Assessment Book 1800, p. 197
Young, John (sailmaker)
1799-1800, p. 350; 1801-1803, p. 393
Young, John H.
1798, p. 196; 1799-1800, p. 349; Assessment Book 1800, p. 119; 1801-1803, p. 392; 1804-1808, p. 486
Young, Joseph
1798, p. 75; 1799-1800, p. 348; Assessment Book 1800, p. 191; 1801-1803, p. 391; 1804-1808, p. 487
Young, Mrs.
1799-1800, p. 348
Young, Nicholas
1798, p. 13; 1799-1800, p. 441; Assessment Book 1800, p. 96; 1801-1803, p. 393; 1804-1808, p. 486
Young, Ralph
1804-1808, p. 489
Young, Widow
1798, p. 68; 1799-1800, p. 349
Young, William
1798, p. 213; 1799-1800, p. 349; 1801-1803, p. 392
Young, William, Capt.
Assessment Book 1800, p. 359; 1804-1808, p. 489
Young, William A.
Assessment Book 1800, p. 331; 1804-1808, p. 489
Younger, Samuel
1798, p. 44
Younker, Francis
1804-1808, p. 490
Yundt & Brown
1799-1800, p. 345
Yundt, Leonard
1799-1800, p. 349; Assessment Book 1800, p. 163; 1801-1803, p. 392; 1804-1808, p. 487

Zacherie (Zacharie), Stephen
1798, p. 142; 1799-1800, p. 351; 1801-1803, p. 395
Zanks, Zachariah
1798, p. 61; 1799-1800, p. 351; 1801-1803, p. 395
Zeumer, Augustus
Assessment Book 1800, p. 221; 1804-1808, p. 491
Zigler, Francis
1798, p. 45; 1799-1800, p. 350

Zigler, Frederick
Assessment Book 1800, p. 94; 1804-1808, p. 491
Zigler, John
1798, p. 236; 1799-1800, p. 351; 1801-1803, p. 395; 1804-1808, pp. 491, 492
Zinsner, Frederick
1798, p. 58; 1799-1800, p. 351; 1801-1803, p. 395
Zollers, C.H., Dr.
Assessment Book 1800, p. 141; 1804-1808, p. 491
Zollikoffer (Zollicoffer), Caroline
1798, p. 34; 1799-1800, p. 350; Assessment Book 1800, p. 148; 1801-1803, p. 395; 1804-1808, p. 491
Zollikoffer, John Conrad
1799-1800, p. 350
Zwisler, James
1799-1800, p. 351; Assessment Book 1800, p. 202; 1801-1803, p. 395; 1804-1808, p. 491